Werner Keller:
Da aber staunte Herodot

Merkwürdige und gruselige,
wunderbare und komische Stories
des Vaters der Geschichte,
präsentiert und kommentiert

Illustriert von Roland Kohlsaat

Droemer Knaur

Kennen Sie Herodot, den »Vater der Geschichte«? Kennen Sie ihn
wirklich, jenen staunenden Herodot, der über fremde Länder und
Völker die verblüffendsten und zuweilen urkomischsten Dinge zu
berichten wußte?
Werner Keller, dessen Bücher Welterfolge wurden, weil sie den
Leser immer wieder mit Überraschungen faszinierten, hat aus dem
Werk des »pater historiae« eine köstliche Auslese zusammengestellt
und kommentiert. Es ist ein weithin unbekannt gebliebener
Herodot, der uns hier begegnet, der Enzyklopädist, der eine Art
ersten Baedeker und eine Erd- und Länderbeschreibung verfaßte.
Was er uns hinterließ, gleicht einem buntfarbigen Kolossalgemälde,
einer fesselnden Universalschau der antiken Welt von Nordafrika
bis zum Schwarzen Meer, von Babylon bis hin nach Ägypten.
Immer wieder ist es das Fremdartige und Besondere, das Herodot
fesselt und interessiert. Merkwürdige Vorfälle und ungewöhnliche
Begebenheiten erregen seine Aufmerksamkeit, ja, er notiert sogar
berühmte Träume und Orakelsprüche. All das zieht sich wie ein
roter Faden durch Herodots Berichterstattung, die oft von
geradezu frappierender und umwerfender Komik ist. Wir
erfahren, wie lybische Frauen »ihre Läuse knacken«, hören von
Stämmen, die »sich öffentlich begatten wie das Vieh« und lesen,
daß es Persern verboten ist, »in Flüsse zu spucken«. Es ist unmöglich,
von diesen Erzählungen nicht begeistert zu sein. Einst lauschte
ihnen das Volk in Athen oder während der Olympischen Spiele –
atemlos und voller Spannung. Heute noch verblüfft und bezaubert
uns ihre einzigartige Faszination.
Die amüsanten Illustrationen schuf Roland Kohlsaat, bei Millionen
Lesern bekannt und beliebt durch seine Bildgeschichten von
Julios abenteuerlichen Reisen.

September 1975
Vollständige Taschenbuchausgabe
Droemersche Verlagsanstalt Th. Knaur Nachf.
München/Zürich
© 1972 Droemer Knaur Verlag
Schoeller & Co., Zürich
Gesamtherstellung Ebner, Ulm
Printed in Germany
ISBN 3-426-00408-9

Inhalt

Vorwort 7
1 Seltsame Pflanzen, kurioses Getier 9
2 Erotica aus aller Welt 29
3 Ungewöhnliche Geschichten und Begebenheiten 41
4 Grusicals der Antike 52
5 Merkwürdige Träume und Wunderzeichen 69
6 Geheime Botschaften und Kuriere 88
7 Von großen Herrschern und kleinen 93
8 Was auf Feldzügen alles geschah 118
9 Aus den Perserkriegen 135
10 Pioniertaten und Wunder der Technik 151
11 Von fernen Ländern und nahen 168
12 Fremde Völker, fremde Sitten 188

Herodot – sein Leben und sein Werk 244
Zeittafel 250–251
Literatur 252
Personen- und Sachregister 253

»Den Herodot nun wirst du,
wenn du etwas Frohsinn brauchst,
mit viel Behagen in die Hand nehmen.«

DION CHRYSOSTOMOS,
ETWA 40 BIS 120 N. CHR.

Vorwort

Wer von Herodot spricht, meint den »Vater der Geschichte«, den berühmten Autor der Perikles-Zeit, der die weltweite Auseinandersetzung zwischen Asien und Griechenland mit den Perserkriegen als letztem entscheidendem Akt dieses Kampfes geschildert hat.

Um jenen »pater historiae« – mir bei meinen bisherigen Werken über Themen der Vergangenheit, von der biblischen Geschichte (»Und die Bibel hat doch recht«) bis zur etruskischen (»Denn sie entzündeten das Licht«) ein unentbehrlicher Informator – geht es hier nicht. Aufgeschlagen werden diesmal ganz andere Seiten jenes seit 2500 Jahren vielzitierten, berühmten Werkes. Mit ihnen wird dem Leser erstmals ein noch weithin unbekannt gebliebener, bisher nie genügend beachteter, ein staunender Herodot präsentiert. Gerade das, was seither nur als schmückendes Beiwerk galt, soll einmal ins Rampenlicht gestellt werden. Denn jener Grieche aus Halikarnassos war weit mehr als ein ungewöhnlich begabter Historiker. Er war ein Polyhistor, ein Enzyklopädist, der auf seinen ausgedehnten Reisen von Nordafrika bis zum Schwarzen Meer, von Persien bis Ägypten eine unerschöpfliche Fülle von Nachrichten über alles nur Wissenswerte und Interessante der damals bekannten Welt zusammentrug. Er verfaßte nicht nur eine Art ersten Baedeker und eine Erd- und Länderbeschreibung, sondern auch eine der herrlichsten Sammlungen berühmtester Anekdoten und kurioser Reminiszenzen. Er erkundete Gebräuche und Kulte von Völkern und Stämmen und zeichnete deren Sagen auf. Wo immer er auch weilte, vergaß er Flora und Fauna – vor allem merkwürdige Pflanzen und absonderliches Getier – nicht, beschrieb er Klima und geographische Eigenarten der bereisten Gegenden und Reiche, wie auch deren Geschichte, Herrscher und Altertümer. Stets war es vor allem das Fremdartige und Besondere, das ihn fesselte und interessierte. Seltsame Vorfälle und ungewöhnliche Begebenheiten erregten seine Aufmerksamkeit, und er notierte Träume und Orakelsprüche.

All das zieht sich wie ein roter Faden durch Herodots Aufzeichnungen, die für uns Heutige oft von geradezu frappierender und umwerfender Komik sind.

Aus diesem kostbaren und uralten Schatz habe ich – einer Idee meiner Frau und langjährigen Mitarbeiterin Helga folgend – eine bunte Auslese zusammengetragen und sie auch, wo das Verständnis es erfordert oder Herodot sich geirrt hat, kommentiert. Jene Erzählungen, denen einst das Volk in Athen und während der Olympischen Spiele atemlos und voller Spannung lauschte, haben bis heute nichts von ihrer Faszination eingebüßt. Wie durch einen Zauber wird durch sie ein Stück fernster Vergangenheit auf unserer Erde vor uns plötzlich wieder lebendig.

Es hat mich herzlich gefreut, meinen Freund Roland Kohlsaat für die Illustrationen in diesem Buch gewinnen zu können.

WERNER KELLER

Noch war der Brehm nicht geschrieben, geschweige denn »Knaurs Tierreich in Farben«, lange noch nicht, und von einem botanischen Standardwerk erst gar nicht zu reden. Wen es damals – aus Hellas, so müssen wir in diesem Fall einfügen – in die Fremde verschlug, der bekam Tiere und Pflanzen zu Gesicht, von denen seine Landsleute kaum je zuvor etwas gehört oder geahnt hatten. Die Festlandgriechen – von wenigen Seefahrern und Fernkaufleuten abgesehen – kannten die übrige Welt nicht. Nur was auf heimatlichem Boden kreuchte und fleuchte, was in ihren Ländern aus dem Boden sproß und gedieh. Wie gesagt – von Ausnahmen abgesehen. Zu jenen zählte auch ein exotisches, keinesfalls in Europa heimisches Tier. Es war während des zweiten Perserkrieges aus dem Morgenland zum ersten Male auf dem Festland aufgetaucht, und zwar in dem gewaltigen Landheer des Großkönigs Xerxes. Es wurde in der Marketenderei für den Transport von Lebensmitteln eingesetzt und diente arabischen Kavallerie-Einheiten als ein Reittier, das – wie es heißt – »den Pferden an Schnelligkeit nichts nachgab« und zudem unter diesen Schrecken verbreitete.
Herodot kommt ausführlich auf jenes Tier zu sprechen – es ist das Kamel!

Wieviel Knie und Schenkel das Kamel besitzt und wohin dessen Glied gerichtet ist . . .

»Die Gestalt der Kamele ist den Hellenen bekannt. Darum auch beschreibe ich sie nicht. Doch will ich eine Eigenschaft dieses Tieres anzeigen, die meinen Landsleuten nicht bekannt ist. An den Hinterbeinen hat das Kamel vier Schenkel und vier Knie, und das männliche Glied ist zwischen den Schenkeln rückwärts dem Schwanze zugekehrt.« III, 103
Mit dem Geschlechtsteil, das stimmt – aber hinten vier Knie? Kamele – sechskniig demnach?
Da hat Herodot wohl nicht genau hingeschaut. Und selbst noch nicht beschlagen in der Anatomie, hat er als Laie die Ferse des Kamels als dessen zweites Knie angesehen. Ein Irrtum also. Er wurde allerdings wenig später ausgemerzt. Bereits Aristoteles berichtigte ihn.

»Die Nilpferde sehen folgendermaßen aus: Sie sind Vierfüßler, haben gespaltene Hufe wie das Rind und eine eingedrückte Nase. Dazu besitzen sie eine Pferdemähne und hervorstehende Stoßzähne. Ihr Schwanz und ihre Stimme gleichen denen des Rosses, dabei sind sie groß wie ein starkes Rind. Die Haut ist so dick, daß man sie trocknet und Schäfte für Lanzen daraus macht.« II, 71

So also war das – mit jenem seltsamen Niltier im fernen Ägypten! Selbst gesehen mit eigenen Augen kann Herodot es wohl kaum haben. Jedenfalls nicht in voller Größe und an Land. Wem – Hand aufs Herz – von den unzähligen Reisenden, die heute auf Safari gehen, ist das auch schon gelungen. Allenfalls sah er es im Wasser, wenn beim Auftauchen meist nur die Augen und die kleinen, runden Öhrchen hervorschauen und die Nüstern prustend eine Wasserfontäne ausstoßen.

Wie Herodot dennoch auf die Beschreibung gekommen sein mag? Pate dabei hat außer Zweifel die griechische Bezeichnung des Tieres gestanden – Hippopotamos, Flußpferd wörtlich übersetzt. Daher Roßmähne und Roßschweif!

Was tat es. Wer schon konnte – zumal in Griechenland – Herodot korrigieren? Niemand. Beim Flußpferd so wenig wie bei einem anderen in Ägypten nicht weniger bekannten und berühmten, ebenfalls im Nil lebenden Tier: dem Krokodil.

Was dem Krokodil als einzigem Tier fehlt ...

»Die Krokodile sind wie folgt geartet: Die vier Wintermonate hindurch frißt dies Tier nichts, und obgleich ein Vierfüßler, ist es doch sowohl ein Wasser- als auch Landbewohner. Es legt und bebrütet nämlich Eier auf dem Lande und verbringt den größten Teil des Tages auf dem Trockenen. Die ganze Nacht hingegen hält es sich im Flusse auf, weil dann das Wasser wärmer ist als die Luft und der Tau.

Von allen Tieren, die wir kennen, ist keines anfangs so klein und wird dann so groß wie das Krokodil. Denn die Eier, die es legt, sind nicht viel größer als Gänseeier, und entsprechend den Maßen des Eis ist auch das Junge. Dann wächst es aber so sehr, daß es an

Das Flußpferd aber hat vier Füße, gespaltene Klauen, die Mähne eines Rosses, sowie dessen Schweif und Stimme.

siebzehn Ellen lang und noch größer wird. Es hat Augen wie ein Schwein und große Zähne und Hauer nach den Abmessungen des Leibes.

Unter allen Tieren ist das Krokodil das einzige, das keine Zunge hat. Auch kann es den Unterkiefer nicht bewegen, sondern bewegt vielmehr den oberen Kiefer nach unten, was auch kein anderes Tier tut. Es hat starke Klauen und auf dem Rücken eine schuppige, undurchdringliche Haut.

Im Wasser ist es blind, sieht aber in freier Luft sehr scharf. Da es viel im Wasser lebt, ist sein Rachen inwendig voll von Blutegeln. Alle Vögel und anderen Tiere weichen ihm aus, lediglich der Trochilos hält mit ihm guten Frieden. Der leistet ihm aber auch gute Dienste. Wenn das Krokodil nämlich aus dem Wasser aufs Land steigt und den Rachen aufsperrt – und das tut es fast immer, sobald der Wind von Westen her weht –, dann hüpft ihm der Trochilos ins Maul und schnappt darin die Blutegel weg. Das Krokodil läßt sich das gefallen und tut dem Vogel nichts zuleide.« II, 68

Das Krokodil hat selbstverständlich auch eine Zunge, sie ist allerdings nur sehr klein geraten und bis zur Spitze ganz am Unterkiefer festgewachsen. Krokodile halten keinen Winterschlaf. Man sieht sie nur im Winter seltener, da sie dann offenbar längere Zeit ohne Nahrung leben können. Sie sehen im übrigen ausgezeichnet unter Wasser. Daß das Reptil angeblich den Unterkiefer nicht bewegen kann, beruht auf ungenauer Beobachtung: Tatsächlich hebt das Tier nämlich, immer wenn es sein Maul aufreißt, um zuzuschnappen, zugleich auch den Kopf hoch. Daher der Eindruck, es klappe den Oberkiefer auf. Blutegel gibt es im Nil nicht. Was der Krokodilwächter – Trochilos genannt – aus dem Maul pickt, sind Maden und Würmer.

Womit und auf welche Weise man Krokodile fängt ...

»Der Fang der Krokodile geschieht auf vielerlei verschiedene Arten. Die Methode, die mir am meisten des Erzählens wert erscheint, will ich hier etwas näher beschreiben.

Der Fänger hat einen Schweinsrücken als Köder an der Angel befestigt und läßt ihn mitten in den Fluß hinab. Er selbst aber hält am Rande des Flusses ein lebendiges Ferkel und schlägt es. Hat nun das Krokodil dessen Quietschen gehört, eilt es der Stimme nach, und wenn es dann auf den Schweinsrücken gestoßen ist, verschlingt es ihn. Die Fänger aber ziehen das Krokodil an Land. Sobald es an Land gezogen ist, verklebt der Krokodilfänger zunächst vor allem die Augen des Tieres mit Lehm. Hat er dies getan, so bewerkstelligt er das übrige ganz leicht, andernfalls hat er große Mühe.« II, 70

Warum die Nilfische auf einer Seite abgeschabte Köpfe haben ...

»Fische, die in großen Schwärmen zusammenleben, kommen in den Armen des Nils nicht häufig vor, sondern halten sich gewöhnlich in den Seen auf. Aber zur Zeit der Paarung ziehen sie in Scharen hinaus ins Meer. Voran schwimmen die Männchen und spritzen ihren Samen aus, dahinter die Weibchen, die ihn aufschnappen und davon befruchtet werden.

Sind sie auf diese Weise im Meer trächtig geworden, so kehren sie zurück, jeder an seinen gewohnten Ort. Dabei schwimmen aber nicht mehr die Männchen voraus, sondern nun ist die Führung bei den Weibchen. Und während diese scharenweise vorausziehen, tun sie etwas Ähnliches wie vorher die männlichen Fische: Sie lassen nämlich von ihren Eiern, die klein sind wie Hirsekörner, immer und immer wieder einige fallen, und die Männchen hinter ihnen verschlingen sie. Diese Körnchen aber sind Fische! Was davon übrigbleibt und nicht verschlungen wird, das gibt die junge Fischbrut.

Bei allen Fischen, die beim Auszug ins Meer gefangen werden, findet sich die linke Seite des Kopfes abgerieben, bei denjenigen hingegen, die bei der Rückkehr gefangen werden, ist es die rechte Seite. Das kommt daher, daß sie sich beim Hinabschwimmen zum Meer wie bei der Rückkehr links halten und hart am Ufer entlangstreichen, um nicht in der Strömung ihren Weg zu verfehlen. Fängt der Nil an zu steigen, so füllen sich zuerst die Mulden und Niederungen in der Nähe des Ufers mit dem durchsickernden Wasser. Sobald dies geschehen ist, wimmeln sie von kleinen Fischen. Woher sie kommen, läßt sich, so meine ich, recht gut auf natürliche Weise erklären: Ein Jahr vorher nämlich gehen die Fische, wenn der Nil zu fallen beginnt, nachdem sie ihre Eier in den Schlamm gelegt haben, mit dem letzten Wasser fort. Kommt dann nach Ablauf der Zeit das Wasser zurück, schlüpfen aus den Eiern alsbald Fischlein. Soviel von den Fischen.« II, 93

Man könnte diese Fische, gäbe es sie, Maulbefruchter nennen im Gegensatz zu den Maulbrütern. Herodot ist wohl der Unwissen-

heit eines Reiseführers aufgesessen. Daß verschiedene Süßwasserfi-
sche ihre Brutstätten im Meer haben, ist Tatsache. Nur die
beschriebene Art der Fortpflanzung dürfte anatomisch auf Hin-
dernisse stoßen.

*Auf welche Weise der Vogel Phönix seinen toten Vater bestat-
tet...*

»Es gibt auch einen heiligen Vogel – den Phönix. Ich habe ihn selber nicht gesehen, sondern nur sein Bild, denn er kommt nur selten nach Ägypten, nur einmal in fünfhundert Jahren, wie die
Bewohner von Heliopolis sagen. Er soll nur dann erscheinen,
wenn sein Vater gestorben ist.
Sofern das Bild ihn richtig darstellt, schaut er so aus: Das Gefieder ist teils goldfarbig, teils hochrot. In Gestalt und in Größe
kommt er dem Adler am nächsten.
Man erzählt von diesem Vogel eine sonderbare Geschichte, die mir
aber nicht glaubhaft erscheint. Er komme, so heißt es, aus Arabien
hergeflogen, bringe seines Vaters Leichnam, in Myrrhen gehüllt,
mit und bestatte ihn im Tempel des Helios.
Um das bewerkstelligen zu können, verfahre er wie folgt: Zuerst
forme er sich ein Ei aus Myrrhe, so groß, daß er es ungefähr zu
tragen vermag. Das versucht er so lange, bis er findet, daß er es
aufheben kann. Darauf höhle er das Innere des Eies aus, lege den
toten Vater hinein und verstreiche das Loch mit neuer Myrrhe.
Das Ei mitsamt dem Leichnam sei nun ebenso schwer wie vorher.
Damit fliege er sodann nach Ägypten und trage es in den Tempel
des Helios. Solches erzählt man von diesem Vogel.« II, 73
Der Phönix ist eine Reiherart. Man findet ihn auf Denkmälern
am Nil häufig dargestellt. Er hieß auf ägyptisch ›banu‹, galt als
die Inkarnation des Sonnengottes Amun-Re und als Symbol der
Auferstehung. Um diesen als heilig geltenden Vogel entstand eine
ganze Reihe von Mythen. Eine davon gibt Herodot zum besten, an
deren Wahrheit er jedoch, wie er versichert, selbst nicht glaubt.
Eine spätere und zugleich die wohl bekannteste Version besagt,
daß der Phönix nach Heliopolis kam, sich selbst auf dem Altar
verbrannte, worauf sich aus seiner Asche ein neuer Phönix erhoben habe. In dieser Form verwandten den Mythos übrigens auch
die Kirchenväter, wobei der Phönix das Symbol für die Hingabe
an Tod und Auferstehung Christi ist. Noch im Mittelalter taucht
der Phönix in kirchlichen Plastiken auf.

Ob Herodot selbst wirklich Darstellungen des Phönix zu Gesicht bekommen hat, ist zweifelhaft. Die Ägypter haben nämlich den Phönix nie in so üppig leuchtenden Farben abgebildet, wie er es beschreibt. Nach dem spätrömischen Autor Porphyrius soll Herodot den Bericht über den Phönix von Hekataios von Milet übernommen haben.

Wie Ibisse Ägypten vor der Invasion geflügelter Schlangen aus Arabien bewahrten...

»In Arabien, nicht weit von der Stadt Buto, liegt eine Gegend, nach der ich gereist bin, um zu erfahren, was es mit den geflügelten Schlangen auf sich habe.

Als ich dort ankam, sah ich eine unglaublich große Menge von Schlangenknochen und -gerippen. Es waren ganze Haufen von Knochen, große, weniger große, noch kleinere, und zwar viele davon. Das Gelände aber, wo sie aufgeschüttet lagen, ist ein enges Gebirgstal, das in eine große Ebene hinabführt. Diese Ebene grenzt an das Flachland von Ägypten.

Die Schlangen, so erzählt man, kommen, wenn der Frühling anhebt, aus Arabien nach Ägypten geflogen. Ihnen entgegen bis zu dem engen Tal kämen jedoch Ibisvögel und ließen sie nicht ins Land hinein, sondern vertilgten sie. Und darum, so sagen die Araber, stehe der Ibis beim ägyptischen Volk in so hohen Ehren. Die Ägypter bestätigen, daß dies der Grund für die Hochschätzung dieser Vögel sei.

Der Ibis sieht so aus: Die Farbe ist tiefschwarz. Er hat die Beine des Kranichs, sein Schnabel ist stark gebogen. An Größe kommt er ungefähr dem Vogel Krex gleich. So sieht der schwarze Ibis aus, der mit jenen Schlangen kämpft und sie tötet.

Eine andere Art hingegen, die sich in Scharen unter den Menschen aufhält – es gibt nämlich zwei Arten –, ist am Kopf und den ganzen Hals hinab kahl. Das Gefieder ist weiß außer dem Kopf, am Nacken sowie an der Spitze der Flügel und des Schwanzes. Jene Teile sind vielmehr alle tiefschwarz. Beine und Schnabel sind ebenso wie bei der ersten Art.

Die geflügelten Schlangen aber haben dasselbe Aussehen wie Wasserschlangen. Ihre Flügel sind allerdings nicht gefiedert, sondern ähneln sehr den Flügeln der Fledermaus.« II, 75.76

Geflügelte Schlangen? Um was für Tiere es sich gehandelt haben mag, ist nicht klar. Herodot selbst erwähnt sie noch ein zweites

Mal als »Bewacher von Bäumen, auf denen in Arabien der Weihrauch wächst«. III, 107. Auch im Alten Testament ist von ihnen die Rede. Jesaja 30,6 spricht von »fliegenden Schlangen« in Ägypten. Eine weitverbreitete Ansicht vermutet, es könne sich um Heuschrecken gehandelt haben, die in Ägypten in Massen einfielen und alles kahl fraßen.

Bei der Beschreibung der Ibisse ist Herodot ein Irrtum unterlaufen. Der heilige – dem ägyptischen Gott der Weisheit Toth zugesprochene – Ibis war weiß. Er entspricht auch sonst mit schwarzem Schnabel, Kopf, Hals, Füßen und Hinterteil der von Herodot beschriebenen angeblichen zweiten Ibisart. Der vom »Vater der Geschichte« erwähnte schwarze Ibis ist der sogenannte Waldrapp (Comatibis eremita).

Warum Löwenbabys im Mutterleib die Gebärmutter zerkratzen . . .

»Die Araber meinen, die ganze Erde werde sich bald mit diesen geflügelten Schlangen füllen, wenn es ihnen nicht genauso erginge wie den Ottern. Das ist, wie es scheint, eine weise Vorsehung der Gottheit.

Alle Tiere nämlich, die furchtsam und zugleich eßbar sind, hat die Natur sehr fruchtbar gemacht, damit sie nicht gänzlich vertilgt werden; die gefährlichen und schädlichen Tiere aber sind weniger fruchtbar. Als Beispiel sei der Hase genannt: Alles stellt ihm nach, Tier und Vogel und Mensch, aber wie stark vermehrt er sich!

Der Hase ist das einzige Tier, das auch dann noch weiter empfängt, wenn es schon trächtig ist. So kommt es vor, daß von den Jungen im Mutterleib das eine bereits behaart, das andere noch kahl ist, während ein drittes sich erst in der Gebärmutter bildet und ein viertes eben empfangen wird. So fruchtbar ist dieses Tier. Wie anders dagegen ist es bei dem Löwen, dem stärksten und wildesten Raubtier. Die Löwin gebiert nur einmal in ihrem Leben und nur ein einziges Junges. Denn wenn sie gebiert, stößt sie zugleich mit dem Jungen auch die Gebärmutter aus. Und das hat seinen Grund. Wenn nämlich das Löwenjunge im Mutterleib sich zu regen beginnt, dann zerkratzt es mit seinen Krallen, die um vieles schärfer sind als bei allen anderen Tieren, die Gebärmutter. Und je mehr es wächst, um so mehr zerreißt es diese, so daß, wenn es zur Geburt kommt, davon nichts Heiles mehr übrig ist. Ähnliches geschieht mit den Ottern und den geflügelten Schlangen.

Würden sie sich so wie alle anderen Schlangen auf natürliche Art fortpflanzen, könnten die Menschen sich nicht gegen sie behaupten. Es ist aber so bei ihnen: Wenn sie sich paaren und das Männchen gerade dabei ist, seinen Samen zu entleeren, dann packt das Weibchen seinen Hals, beißt sich fest und läßt nicht los, bis es ihn durchgebissen hat. Auf diese Art geht das Männchen zugrunde. Aber auch das Weibchen muß dafür büßen. Denn die Jungen in seinem Bauche rächen den Vater, indem sie die Gebärmutter und die Bauchdecke der Mutter zerfressen und dann ins Freie kriechen. Die anderen Schlangen hingegen, die dem Menschen nicht gefährlich sind, legen Eier und brüten eine große Menge Junge aus. Die Otter lebt überall auf der Erde. Geflügelte Schlangen aber finden sich nur in Arabien, nirgend sonst, dort jedoch in Scharen, so daß es so scheint, als seien sie äußerst zahlreich.« III, 108.109

Wenn Herodot recht hätte, wäre die Erde von Hasen kahlgefressen und der König der Tiere längst ausgestorben. Daß Ottern bzw. Vipern lebendige Junge gebären, darin ist Herodot richtig informiert; daß jedoch die Weibchen ihre Männchen bei der Begattung töten, ist falsch. Im Gegenteil: Die Vipern und Ottern sind oft stunden-, ja tagelang in liebevoller Umschlingung zu beobachten. Verwechselt Herodot hier ihre Liebespraktiken vielleicht mit denen der Spinnen?

Wo man gehörnte Esel und hundsköpfige Menschen trifft ...

»Das östliche Libyen, wo die Nomaden hausen, ist niedrig und sandig bis zum Flusse Triton. Von da nach Westen ist das Land, wo die Ackerbauern wohnen, voll von Bergen und Wäldern; es gibt dort viele große wilde Tiere, Riesenschlangen, Löwen, Elefanten, Bären, Giftschlangen, gehörnte Esel, hundsköpfige Menschen und solche ohne Kopf mit den Augen auf der Brust – so nämlich erzählen es die Libyer –, ferner wilde Männer und wilde Weiber und viele andere Tiere, die nicht Fabelwesen sind, sondern wirklich existieren.

Von allen diesen Tierarten findet sich keine einzige im Lande der Nomaden. Dagegen kommen dort folgende andere vor: Weißsteiße und Gazellen, Büffel, Esel – aber nicht die gehörnten, sondern solche, die nicht trinken. Ferner leben dort Orygen, das ist eine Art Gazellen von der Größe eines Rindes, aus deren Hörnern die Arme der Phönixleier gefertigt werden, sowie kleine Füchse, Hyänen, Stacheltiere, wilde Widder, Diktyen, Schakale, Panther,

Boryen, Landkrokodile, die etwa drei Ellen lang werden und wie Eidechsen aussehen, Strauße und kleine Schlangen mit einem Horn. Das ist die Tierwelt im westlichen Libyen. Außer diesen finden sich auch die Tiere, die es anderswo gibt, nur keine Hirsche und keine wilden Schweine. Diese beiden fehlen in Libyen völlig. An Mäusen kennt man dort drei Arten, erstens die sogenannten Zweifüßler, zweitens die Zegerien – ein libysches Wort, in unserer Sprache soviel wie ›Hügel‹ –, drittens Igel. Wo das Silphion wächst, kommen auch Wiesel vor, welche denen von Tartessos sehr ähnlich sind. Dies ist die Tierwelt im Nomadengebiet Libyens, soweit ich sie durch meine weitgehenden Erkundungen habe feststellen können.« IV, 191.192

Libyen steht für Afrika. Die Gegenden, über deren Fauna Herodot hier schreibt, umfassen das heutige Libyen, Tunesien und Algerien.

Was von der langen Liste ist Dichtung, was Wahrheit? Elefanten und Bären gibt es heute in Nordafrika nicht mehr. Die Dickhäuter wurden von den Karthagern und Römern ausgerottet. Bei den »Eseln mit Hörnern« wird es sich wahrscheinlich um eine Antilopenart gehandelt haben, wie Felsbilder sie noch zeigen. Ebenfalls auf Felsbildern entdeckte man auch Darstellungen von Menschen mit Hundeköpfen und ohne Köpfe. Dabei könnte es sich um magische Gestalten handeln, die in dem Dämonenglauben der Eingeborenen einst eine Rolle spielten. Herodot hebt ja auch ausdrücklich hervor, daß er nur aus den Erzählungen der Libyer von diesen Fabelwesen erfahren habe. »Wilde Männer und wilde Weiber« allerdings dürfte es tatsächlich gegeben haben: Gemeint ist wohl eine heute in Nordafrika ausgestorbene Art von Menschenaffen, Gorillas vermutlich. Auch der Admiral Hanno berichtete, auf seiner Erkundungsfahrt nach der Westküste Afrikas gegen 500 v. Chr. »wilde Menschen« beobachtet zu haben, und brachte als Beweis sogar drei Felle von Weibchen nach Karthago mit.

Die im östlichen Libyen erwähnten Büffel sind Kuhantilopen; mit den nicht gehörnten »Eseln, die nicht trinken«, sind vermutlich Gnus gemeint, die noch dort leben können, wo jedes andere Tier verdursten würde. Bei den Orygen handelt es sich um Säbelantilopen. Ihre Hörner wurden zur Herstellung eines Saiteninstrumentes verwendet, das man den Phöniziern zuschrieb. Wilde Widder

Im Frühling kommen, so heißt es, geflügelte Schlangen aus Arabien. Ibisse aber, die ihnen entgegenfliegen, töten die Schlangen, noch bevor sie Ägypten erreichen (s. S. 15).

sind Mufflons, heute in Nordafrika ebenso ausgestorben wie die Diktyen genannten Giraffen, an deren Vorkommen einst noch Felszeichnungen erinnern. Den Namen ›diktys‹ – Netztier – erhielten sie wohl wegen der netzartigen Zeichnung ihres Felles. Was Boryen bedeuten soll, blieb ungeklärt. Bei den gehörnten Schlangen denkt man an die in Afrika ausgestorbene Gattung der Schildschwänze (Uropeltidae), deren Schwanz eine schildartige Panzerung besaß.

Und die drei angeblichen »Mäuse«-Arten?

Beim Zweifüßler haben wir es mit dem sogenannten Erd- oder Springhasen zu tun. Zegeres ist vermutlich eine Rattenart, und unter Igeln sind wohl Stachelhaarmäuse zu verstehen.

Beim Wiesel handelte es sich um Frettchen, die, wie wir von Strabon wissen, in Tartessos zur Kaninchenjagd benutzt werden.

Näheres über Rinder, die nur rückwärtsgehend zu äsen vermögen . . .

»Hier, bei dem Volke der Garamanten in Libyen, finden sich auch Rinder, die beim Weiden rückwärts gehen. Ihre Hörner sind nach vorn niedergebogen, so daß sie beim Vorwärtsgehen in die Erde stoßen würden. Daher können diese Tiere, wenn sie äsen, sich nicht vorwärts bewegen. Hierin und in ihrer Haut, die dicker und doch zugleich geschmeidiger ist, unterscheiden sie sich von allen anderen Rindern.« IV, 183

Mit den »rückwärts weidenden Rindern« ist Herodot einer Fabel aufgesessen. Die Garamanten bewohnten Oasen in den Tälern des Hochlandes von Fessan am Nordrand des östlichen Teiles der Großen Sahara. Eine Erinnerung an sie hat sich wahrscheinlich im heutigen Namen der Oase Germa – Garama – erhalten. Ein historischer Kern steckt trotzdem in der Geschichte. Man hat nämlich in jener Gegend Felsbilder, und zwar noch aus historischer Zeit, entdeckt, die eine Büffelart zeigen, deren Hörner tatsächlich nach vorn gebogen sind.

Welch raffinierter Tricks es bedarf, um Arabiens berühmte Spezereien sammeln zu können . . .

»In keinem anderen Lande als in Arabien wächst der Weihrauch und nirgendwo sonst Myrrhe, Kassia, Kinamomon und Ledanon.

Dies aber alles, außer der Myrrhe, gewinnen die Araber nicht ohne Mühe.

Um Weihrauch zu sammeln, nehmen sie das Harz der Styrax-Staude, das die Phoiniker nach Hellas einführen, und räuchern damit. Denn die Bäume, auf denen der Weihrauch wächst, werden von geflügelten Schlangen bewacht, die klein und buntfarbig sind und in großer Zahl jeden einzelnen Baum besetzt halten. Es sind jene gleichen Schlangen, die auch in großen Scharen nach Ägypten ziehen. Es gibt kein anderes Mittel, sie zu vertreiben, als den Rauch des Styrax.

Auf die beschriebene Weise gewinnen die Araber also den Weihrauch. Ganz anders dagegen die Kassia, und zwar so: Wenn sie danach ausgehen, dann verhüllen sie mit Rindshäuten und anderen Fellen den ganzen Leib und das Gesicht bis nahe an die Augen. Denn die Kassia wächst in einem flachen See. Um diesen aber und in ihm hausen geflügelte Tiere, die den Fledermäusen ähnlich sind. Sie schwirren sehr laut und setzen sich häufig zur Wehr. Vor ihnen müssen die Araber ihre Augen schützen, wenn sie die Kassia pflücken.

Noch sonderbarer ist die Art, wie die Araber das Kinamomon sammeln. Wo es wächst und welches Land es hervorbringt, wissen sie selbst nicht zu sagen. Sie meinen aber (und darin mögen sie auch recht haben), es wachse in jenen Gegenden, wo Dionysos aufgewachsen ist. Sie erzählen, daß die trockenen Rindenstengel, die wir mit phoinikischem Namen Kinamomon nennen, von großen Vögeln gebracht werden. Sie tragen sie in ihre Nester, die aus Lehm gebaut sind und an schroffen Felsen kleben, die kein Mensch erklimmen kann. Darum gehen die Araber mit einer List zu Werke.

Sie zerhacken tote Rinder, Esel und sonstiges Vieh in möglichst große Stücke und schleppen sie in jene Gegend. In der Nähe der Nester legen sie die Fleischstücke nieder und gehen dann weit fort. Daraufhin kommen die Vögel herabgeflogen und tragen die Fleischstücke zu ihren Nestern. Diese können aber die viel zu schwere Last nicht tragen, brechen auseinander und fallen zu Boden.

Darauf haben die Araber nur gewartet. Sie laufen eilends zurück und sammeln das Kinamomon am Boden auf. Das so gewonnene Produkt exportieren sie dann in andere Länder.

Noch verwunderlicher aber ist die Art, wie man das Ledanon gewinnt, das bei den Arabern Ladanon heißt. Denn es bildet sich an einem sehr überlriechenden Ort und hat doch den schönsten

Geruch. Es entsteht nämlich in den Bärten der Ziegenböcke, von wo es, wie klebriges Harz vom Gesträuch, abträufelt. Es wird für viele Salben verwendet und von den Arabern am liebsten als Räucherwerk benutzt.« III, 107.110–112

Arabien galt nicht zuletzt deshalb als das Land der Spezereien, weil der Handel damit vorwiegend in arabischen Händen lag. Der sogenannte »Weiße Weihrauch« beispielsweise, ein durchsichtiges Harz aus der Rinde des Strauches Boswellia carterie, stammt aus Südarabien, aus der Landschaft Safar in Hadramaut. Er kommt aber auch an der gegenüberliegenden Küste Ostafrikas vor. Von der Westküste des Roten Meeres, aus Punt, brachten ägyptische Schiffe Weihrauchbäume für die Königin Hatschepsut (um 1500 v. Chr.) mit. Die braune Sorte – Boswellia thurifera – dagegen gedeiht nur in Indien.

Die Myrrhe ist wie der Weihrauch ein Harz aus dem Stamm eines dornigen Strauches, des südarabischen Balsamodendron myrrha. Myrrhe diente zur Herstellung von wohlriechenden Essenzen. Die Bibel berichtet wiederholt von ihr als Parfüm zur Körperpflege (Esther 2,12), für die Kleider (Psalm 45,9) und für die Schlafstätte (Sprüche 7,17). Frauen trugen Beutelchen mit Myrrhe zwischen den Brüsten (Hohes Lied 1,13).

Kassia ist eine Zimtart, griechisch Kinamomon, ist die gerollte innere Rinde von mehreren Arten des Zimtbaumes, insbesondere der auf Ceylon beheimateten Art Cinnamomum zeylanicum; in Südchina und Burma liefert Cinnamomum cassia den Chinesischen Zimt, auch Kaneel genannt. Der in der Bibel wiederholt erwähnte Zimt – so 2. Mose 30,23; Offenbarung 18,13 – wurde bereits lange vor Herodots Zeit aus Ost- und Südostasien über Mesopotamien, Phönizien und Palästina nach Ägypten eingeführt.

»Ich habe mein Lager mit Myrrhe, Aloe und Zimt besprengt«, erfahren wir von König Salomo in seinen Sprüchen – 7,17 – über die Art, das Bett zu parfümieren. Und in seinem Hohenlied – 4,14 – preist er die Liebe der Sulamith als Garten, in dem »... Kalmus und Zimt mit allerlei Bäumen des Weihrauchs, Myrrhen und Aloe mit allen besten Würzen« gedeihen.

Ledanum, ein würzig duftendes Harz der Zistrose (Cistus credicus), die im Mittelmeergebiet gedeiht, wird als Räucherwerk und Arzneimittel geschätzt.

Styrax ist das Harz des ebenfalls im Mittelmeerraum heimischen sogenannten Echten Styrax-Strauches (Liquidambar orientale).

Die abenteuerlichen Vorkommnisse, Wunder und Gefahren bei der Gewinnung der Spezereien, über die Herodot berichtet, sind

»Händlerlatein« – erfundene Geschichten, mit denen Karawanen-führer die wahre Herkunft der Waren verschleiern und deren Wert steigern wollten.

Von Schafen, deren Schwänze auf Wägelchen ruhen ...

»Soviel über die wohlriechenden Spezereien, von denen sich über das Land Arabien ein wunderbar süßer Duft verbreitet.
Es gibt dort aber auch noch zwei Arten von Schafen, die höchst merkwürdig und nirgendwo sonst anzutreffen sind. Die eine Art hat lange Schwänze, nicht kürzer als drei Ellen. Ließe man es zu, daß die Tiere ihre Schwänze nachschleppten, so würden sie sich diese am Boden wundreiben. Darum fertigen die Hirten, die sich alle auf das Zimmerhandwerk verstehen, kleine Wagen an und binden sie den Tieren hinten an. Jedes Schaf hat unter seinem Schwanz solch ein Wägelchen.
Die andere Schafart hat Schwänze, die sogar bis zu einer Elle breit sind.« III, 113
Worüber Herodot berichtet, das sind sogenannte Fettschwanzscha-fe. Man findet sie bereits auf assyrischen Reliefs abgebildet. Sie wurden einst besonders in Arabien gezüchtet, sind jedoch heute auch in mehreren Gebieten Afrikas und im nördlichen Asien ver-breitet. Das Gewicht des Schwanzes soll in einigen Fällen bis über 30 Kilo erreichen. Dem Weltreisenden Marco Polo sind solche Schafe auch in Persien aufgefallen, und er berichtet darüber, daß sie sogar so groß wie Esel gewesen seien.
Die Sitte, ein Brett mit Rädern als Schutz und Stütze für den Schwanz zu verwenden, wird vereinzelt noch heute beibehalten.

Wie Inder mit Hilfe schneller Kamele die goldgrabenden Ameisen überlisten ...

»Einige Inder wohnen nahe der Stadt Kaspatyros und dem Lande der Paktyiken, nordwärts von den anderen Indern, und haben eine Lebensweise wie die Baktrier. Das sind auch die streitbarsten indischen Stämme und zugleich die, welche zur Gewinnung von Gold ausziehen.
In ihrer Gegend nämlich dehnt sich eine große Sandwüste, die unbewohnbar ist. In dieser Einöde finden sich Ameisen, nicht so groß wie Hunde, aber größer als Füchse. Einige solcher Tiere, die

in der Wüste gefangen wurden, kann man am Hofe des Königs von Persien sehen.

Diese Ameisen graben sich Wohnungen unter der Erde und werfen den Sand dabei heraus, ganz so, wie es die Ameisen in Griechenland tun, denen sie auch im Aussehen recht ähnlich sind. Der Sand aber, den sie heraufbringen, ist goldhaltig.

Um ihn zu holen, ziehen die Inder in die Wüste. Jeder nimmt dabei ein Gespann von drei Kamelen mit, die zusammengebunden werden, und zwar so: rechts und links ein männliches am Leitseil, in der Mitte ein weibliches, auf dem der Jäger reitet. Und dazu wählt er mit Bedacht eine Stute aus, die kürzlich erst geworfen hat. Die Kamele stehen den Pferden an Schnelligkeit nicht nach, und zudem können sie weit größere Lasten tragen.

So ausgerüstet ziehen die Inder nach dem Golde aus. Dabei richten sie es so ein, daß sie gerade zur heißesten Tageszeit eintreffen, um das Gold zu rauben. Denn vor der Hitze verkriechen sich die Ameisen in der Erde.

Bei diesen Völkern aber brennt die Sonne am heißesten zur frühen Morgenzeit, vom Aufgang an bis zu der Zeit, da man den Markt verläßt – nicht wie bei den anderen mittags. In diesen Stunden ist die Glut der Sonne viel stärker als in Hellas zur Mittagszeit. Deswegen halten sich die Menschen dort, wie man erzählt, unterdessen im Wasser auf. Um des Tages Mitte ist die Hitze bei den Indern ebenso wie bei den anderen Völkern. Und wenn der Tag zur Neige geht, kühlt es sich ab wie bei uns zur Morgenzeit. Dann nimmt die Wärme mehr und mehr ab, bis es endlich bei Sonnenuntergang ganz kühl wird.

Sobald nun die Indianer an Ort und Stelle angelangt sind, füllen sie die mitgebrachten Säcke mit dem Sande und reiten dann so geschwind sie können wieder heimwärts. Denn die Ameisen – so wenigstens erzählen es die Perser – entdecken sie gleich am Geruch und sind sofort hinter ihnen her. Und sie sollen schneller sein als jedes andere Tier. Von den Indern würde keiner lebendig entrinnen, wenn sie nicht einen Vorsprung während der Zeit gewännen, in der die Ameisen sich sammeln. Die männlichen Kamele, die nicht so schnell laufen können wie die weiblichen, bindet man während der Verfolgung los und überläßt sie den Ameisen, jedoch nicht beide zugleich, sondern erst das eine und dann das andere. Die Stuten hingegen denken an ihre Fohlen zu Hause und bleiben unermüdlich. Auf diese Art gewinnen die Inder, wie die Perser sagen, den größten Teil ihres Goldes. Was sie in ihrem Lande graben, ist wenig.« III, 102.104.105

Herodots Erzählung liegt eine uralte Goldgräbersage zugrunde, von der es neben der aus Indien stammenden auch eine tibetanische sowie eine mongolische und eine chinesische Version gibt. Sie spielt in der Landschaft Ladakh an der tibetanisch-indischen Grenze, wo auch noch heute beim Ort Dkar-skyi – Kargil – Gold gewonnen wird. Gold kommt in den Bergketten nordwestlich von Indien vor, man findet es im Sand der Flüsse Indus und Kabul.

Mit Kaspatyros ist die Stadt Kabul in Afghanistan gemeint. Nach Hekataios, auf den Herodot zurückgriff und bei dem sie Kaspapyros heißt, lag sie in der persischen Satrapie Gandhara.

Bei den Tieren selbst wird es sich vermutlich um Murmeltiere gehandelt haben. Herodot bezeichnet sie wohl deshalb als Ameisen, weil sie in der Erde leben. Auch Nearchos, Alexanders des Großen Admiral, hat – laut Strabon – die Felle der »goldgrabenden Ameisen« gesehen. Sie sollen denen des Panthers geglichen haben. Autoren der Antike griffen die Geschichte wiederholt auf, und man kannte sie auch noch im Mittelalter. 1559 soll ein persischer Gesandter dem Sultan Suleiman in Konstantinopel neben anderen Geschenken auch eine indische Ameise »magnitudine canis mediocris« – »von der Größe eines mittleren Hundes« – mitgebracht haben.

Der Klimabeschreibung liegt Herodots Vorstellung von der Gestalt der Erde zugrunde. Da sie seiner Meinung nach flach war, müssen die Inder, die im äußersten Osten wohnen, der Sonne am nächsten sein und es damit morgens am heißesten haben. Es dauert, bis der Markt am späten Vormittag zu Ende ist. Danach erst sinkt die Temperatur, da dann die Sonne nach Westen weiterzieht – so kalkulierte Herodot.

Allerdings sind die geschilderten Temperaturwechsel zumindest für einen Teil der engen Täler in Ladakh, wo die Erzählung spielt, tatsächlich charakteristisch. Sobald die Sonne gegen Mittag hinter den hohen Berggipfeln verschwindet, wird es in den Talgründen kühl.

Daß im äußersten Osten die Tiere viel größer sind als anderswo . . .

»Überhaupt kann man wohl sagen, daß die äußersten Länder der bewohnbaren Erde mit den kostbarsten Dingen ausgestattet sind, während das Hellenenland sich dafür eines Klimas erfreut, das schönstes Ebenmaß hat wie kein anderes. Das äußerste der Länder im Osten ist Indien, wie ich bereits bemerkt habe. Und in Indien sind die Tiere, Vierfüßler wie Vögel, um vieles größer als anderswo, ausgenommen allein die Pferde, die hinter den medischen oder sogenannten nisaiischen zurückstehen. Dort findet man auch unermeßlich viel Gold, teils in Gruben, teils herabgeführt von Flüssen oder auch als Beute der Jagd, wie ich erzählt habe.

Dort wächst auf den Bäumen des Waldes eine Art Wolle als Frucht, schöner und feiner als die der Schafe. Sie liefert den Indern ihre Kleidung.« III, 106

Hier irrt Herodot: Tatsächlich sind die afrikanischen Elefanten und Löwen größer als die indischen Arten. Bei den medischen Pferden handelt es sich um eine besondere, für ihre Schnelligkeit wie ihre Ausdauer gleich berühmte Rasse. Sie wurde unter anderem in dem berühmten Gestüt von Nisa in Parthien, aber auch in Ferghana gezüchtet. China rüstete mehrmals militärische Expeditionen aus, die nach Westturkestan eindrangen, nur um einige Zuchtexemplare zu rauben.

Zum ersten Mal wird hier durch Herodot im Okzident die Baumwolle genannt. Sie wächst jedoch an Sträuchern.

Warum Kater ihre eigenen Jungen rauben und töten ...

»Zwar halten die Ägypter viele Haustiere, doch würden sie noch weit mehr haben, wenn sich die Zahl der Katzen nicht stets verminderte. Das geschieht auf folgende Weise:

Hat das Weibchen Junge geboren, so geht es nicht mehr zum Kater. Die Männchen versuchen vergeblich, die Weibchen zu begatten, finden aber keine Gelegenheit dazu. Um dennoch ihr Ziel erreichen zu können, wenden die Kater eine List an: Sie rauben den Katzen ihre Jungen und töten sie, jedoch ohne sie zu fressen. Dann kommen die Weibchen, welche ihre Jungen verloren haben und nach anderen verlangen, wieder zu den Männchen, denn diese Tiere lieben es nämlich besonders, Junge zu haben.

Bricht aber eine Feuersbrunst aus, so verhalten sich die Katzen sehr sonderbar. Dann stellen sich die Menschen, der eine hier, der andere dort, rings um die Flammen auf. Dabei vergessen sie ganz, gegen den Brand vorzugehen und ihn zu löschen und haben nur acht auf die Katzen. Aber diese schlüpfen doch durch ihre Reihen oder springen über die Leute hinweg und stürzen sich ins Feuer. Wenn so etwas geschieht, dann sind die Ägypter sehr betrübt.« II, 66

Kein Wunder, wenn Herodot sich auch über Katzen ergeht. Sie waren zwar seit langer Zeit schon in Ägypten gezähmt, nicht aber in Europa. Tatsache ist: Den Griechen wie den Römern waren Katzen als Haustiere damals noch unbekannt. Erst Palladius im 4. Jahrhundert n. Chr. gebraucht den Namen »cattus«, der seitdem von Italien aus, wie das Tier selbst, zu den Völkern Europas und Asiens wanderte.

Von Ägypten aus gelangte die Katze als Haustier wahrscheinlich zunächst nach dem Osten, vor allem nach Arabien. Sie wurde bekanntlich ein Lieblingstier Mohammeds. Viel später erst kam sie dann auch in die nördlichen Länder. Im 10. Jahrhundert wird sie in der Gesetzgebung für Wales als ein offenbar kostbares Tier erwähnt, und im 11. Jahrhundert hatten vornehme Frauen wertvolle Schoßkätzchen.

Daß die Katze angeblich in die brennenden Häuser der Ägypter gesprungen sein soll, verwechselt Herodot wohl mit der Anhänglichkeit des Tieres an das Haus.

Von Rindern, denen im kalten Skythenland keine Hörner wachsen...

»... Pferde ertragen den strengen Winter« – im Skythenland, wo es »acht Monate hindurch kalt bleibt, aber auch die vier übrigen Monate nicht warm ist – recht gut. Maultiere und Esel jedoch können ihn ganz und gar nicht aushalten. In anderen Ländern ist es genau umgekehrt. Da erfrieren Rosse, die man in der Kälte stehen läßt, die Glieder, während es Eseln und Maultieren wiederum nichts ausmacht.

Das ist, wie ich vermute, auch der Grund, daß die im Skythenland heimische kleine Rinderrasse keine Hörner bekommt. Und für diese Meinung kann ich mich auf einen Vers Homers berufen. Er steht in der Odyssee und lautet:

›Libyen auch, wo den Lämmern in Bälde die Hörner entsprießen.‹

Diese Bemerkung ist ganz richtig. Denn in heißen Ländern kommen die Hörner schon früh zum Vorschein. Wo hingegen strenge Kälte herrscht, wachsen dem Vieh gar keine oder nur kümmerliche. Solche Wirkungen übt dort die Kälte.

Auffällig aber erscheint es mir, beiläufig bemerkt – doch solche Abschweifungen und Zusätze haben von Anfang an in meinem Plan gelegen –, daß in ganz Elis keine Maultiere gezeugt werden können. Dabei ist das Land weder kalt, noch ist sonst eine Ursache dafür zu erkennen.

Die Bewohner von Elis selber sagen, es sei die Folge eines Fluches, daß bei ihnen keine Maultiere gezeugt werden. Naht die Zeit, da die Stuten rossig werden, so treibt man sie über die Grenze ins Gebiet der Nachbarn, läßt sie dort von den Eseln decken und holt sie, sobald sie trächtig sind, wieder heim.« IV, 28–30

Noch heute sind Kosakenpferde, die ja in dem Lande gezüchtet werden, das einst die Skythen bewohnten, besonders widerstandsfähig gegen Kälte. Daß Pferden jedoch in anderen Ländern, wie Herodot sagt, bei Kälte die Glieder erfroren sein sollen, mag folgenden besonderen Grund haben: In Griechenland wie in Kleinasien waren damals Pferde noch recht selten und damit kostbar. Sie wurden sehr sorgfältig gehegt und gepflegt und waren daher wohl auch anfälliger gegen Kälte. Alle schweren Arbeiten mußten von Eseln oder Maultieren verrichtet werden.

Den Irrtum, daß Esel sich in kalten Ländern wie Skythien nicht fortpflanzen, übernahm später übrigens auch Aristoteles von Herodot. Das Rindvieh in Südrußland hat tatsächlich kurze Hörner. Mit der Einwirkung von Kälte, wie Herodot das wissenschaftlich zu erklären sucht, hat dies allerdings nichts zu tun. Dagegen sprechen die riesigen Geweihe von Rentieren und Elchen. Daß in Elis, einer Landschaft im Westen der Peloponnes, keine Maultiere geboren werden, bestätigen auch die Autoren Plutarch und Pausanius.

Eine Sexwelle, wie der Westen sie jüngst erlebte, wäre damals im Altertum weder eine Sensation gewesen noch ein Geschäft. Dazu konnte es erst in unserer Zeit kommen als Folge einer jahrhundertelangen, kirchlich diktierten, unnatürlichen und sich moralisch gebärdenden Einstellung, der ein weltfremdes Credo von der angeblichen Sünde und Versuchung allen Fleisches zugrunde lag.

In der Antike dachten und fühlten die Menschen natürlicher. Ihnen waren Liebe, Eros, Fruchtbarkeit etwas Selbstverständliches, eingeflochten in das Werden und Vergehen im Kosmos wie im Leben der Götter und der Menschen. Fruchtbarkeitskulte zählten zu den höchsten Festen, auf denen – wie in Hellas, so am Nil – der Phallos, das männliche Glied, als Symbol ewiger Zeugung und Erstellung neuen Lebens in feierlicher Prozession gezeigt wurde.

Wie jedes babylonische Weib im Dienste der Gottheit einmal mit einem Fremden schlafen muß ...

»Bei den Babyloniern verstößt ein häßlicher Brauch am meisten gegen den Anstand.

Jedes Weib des Landes muß sich in seiner Lebenszeit einmal ins Heiligtum der Aphrodite begeben und sich dort irgendeinem fremden Manne hingeben. Viele Frauen, die sich nicht unter die Menge mischen wollen, weil sie reich und deshalb hochmütig sind, fahren in verdeckten Wagen zum Tempel und halten daselbst. Eine zahlreiche Dienerschaft begleitet sie dabei.

Die meisten Frauen aber sitzen im Tempelbezirk und haben aus Stricken einen Kranz ums Haupt gewunden. Es sind viele zu gleicher Zeit da, die einen kommen, die anderen gehen. Zwischen den wartenden Weibern hindurch laufen schnurgerade Gassen nach jeder Richtung. Hier gehen die fremden Männer auf und ab und wählen sich eine aus.

Hat sich ein Weib dort einmal niedergesetzt, so darf es nicht eher wieder in sein Haus zurückkehren, bis einer der Fremden ihm ein Geldstück in den Schoß geworfen und ihm danach außerhalb des Heiligtums beigewohnt hat. Wenn er der Frau das Geld zuwirft, braucht er nur zu sagen: ›Im Namen der Mylitta, komm!‹ So nämlich heißt bei den Assyrern die Göttin Aphrodite.

Ob das Geldstück groß ist oder klein – die Frau wird es bestimmt nicht zurückweisen. Das steht ihr nicht zu, weil das Geld der Göttin gehört. Und so folgt die Frau dem ersten, der es ihr zuwirft, und keiner ist ihr zu gering. Wenn sie sich hingegeben und damit der Göttin gegenüber ihre Pflicht erfüllt hat, kehrt sie heim in ihr Haus. Danach kann man einen noch so hohen Preis bieten – sie wird nicht noch einmal zu gewinnen sein.

Die schönen und gutgewachsenen Frauen brauchen sich meist nur ganz kurze Zeit im Tempel aufhalten. Nicht so die Häßlichen. Sie müssen lange warten und kommen nicht dazu, dem Brauch zu genügen. Drei, vier Jahre und länger müssen manche im Heiligtum bleiben. Auch auf Zypern herrscht an manchen Orten eine ähnliche Sitte.« I, 199

Die Schilderung läßt erkennen, daß Herodot, der ja Mesopotamien bereist hat, hier als Augenzeuge berichtet. Trotzdem ist ihm dabei ein großer Irrtum unterlaufen. In den Tempeln der vorderasiatischen Fruchtbarkeitsgöttin Ischtar, hier der griechischen Göttin Aphrodite gleichgesetzt, gab es in der Tat zwar eine heilige Prostitution. In der Bibel, in der wiederholt davon die Rede ist, taucht sie als eine der großen sittlichen Versuchungen des Volkes Israel von seiten der Kanaaniter, Phönizier und Babylonier auf (4. Mose 25, 1.2; 1. Könige 14, 23.24; Hesekiel 16, 15 ff.; Hosea 4, 13.14). Gegen Geld, das für die Schatzkammer des Heiligtums bestimmt war, gaben sich jedoch nur die eigens dafür ausgewählten Tempeljungfrauen hin. Diese entstammten allerdings oft sehr angesehenen Familien des Landes. Den Brauch, daß sich jede Babylonierin einmal in ihrem Leben im Dienste der Gottheit prostituieren mußte, hat es nie gegeben.

Der »Kranz von Stricken« auf dem Kopf der Frauen galt als Symbol für die Gebundenheit an die Göttin Ischtar. Auf Zypern war der Ischtar-Kult von den Phöniziern eingeführt worden.

Wie es dazu kam, daß die Tochter des Pharaos Cheops sich im Bordell ihre eigene Pyramide verdiente ...

»Pharao Cheops war ein verruchter Charakter. Er trieb es in seiner Geldgier so weit, daß er die eigene Tochter in ein Freudenhaus brachte und ihr befahl, eine hohe Geldsumme – wieviel genau, verrieten die Priester mir nicht – zu beschaffen.

Die Tochter aber brachte nicht nur die Summe zusammen, die der Vater von ihr verlangt hatte. Sie faßte obendrein noch den Entschluß, auch für sich selber ein Denkmal zu errichten. Um ihr Ziel zu erreichen, ging sie folgendermaßen vor:

Sie verlangte von jedem Mann, der mit ihr schlafen wollte, ihr einen Stein für dieses Bauwerk als Geschenk mitzubringen.« II, 126

Eine Tempelinschrift, die in Gizeh in der Nähe der riesigen Cheopspyramide entdeckt wurde, besagt tatsächlich, Pharao Cheops habe nach seiner eigenen Pyramide auch die seiner Tochter namens Hontsen erbauen lassen. Es handelt sich um eine der drei kleineren Pyramiden, die nahe der berühmten Sphinx in einer Reihe südöstlich der großen Pyramide noch heute stehen.

Soweit stimmt die Geschichte. Der Rest ist nur eine der Fabeln, wie sie in späterer Zeit, als die Hochblüte ägyptischer Kultur längst einer fernen Vergangenheit angehörte, im Volk im Umlauf waren, um das Ansehen der Pyramidenbauer in Mißkredit zu bringen.

Was die Hetäre Rhodopis, in Ägypten steinreich geworden, dem Orakel zu Delphi stiftete . . .

»Auch der König Mykerinos hat eine Pyramide hinterlassen, welche allerdings um vieles kleiner ist als die seines Vaters. Auch sie ist viereckig und zur Hälfte aus aithiopischem Stein.

Diese Pyramide, so meinen einige Griechen, gehöre einer Hetäre – der Rhodopis. Aber das stimmt nicht. Sie wissen offenbar gar nicht, wer diese Rhodopis war. Denn sonst hätten sie ihr wohl nicht den Bau einer Pyramide zugeschrieben, die so viele tausend Talente gekostet hat, daß es sich sozusagen gar nicht ausrechnen läßt. Ganz abgesehen davon, daß Rhodopis nicht zur Zeit des Mykerinos, sondern unter König Amasis gelebt hat, also viele Generationen nach jenem Erbauer der Pyramiden.

Rhodopis stammte aus Thrakien und war eine Sklavin des Iadmon von Samos, eines Sohnes des Hephaistopolis. Ihr Mitsklave war Aisopos, der Fabeldichter . . .

Rhodopis kam eines Tages durch den Samier Xanthos nach Ägypten, wo sie als Dirne Geld verdiente. Ein Mann aus Mytilene, Charaxos, Sohn des Skamandronymos, eines Bruders der Dichterin Sappho, kaufte sie für viel Geld frei. So erlangte Rhodopis ihre Freiheit. Da sie sehr liebreizend war, verstand sie es, sich ein Vermögen zu erwerben, das für ihren Beruf beachtlich groß war. Es würde aber nie und nimmer ausgereicht haben, eine solche Pyramide zu errichten. Nach dem Zehnten ihres Vermögens, den noch heute jedermann sehen kann, läßt sich unschwer berechnen, daß es nicht übermäßig groß gewesen sein kann.

Rhodopis nämlich wollte gern ihr Angedenken in Hellas bewahrt wissen, und zwar durch ein Weihnachtsgeschenk für Delphi, wie es noch keiner sich ausgedacht und je einem Tempel gestiftet hatte: Sie ließ sich von dem Zehnten ihres Vermögens eine Menge eiserner Bratspieße fertigen, so groß, daß man einen Ochsen daran rösten konnte. Die schickte sie nach Delphi, wo sie noch jetzt hinter dem Altar, den die Chier gestiftet haben, in einem Haufen beisammen liegen, dem Tempel gerade gegenüber.

Die Hetären von Naukratis scheinen überhaupt sehr schön gewesen zu sein. Die, von der eben die Rede war, ist schließlich in so großen Ruf gekommen, daß wohl jedermann im Hellenenlande ihren Namen kannte. Nach ihr wurde eine andere namens Archidike in ganz Hellas besungen, obwohl es von ihr weniger zu erzählen gab als von Rhodopis.

Als übrigens jener Charaxos, der die Rhodopis freigekauft hatte, nach Mytilene heimkehrte, hat ihn Sappho in einem Liede mit Spott übergossen. Doch damit genug von Rhodopis!« II, 134.135

Rhodopis, die berühmte Hetäre, hat wirklich gelebt. Sie taucht in den Versen der Dichterin Sappho aus Lesbos, die um 600 v. Chr. lebte, unter dem Namen Dolicho auf. Charaxos, dem sie ihre Freiheit verdankte, war als reicher Weinhändler bekannt.

Noch heute erzählen sich im übrigen Araber eine Geschichte, die an die von Herodot erwähnte Fabel vom Pyramidenbau der Rhodopis erinnert: Bei der dritten Pyramide, so heißt es, tauche häufig ein nacktes Weib auf, das die Männer liebestoll mache.

Pharao Mykerinos – ägyptisch Menkaure – lebte um 2500 v. Chr. Die ihm zugeschriebene Pyramide ist bei Gizeh noch erhalten. Pharao Amasis regierte von 569 bis 526 v. Chr. Er begünstigte die von Milet gegründete griechische Kolonie Naukratis im Nildelta und war mit König Kroisos von Lydien wie auch dem Tyrannen Polykrates von Samos verbündet.

In Form von Bratspießen wurden zu jener Zeit Metallbarren gegossen, die als Zahlungsmittel dienten. Der Altar, den die Chier – Bewohner der zwischen Samos und Lesbos gelegenen Insel Chios – errichtet hatten, lag dem Tempel des Apollo gegenüber. Französische Ausgräber entdeckten ihn 1893 genau an dem von Herodot angegebenen Ort.

In dieser Wüste, deren Sand goldhaltig ist, leben Ameisen, größer als Füchse, denen man die Kamelhengste zum Fraße überläßt (s. S. 23).

Wie ägyptische Weiber im Festzug das männliche Glied einer Kultfigur auf und ab bewegen ...

»Dem Dionysos schlachtet jeder Ägypter am Vorabend des Festes ein Ferkel vor seiner Haustür und gibt es dann dem Schweinehirten, der es ihm verkauft hat, damit der es wieder fortschafft. Im übrigen begehen die Ägypter das Dionysosfest fast in allen Stücken ebenso wie die Hellenen, nur ohne Chöre.

Anstelle des Phallos ist bei ihnen etwas anderes üblich, nämlich eine Art Gliederpuppe mit einem Fadenzug. Sie ist etwa eine Elle groß und wird durch eine Schnur bewegt. Frauen tragen diese Puppen von Dorf zu Dorf. Dabei geht das Schamglied, das beinahe ebenso groß ist wie der ganze Körper, unentwegt auf und ab. Dem Zuge voran geht ein Flötenspieler, hinter ihm die Weiber, die den Dionysos besingen.

Weshalb aber das Geschlechtsglied so außergewöhnlich groß und das allein Bewegliche an der Puppe ist, das erklärt ebenfalls eine heilige Sage.« II, 48

Mit Dionysos ist der ägyptische Gott Osiris gemeint. Er bedeutete die der Erde einverleibte Zeugungskraft der Sonne, als deren Symbol der Phallos, das männliche Glied, insbesondere dessen Nachbildung, galt. Der Gott wurde oft mit erigiertem Penis abgebildet.

In Griechenland wurde im großen Festzug der Dionysosfeier keine Gliederpuppe herumgetragen, über die sich Herodot verwundert, sondern lediglich ein aus rotem Leder gefertigter Phallos. Dabei wurden Lieder zu Ehren des Gottes gesungen.

Welches Volk als erstes den Beischlaf im Tempel streng verbot ...

»Die Ägypter waren die ersten, die streng die Sitte beachteten, nach der niemand im Tempel mit Weibern den Beischlaf vollziehen oder nach einem solchen ungereinigt ein Heiligtum betreten durfte. Fast alle anderen Völker nämlich, ausgenommen die Ägypter und Hellenen, verkehren geschlechtlich mit Frauen innerhalb der Heiligtümer oder betreten sie gleich danach, ohne sich zuvor gewaschen zu haben. Sie meinen, die Menschen seien in dieser Hinsicht nicht anders als das Vieh. Sehe man doch auch die Tiere und allerlei Vögel sich in den Häusern der Götter und in den heiligen Hainen begatten. Wenn die Götter das nicht gern sähen, würden die Tiere es sicher nicht tun. Das jedenfalls sagen sie zu ihrer Entschuldigung. Mir allerdings will diese Begründung nicht gefallen.« II, 64

Wie es kam, daß Pharao Amasis nach längerer Impotenz plötzlich wieder konnte ...

»Mit den Kyrenern schloß Amasis ein Schutz- und Trutzbündnis. Ja, er entschloß sich sogar, von dort eine Gattin zu nehmen, sei es, weil er Verlangen nach einem hellenischen Weibe hatte, oder aus Vorliebe für die Kyrener. Er heiratete jedenfalls ein Mädchen namens Ladike, die Tochter des Arkesilaos, wie die einen sagen, des Battos, wie andere, des Kritobulos, wie wiederum andere meinen.

Als Amasis sich aber zu ihr legte, gelang es ihm nicht, ihr beizuwohnen. Dabei konnte er es doch mit allen anderen Frauen. Als ihm das immer wieder passierte, ließ Amasis eines Tages Ladike rufen und sagte zu ihr:

›Weib, du hast mich verzaubert! Darum sollst du eines elenden Todes wie nie zuvor ein Weib sterben, und nichts soll dich retten.‹ Sie leugnete, aber umsonst. Amasis ließ sich nicht erweichen.

Da betete Ladike still zu Aphrodite und gelobte der Göttin, eine Statue nach Kyrene zu schicken, wenn Amasis in derselben Nacht noch einmal bei ihr ruhen würde und sie dabei begatten könne. Denn das allein würde sie vom sicheren Tode erretten. Und als Amasis danach tatsächlich zu ihr kam, siehe – da konnte er wieder. Von da an ging es, so oft er bei ihr ruhte, und er gewann sie von Herzen lieb.

Ladike jedoch erfüllte, was sie der Göttin versprochen hatte. Sie ließ ein Götterbild anfertigen und es nach ihrer Vaterstadt bringen. Die Statue war noch erhalten, als ich dort war; sie stand etwas außerhalb von Kyrene. Als Kambyses Ägypten erobert hatte, schickte er Ladike, nachdem er erfahren hatte, woher sie stammte, nach Kyrene zurück.« II, 181

Kyrene war im Altertum eine bedeutende Stadt in der fruchtbaren Landschaft Kyrenaika an der Nordküste Afrikas, heute Shahat in Libyen. Kolonisten vom griechischen Mutterland und von den Dorischen Inseln, namentlich von Thera, gründeten sie im 7. Jahrhundert v. Chr. Der Ort wurde schnell ungemein reich, da bei ihm viele Karawanenwege aus dem Süden zusammenliefen, auf denen die Produkte Afrikas nach Norden kamen, um dann nach Griechenland weiterverkauft zu werden.

»Merkwürdigkeiten, wie andere Länder sie haben, und welche
verdienten, beschrieben zu werden, hat Lydien kaum, ausgenommen den Goldsand, der vom Berge Tmolos herabgespült wird.
Aber ein Bauwerk hat es aufzuweisen, das an Größe ohnegleichen
ist, wenn ich einmal von den Bauten Ägyptens und Babyloniens
absehe. Es handelt sich um das Grabmal des Alyattes, des Vaters
des Kroisos.
Das Fundament besteht aus großen Steinblöcken. Der eigentliche
Grabhügel darüber ist aus Erde aufgeschüttet. Markthändler,
Handwerker und öffentliche Dirnen haben es errichtet.
Oben auf dem Hügel standen noch zu meiner Zeit Grabsäulen,
fünf an der Zahl, mit eingehauenen Schriftzeichen. Sie gaben Auskunft darüber, welchen Teil des Baues jede der drei beteiligten
Stände hatte errichten lassen. Wenn man es berechnete, stellt man
fest, daß der Anteil der Dirnen der größte war.
Bei den einfachen Leuten Lydiens halten sich nämlich alle Töchter
feil. Sie tun dies, bis sie heiraten, und schaffen sich so selbst eine
Aussteuer.
Der Umfang des Grabmales beträgt sechs Stadien und zwei Ple-
thren, die Breite dreizehn Plethren. Nahe dem Mal liegt ein gro-
ßer See, der nie versiegt, wie die Lyder sagen. Er heißt Gyges-See.
Soviel hiervon.« I, 93
Nördlich von Sardes, der einstigen Hauptstadt des Königreiches
Lydien in Anatolien, erheben sich noch heute mehr als sechzig
Grabhügel. Der größte und umfangreichste wird dem König Aly-
attes zugeschrieben. Sein kreisrundes Fundament ist teilweise in
den anstehenden Kalkstein gehauen; darüber befindet sich ein
Wall aus großen Blöcken. Oben wölbt sich der Erdhügel, der zum
Teil mit Ziegeln abgedeckt ist. Die rechteckige Grabkammer im
Innern ist vier Meter lang, zweieinhalb Meter breit und zwei
Meter hoch. Sie enthielt, als sie im vergangenen Jahrhundert
geöffnet wurde, Knochen von Menschen und Tieren, die man ver-
brannt hatte.
Die fünf Grabsäulen, von denen die Rede ist, deuten auf die fünf
Zünfte, durch deren unentgeltliche Arbeiten oder freiwillige Geld-
spenden das Grabmal für den toten König zustande kam. Hero-
dot nennt davon jedoch nur drei. Ein Plethron entspricht 29,6
Metern.

»Über die Sauromaten erzählt man sich folgendes: Einst führten die Hellenen mit den Amazonen Krieg – bei den Skythen heißen die Amazonen ›Oiorpata‹, das bedeutet im Griechischen Männertöter, denn ›Oior‹ heißt Mann und ›pata‹ töten – und besiegten diese in einer Schlacht am Flusse Thermodon. Danach fuhren die Hellenen wieder fort und nahmen auf drei Schiffen alle Amazonen mit, die sie hatten gefangennehmen können.

Auf der Fahrt aber stürzten sich die Amazonen über die Männer und machten sie alle nieder. Da sie jedoch nicht mit Schiffen umzugehen und weder Steuer noch Segel oder Ruder zu handhaben verstanden, wurden sie von Wind und Wellen auf dem Meer umhergetrieben. Eines Tages gelangten sie endlich in den Maiotis-See bei Kremnoi im Lande der freien Skythen. Dort verließen die Amazonen die Schiffe und zogen über Land, bis sie in bewohnte Gebiete kamen. Die erste Herde von Pferden, auf die sie stießen, raubten sie, machten sich beritten und plünderten nun das Skythenland.

Die Skythen aber vermochten nicht zu begreifen, was da vor sich ging, denn die Sprache, die Tracht und das Volk war ihnen fremd, und sie waren sehr verwundert, woher diese Fremden gekommen sein mochten. Und weil sie meinten, es seien Männer, alle von gleichem Wuchs und gleichem Alter, so kämpften sie mit ihnen, siegten und bemächtigten sich der Gefallenen. Da erst erkannten sie, daß es Frauen waren.

Nun berieten sie untereinander und beschlossen, auf keinen Fall mehr von jenen zu töten, sondern ihre jüngsten Krieger zu ihnen zu schicken, und zwar ungefähr ebenso viele, als jene an Zahl sein mochten. Diese sollten sich in der Nähe der Amazonen lagern und dasselbe tun wie jene. Falls aber die Frauen angriffen, sollten sie nicht kämpfen, sondern fliehen, bis sie von ihnen abließen, und dann zurückkehren und wiederum in ihrer Nähe lagern. Solches beschlossen die Skythen, denn sie wünschten, Kinder von diesen Weibern zu bekommen.

Die jungen Männer zogen hinaus und taten, was man ihnen aufgetragen hatte. Als die Amazonen merkten, daß die Jünglinge in nicht feindlicher Absicht gekommen waren und sie nicht störten, kümmerten sie sich nicht um sie. So näherten sich die beiden Lager mit jedem Tage mehr und mehr. Dabei hatten die jungen Männer, genau wie die Amazonen, nur ihre Waffen und Pferde und nährten sich wie jene von der Jagd und vom Beutemachen.

Um die Mittagszeit nun pflegten die Amazonen, einzeln oder zu zweit, sich von ihrem Lager zu entfernen. Sie zerstreuten sich, um weit getrennt voneinander ihre Notdurft zu verrichten. Als die jungen Skythen das merkten, machten sie es genauso.

Dabei geschah es, daß eines Tages einer von ihnen eine Amazone allein antraf. Er näherte sich ihr. Sie aber stieß ihn nicht etwa von sich, sondern war ihm zu Willen. Da sie einander nicht verstanden, konnte sie nicht mit ihm sprechen. Aber durch Zeichen mit der Hand bat sie ihn, er solle am nächsten Tag wieder an denselben Platz kommen und einen weiteren Jüngling mitbringen. Auch gab sie ihm zu verstehen, sie werde eine Gefährtin mitbringen. Als der Jüngling ins Lager zurückkam, erzählte er den anderen von seinem Erlebnis.

Tags darauf ging er an die gleiche Stelle und nahm einen Freund mit. Er fand dort die Amazone, die mit einer zweiten bereits auf sie wartete. Als die anderen jungen Leute dies erfuhren, da machten sie sich auch die übrigen Amazonen gefügig.

Bald darauf vereinigten sie ihre Lager und wohnten beisammen. Jeder nahm die zum Weibe, der er zuerst beigewohnt hatte. Die Männer konnten zwar die Sprache der Frauen nicht erlernen, diese jedoch lernten die Sprache der Männer. Als sie einander auf diese Weise verständigen konnten, sagten die Männer eines Tages zu den Amazonen: ›Wir haben noch Eltern und Besitz. Laßt uns nicht länger ein solches Leben führen! Kommt, wir wollen zu unserem Volk ziehen und dort wohnen. Ihr sollt unsere Frauen sein und keine anderen.‹

Jene jedoch erwiderten: ›Wir würden nicht mit euren Weibern zusammenleben können, denn wir haben andere Sitten als sie. Wir schießen mit dem Bogen, werfen den Speer, reiten auf Pferden und haben Frauenarbeit nicht gelernt. Eure Weiber hingegen machen nichts von alledem. Sie hocken im Wagen und tun Weiberwerk. Sie gehen nicht auf die Jagd, noch ziehen sie nach Beute aus. So passen wir nicht zueinander. Wollt ihr uns aber zur Ehe haben und euch als rechtschaffen erweisen, so geht hin zu euren Eltern und laßt euch geben, was euch als Erbteil von ihrem Besitz zusteht. Dann kommt und laßt uns allein wohnen für uns!‹

Die jungen Männer ließen sich überzeugen und machten es so. Aber als sie zu den Amazonen zurückkehrten und ihr Erbteil

In Arabien findet man Schafe, die haben sehr lange Schwänze. Und damit sie nicht auf der Erde schleifen und wund werden, zimmern die Hirten kleine Wagen (s. S. 23).

brachten, sprachen ihre Frauen zu ihnen: ›Wir sind voll Furcht und Angst darüber, daß wir hier wohnen sollen, wo wir euch euren Vätern entfremdet und eurem Lande viel Schaden zugefügt haben. Da es euch gefällt, mit uns zu leben, so laßt uns auswandern von hier und jenseits des Tanaïs wohnen.‹

Auch damit waren die Jünglinge einverstanden. Sie setzten über den Tanaïs und zogen drei Tageswege von diesem Strom gen Osten weiter und ebensoweit vom Maiotis-See. Dort ließen sie sich in der Gegend nieder, in der sie jetzt noch wohnen.

Und die Weiber der Sauromaten behielten ihre alte Lebensweise bei. Sie reiten zur Jagd mit den Männern aus, aber auch ohne diese. Sie ziehen in den Krieg und kleiden sich wie die Männer.

Die Sauromaten sprechen skythisch, aber fehlerhaft von alters her, weil die Amazonen es damals nicht recht gelernt hatten. Bei der Eheschließung haben sie im übrigen noch folgenden Brauch: Kein Mädchen darf heiraten, bevor es nicht einen Feind getötet hat. Darum werden manche alt und sterben ledig, weil sie das Gesetz nicht erfüllen konnten.« IV, 110–117

Im Altertum hieß alles Land zwischen Weichsel und Wolga Sarmatien; daher auch »Sarmatische Tiefebene«. Sie wurde nach spätgriechischer Annahme durch den Tanaïs – das ist der Donjez – in eine europäische und eine asiatische Hälfte geschieden. Die Sauromaten, von denen Herodot berichtet, wohnten zu seiner Zeit nördlich des Donjez. Was er überliefert, ist eine skythische Sage über deren Herkunft. Alte Berichte schildern sie als blondhaarig, von wildem Aussehen und tätowiert. Sie führten ein Nomadenleben und waren als vortreffliche Krieger, Reiter und Bogenschützen gefürchtet. Tatsache ist, daß auch ihre Frauen mit in die Schlacht zogen und Waffen führten wie die Männer. Das mag auch der Grund gewesen sein, warum man sie mit den Amazonen in Verbindung brachte.

Thermodon hieß ein Fluß am Schwarzen Meer in Kleinasien. An ihm soll der Legende nach Themiskyra, die Hauptstadt des kriegerischen Frauenvolkes der Amazonen, gelegen haben, das Männer nur zum Zweck der Fortpflanzung unter sich duldete.

3 Ungewöhnliche Geschichten und Begebenheiten

Wie der Harn einer einzigen treuen Frau einem erblindeten Pharao wieder zum Augenlicht verhalf . . .

»Nach Sesostris' Tode, so erzählte man mir, folgte ihm in der Regierung sein Sohn Pheros. Dieser tat sich durch keinerlei Kriegszug hervor und hatte das Unglück, daß er erblindete. Dies aber geschah aus folgendem Grund:
Zu seiner Zeit schwoll der Strom eines Tages höher an als je zuvor. Er stieg bis zu achtzehn Ellen und überflutete die Felder. Dazu erhob sich ein Sturmwind, und der Fluß schlug mächtige Wellen. Als der König dies sah, soll er in frevelhaftem Zorn einen Speer ergriffen und ihn mitten in die Strudel des Stromes geschleudert haben. Kurz danach erkrankte er und ward blind.
Zehn lange Jahre vergingen, ohne daß sich etwas änderte. Seine Augen blieben tot. Im elften Jahr indes erhielt der König einen Spruch vom Orakel in der Stadt Buto, der ihn wissen ließ, die Zeit seiner Heimsuchung sei erfüllt. Er werde wieder sehen können. Er brauche dazu seine Augen nur mit dem Urin eines Weibes zu benetzen, das einzig mit dem eigenen Manne geschlafen habe, nie aber mit einem anderen.
König Pheros versuchte es zuerst mit dem Harn seiner eigenen Frau, aber er blieb blind. Danach machte er die Probe mit allen anderen Frauen der Reihe nach, so lange, bis er schließlich wieder sehend wurde.
Nach dieser Erfahrung statuierte er ein Exempel. Er ließ alle Frauen, mit denen er es vergeblich versucht hatte, in eine Stadt kommen, die jetzt ›Rote Erde‹ heißt. Und als sie alle dort versammelt waren, gab er den Befehl, die Frauen mitsamt dem Ort zu verbrennen.
Die eine Frau aber, deren Harn ihn geheilt hatte, nahm er dann zur Ehe.
Allen angesehenen Tempeln stiftete er nach seiner Genesung Weihgeschenke. Darunter sind besonders erwähnenswert zwei Obelisken, die das Heiligtum des Helios erhielt. Jeder von ihnen war aus einem einzigen Stein gearbeitet, hundert Ellen hoch und acht Ellen breit.« II, 111
Was Herodot wiedergibt, ist nur eine »Satire auf die Frauentreue«. Ein Herrscher Pheros hat ebensowenig existiert wie die Stadt »Rote Erde«. Pheros ist kein Eigenname, sondern lediglich

41

der Titel »Pharao«. Zugrunde liegt das ägyptische Wort »pher-o« oder »per-o« – »großes Haus« –, das in der Bibel mit Pharao wiedergegeben ist. In alten Geschichten auf wiederaufgefundenen ägyptischen Papyri kommen übrigens die Frauen, was ihre eheliche Treue angeht, meist ebenfalls schlecht weg. Nicht anders also, als es auch im mittelalterlichen Europa gang und gäbe war.

Nicht aus der Luft gegriffen ist die Verwendung menschlichen Harns. Er spielte als Heilmittel bei ägyptischen Ärzten, wohl wegen seines natürlichen Ammoniakgehaltes, tatsächlich eine Rolle, vor allem bei Augenerkrankungen.

Verständlich ist die Schwere der Strafe, die den ägyptischen König getroffen haben soll. Denn der Nil galt, namentlich während der Zeit, da er Hochwasser führte und sich damit besonders segensreich für das Land auswirkte, als heilig. Die Maße jedoch, die Herodot für die gestifteten Obelisken nennt – 100 Ellen bedeuten 44,4 Meter –, erscheinen übertrieben. Eine noch jetzt in Heliopolis stehende, von Sesostris I. gestiftete »Steinnadel« ist 22 Meter hoch. Der größte aller erhalten gebliebenen Obelisken, der sich heute auf dem Platz vor dem Lateran in Rom erhebt, mißt 32 Meter.

Wie Herakles als Lösegeld für seine Rosse ein jungfräuliches Mischwesen im Land der Skythen begatten mußte ...

»Als Herakles, so erzählen die Hellenen am Pontos, die Rinder des Geryones forttrieb, kam er in das Land, das jetzt die Skythen bewohnen, das damals aber noch menschenleer war. Und da ihn Sturm und Frost überfielen, so hüllte er sich in seine Löwenhaut und fiel in Schlaf. Während er schlief, verschwanden die Pferde, die er hatte weiden lassen, auf unerklärliche Weise von seinem Wagen weg.

Als Herakles aufwachte, suchte er vergeblich nach ihnen, und nachdem er alle Teile des Landes durchstreift hatte, kam er schließlich in das Land Hylaia. Dort fand er in einer Grotte ein Zwitterwesen, halb Jungfrau, halb Schlange.

Voller Verwunderung betrachtete er sie, dann fragte er, ob sie seine Rosse gesehen habe. Sie erwiderte, sie selbst habe sie, werde sie aber nicht herausgeben, wenn er nicht mit ihr schliefe. Und Herakles erfüllte ihr Begehren um diesen Preis.

Doch sie schob die Rückgabe der Pferde immer wieder hinaus, um ihn möglichst lange bei sich behalten zu können. Er jedoch wünschte nur eines: die Pferde zu bekommen und sich von ihr zu trennen.

Endlich gab sie die Rosse heraus. ›Sie waren‹, sagte sie, ›hierher-gekommen, und ich barg sie dir. Und du hast mir den Bergelohn dafür gegeben. Denn wisse, ich trage drei Söhne von dir. Sage mir nun, was ich tun soll, wenn sie erwachsen sind. Soll ich sie hier wohnen lassen – denn ich allein bin dieses Landes Herrin –, oder soll ich sie zu dir schicken?‹

So fragte sie. Er aber erwiderte: ›Wenn du siehst, daß die Söhne erwachsen sind, so tu, wie ich dir rate, und du wirst nicht fehlen. Wer von ihnen diesen Bogen so zu spannen und sich mit diesem Gürtel so zu umgürten imstande ist, dem gib dies Land zum Woh-nen. Wer von ihnen aber beides nicht vermag, den schicke außer Landes! Wenn du dies tust, so wird es dein Glück sein, und du wirst meinen Willen erfüllt haben.‹

Und während Herakles so sprach, spannte er den einen seiner Bogen – denn er trug damals noch deren zwei –, zeigte ihr den Gürtel und übergab ihr beides. Der Gürtel aber trug oben am Verschluß eine goldene Trinkschale. Dann zog Herakles von dannen.

Als die Knaben, die sie gebar, heranwuchsen, nannte sie den älte-sten Agathyrsos, den zweiten Gelonos, den jüngsten Skythes. Und sie vergaß nicht, was Herakles ihr aufgetragen hatte, und stellte die drei eines Tages auf die Probe.

Die beiden ältesten Söhne, Agathyrsos und Gelonos, waren nicht imstande, die ihnen gestellten Aufgaben zu erfüllen. Sie wurden von ihrer Mutter aus dem Lande verwiesen. Skythes aber, der jüngste, vermochte es und blieb im Lande. Und von diesem Sky-thes, dem Sohne des Herakles, stammen die Königsgeschlechter der Skythen, und nach dem Vorbild jenes Trinkgefäßes tragen die Bewohner noch bis auf diesen Tag Trinkschalen an ihren Gürteln. Das also soll die Mutter an ihrem Jüngsten, dem Skythes, getan haben. So jedenfalls wird es von den Hellenen berichtet, die am Pontos wohnen.« IV, 8–10

Erzählt wird von Herodot eine griechische Sage über die Her-kunft des Skythenvolkes. Geryones war der Fabel nach ein König der Insel Erytheia, die jenseits der Säulen des Herakles liegen sollte. Er besaß große Herden roter Rinder, die sein Hirt Eurition in Begleitung des zweiköpfigen Hundes Orthros weidete. Der Raub dieser Rinder bildete eine der zwölf Arbeiten des Herakles. Hylaia bedeutet Waldland. Es liegt östlich des unteren Dnjepr.

Wie der Ring, den Polykrates als Opfer ins Meer warf, im Fisch-
leib zurückkam ...

»Zu der Zeit, da Kambyses gegen Ägypten zog, unternahmen
auch die Lakedaimonier einen Kriegszug, und zwar nach Samos
gegen Polykrates, den Sohn des Aiakes. Dieser hatte sich während
eines Aufstandes zum Herrn von Samos gemacht und anfänglich
die Stadt in drei Teile geteilt, die er gemeinsam mit seinen Brüdern Pantagnotos und Syloson beherrschte. Später aber tötete er
den einen und verjagte Syloson, den jüngeren. Auf diese Weise
war er Herr über ganz Samos geworden. Im Besitze der ganzen
Insel, schloß er Gastfreundschaft mit Amasis, dem König von
Ägypten, sandte ihm Geschenke und empfing auch solche von
jenem.

Die Macht des Polykrates wuchs in kurzer Zeit, und man sprach
von ihr in Ionien wie in allen anderen Ländern der Hellenen.
Wohin er auch auszog zum Kriege, überall war das Glück mit
ihm. Er unterhielt eine Flotte von hundert Fünfzigruderern und
ein Heer von tausend Bogenschützen. Er beraubte und verheerte
alle Welt und schonte niemanden. Denn größeren Dank, so sagte
er, schulde ihm der Freund, wenn man ihm etwas zuvor Geraub-
tes zurückgebe, als wenn man ihm überhaupt nichts weggenommen
hätte.

Polykrates besetzte viele Inseln und brachte auch viele Städte auf
dem Festland unter seine Herrschaft. Selbst die Lesbier hat er, als
sie mit ihrer gesamten Streitmacht Milet zu Hilfe kommen wollten, in einer Seeschlacht besiegt; die dabei Gefangenen mußten zur
Strafe den gesamten Graben ausheben, der die Mauer von Samos
umzieht.

Die Kunde von den unerhörten Erfolgen des Polykrates vernahm
auch der befreundete Amasis. Aber sie stimmte ihn nachdenklich
und besorgt. Und als das Glück des Polykrates immer wieder
andauerte, diktierte der ägyptische König den nachstehenden Brief
und sandte ihn nach Samos.

›So spricht Amasis zu Polykrates. Erfreulich ist es zu vernehmen,
daß es einem lieben Freunde und Gastgenossen wohl ergeht. Mir
aber will Dein großes Glück gar nicht recht gefallen, denn ich
weiß, daß die Götter neidisch sind. Ich sehe es lieber, wenn
nur ein Teil dessen, was ich beginne, mir oder dem, den ich in
mein Herz geschlossen habe, gelingt, ein anderer Teil aber fehl-
schlägt. Ein Wechsel von Glück und Mißgeschick erscheint mir besser als ein dauerndes Glück. Denn noch habe ich von niemandem

gehört, dem alles gelungen, der aber zuletzt nicht doch ein furchtbares Ende genommen hat. Folge deshalb meinem Rat und hüte Dich vor der ewigen Gunst des Glücks. Überlege, was Dir das Wertvollste auf Erden ist und dessen Verlust Dich am meisten betrüben würde. Das wirf weg, so weit, daß es niemals wieder in Menschenhand gelangt. Und wenn Dich auch dann noch nicht Glück und Mißgeschick wechselnd treffen, dann wiederhole, was ich Dir geraten habe.‹

Als Polykrates diesen Brief gelesen hatte, wurde ihm klar, wie weise der Rat des Amasis war, und er überlegte, um was unter all seinen Schätzen er wohl am meisten trauern würde, falls er es verlöre. Und wie er so nachdachte, kam er auf den Ring, den er am Finger trug. Es war ein Siegelring aus Gold mit einem Smaragden, ein Werk des Samiers Theodoros, des Telekles Sohn.

Diesen Ring beschloß er fortzuwerfen. Er ließ einen Fünfzigruderer bemannen, ging an Bord und befahl, aufs Meer hinauszufahren. Als das Schiff weit entfernt von der Insel war, zog er den Ring vom Finger und warf ihn in die Wogen. Dann fuhr er heim, begab sich in seinen Palast und trauerte um den Verlust.

Fünf oder sechs Tage später aber ereignete sich folgendes: Ein Fischer fing einen Fisch, der so groß und so prächtig war, daß er ihn für wert hielt, dem Polykrates als Geschenk gebracht zu werden. Er eilte mit dem Fisch zum Tore des Palastes und bat, zu Polykrates geführt zu werden. Es wurde ihm gewährt, und er überreichte dem Herrscher den Fisch. Dabei sagte er: ›O König! Diesen Fisch, den ich gefangen habe, hielt ich für zu gut, um ihn auf den Markt zu bringen, obwohl ich von meiner Hände Arbeit leben muß. Ich meinte, er sei nur deiner und deiner Herrschermacht würdig. So bringe ich ihn dir als Geschenk.‹

Polykrates freute sich über diese Worte und erwiderte: ›Da hast du recht getan! Und ich bin dir doppelt dankbar, für deine Worte wie für deine Gabe, und lade dich ein, mein Gast zu sein.‹

Der Fischer war beglückt über eine so große Ehre und kehrte voller Stolz heim. Als aber die Diener den Fisch zurichteten, fanden sie in seinem Bauche den Siegelring ihres Herrn. Sie nahmen ihn und brachten ihn voller Freude zum König und erzählten, wo sie ihn gefunden hatten. Polykrates aber sah darin eine göttliche Fügung, schrieb alles, was er getan und was sich ereignet hatte, in einem Brief nieder und sandte diesen an Amasis nach Ägypten.

Als Amasis die Zeilen gelesen hatte, begriff er, daß kein Mensch einen anderen vor dem Schicksal, das diesem beschieden sei, bewahren könne, und daß es mit Polykrates, dem alles glücke, der sogar wiederfinde, was er von sich geworfen habe, kein gutes Ende nehmen werde. So schickte er einen Boten nach Samos und kündigte ihm das Gastrecht auf. Er tat es, damit er nicht um Polykrates als um einen Freund trauern müsse, wenn jenen eines Tages schweres Unheil treffen würde.« III, 39–43

Polykrates aus Samos hatte es verstanden, den Unwillen des Volkes gegen die Adelsherrschaft auszunutzen, um die Macht an sich zu reißen. Er regierte als Tyrann von ca. 537 bis 522 v. Chr. und sicherte sich durch ein Bündnis mit Pharao Amasis von Ägypten, dessen außerordentlicher und vielgerühmter Klugheit in dieser Geschichte ein Denkmal gesetzt wurde.

Der Ring war dem Herrscher deshalb so besonders wertvoll und unersetzlich, weil er von einem berühmten Meister stammte, dem Theodoros aus Samos, der bereits ein halbes Jahrhundert zuvor gestorben war. Dieser bedeutende Bildhauer, Baumeister und Goldschmied des 6. Jahrhunderts v. Chr. schuf außer dem berühmten Ring für Polykrates einen großen Silberkratér, den der Tyrann dem Apollon von Delphi weihte. (Ein Kratér ist ein Krug zum Mischen von Wein und Wasser.)

Herodot kommt es jedoch weniger auf die tatsächlichen politischen Ereignisse und Hintergründe an. Für ihn ist die Geschichte vom Ring des Polykrates ein einzigartiges Beispiel für das unentrinnbare Walten der Nemesis, der Göttin der ausgleichenden und strafenden Gerechtigkeit. Polykrates wurde später von den Persern arglistig in eine Falle gelockt und »elend umgebracht« Herodot III, 125).

Friedrich Schiller hat die Geschichte vom Ring des Polykrates in seinem gleichnamigen und oft zitierten Gedicht verewigt.

Wie ein Delphin Arion, den berühmten Sänger, bei einem Mordanschlag vom sicheren Tode des Ertrinkens rettete . . .

»Periandros war des Kypselos' Sohn und herrschte über Korinth. Von ihm erzählen die Korinther – und die Lesbier bestätigen die Geschichte –, daß er eine höchst seltsame Begebenheit erlebt habe, und zwar mit Arion von Methymna, der von einem Delphin über das Meer ans Land getragen ward. Dieser Arion war in jenen Zeiten der unvergleichlichste Sänger und Kytharaspieler und unseres Wissens auch der erste, der den Dithyrambos erfand, ihm den Namen gab und in Korinth einführen ließ.

Arion brachte die meiste Zeit seines Lebens in Korinth zu, bei

Periandros, bis ihn eines Tages die Sehnsucht packte, nach Italien und Sizilien zu fahren. Das tat er auch. Als er dort aber große Reichtümer erworben hatte, wünschte er, wieder nach Korinth heimzukehren. In Tarent mietete er sich ein Schiff mit einer Mannschaft aus Korinthern, weil er diesen mehr als allen anderen vertraute, und fuhr damit ab.

Draußen auf hoher See jedoch verschworen sich die Matrosen gegen Arion. Sie beschlossen, ihn über Bord zu werfen und sich seiner Schätze zu bemächtigen.

Als Arion davon erfuhr, flehte er sie an, wenigstens sein Leben zu verschonen. Die Schätze wolle er ihnen gern überlassen. Sie ließen sich aber nicht erweichen, sondern befahlen ihm, sich selbst zu töten. Sie würden dann seinen Leichnam an Land bringen und ordentlich bestatten. Wenn ihm das nicht passe, so solle er so schnell wie möglich ins Meer springen.

In seiner Verzweiflung bat Arion, man möge ihm erlauben, im vollen Schmuck auf das Hinterdeck gehen und noch einen Gesang anstimmen zu dürfen. Nach dem Liede, so versprach er, wolle er sich selber töten. Da die Matrosen erpicht darauf waren, den besten aller Sänger zu hören, zogen sie sich vom Heck nach dem Mittelschiff zurück. Er aber legte sein schönstes Gewand an, ergriff die Kythara, trat auf die Ruderbank und sang ein Lied in hohen Tönen. Als es beendet war, stürzte er sich, so wie er stand, im vollen Schmuck in die Wogen. Das Schiff aber fuhr weiter nach Korinth.

Den Sänger Arion jedoch, so erzählt man, nahm ein Delphin auf den Rücken und trug ihn wohlbehalten bis nach Tainaron. Dort stieg Arion ans Land und wanderte nach Korinth in seinem Sängerschmuck. In der Stadt angekommen, erzählte er alles, was ihm widerfahren war.

Aber Periandros glaubte ihm nicht und ließ ihn in strenge Haft nehmen. Zugleich aber befahl er, alle im Hafen einlaufenden Schiffe zu überwachen. Als eines Tages die Missetäter mit ihrem Schiff ankamen, rief er sie zu sich und fragte sie aus, ob sie etwas über Arion wüßten. Sie logen ihm vor, er lebe guter Dinge in Italien. Sie selbst hätten ihn gesund und munter noch in Tarent gesehen. In diesem Augenblick jedoch trat Arion aus einem Versteck vor sie hin. Er trug dasselbe Kleid, mit dem er ins Wasser gesprungen war. Die Matrosen erschraken darüber so sehr, daß sie nunmehr die volle Wahrheit gestanden.

Diese Begebenheit erzählen die Leute in der Stadt Korinth wie die auf der Insel Lesbos. Und bei Tainaron steht ein ehernes, nicht sehr großes Weihgeschenk des Arion. Es zeigt einen Mann, der auf einem Delphin reitet.« I, 23.24

Periandros herrschte von 635 bis 585 v. Chr. in Korinth. Arion selbst lebte gegen Ende des 7. Jahrhunderts v. Chr. Methymna auf der Insel Lesbos war seine Geburtsstadt.

Herodot hörte diese Fabel bei seinem Besuch in Tainaron. So heißt die Südspitze der Peloponnes noch heute. Hier befand sich einst ein Tempel des Poseidon, dem Arion ein Weihgeschenk dargebracht haben soll, wie Herodot es beschreibt. Viel später sah auch Pausanius, der um 175 n. Chr. lebende römische Schriftsteller, das Denkmal noch mit eigenen Augen. Es trug die Inschrift:

»Den Festzügen der Götter hat Kyklons Sohn, Arion, aus dem sizilischen Meer dieses Gefährt bewahrt.«

Herodot irrt jedoch, wenn er meint, Arion habe den Dithyrambos – ein Lied zur Flöte, das ein Chor zum Preise Apollons sang – erfunden. Er gab ihm jedoch jene chorlyrische Kunstform, aus der sich später das Drama entwickelte.

Die Freundschaft des Delphins zum Menschen ist seit dem Altertum von Sagen umwoben. Er, das Symbol des Gottes Neptun und Wahrzeichen vieler alter Seestädte und Küstenländer, hat wie kein anderes Tier des Meeres die Poeten und Naturforscher der Alten Welt zu den begeistertsten Dichtungen und Schilderungen angeregt. So erzählte später Plinius der Ältere die Geschichte von dem Knaben, der durch häufiges Füttern sich die Liebe eines Delphins erwarb, der ihn dann mehrere Jahre lang tagaus, tagein auf seinem Rücken nach Puteoli zur Schule trug und wieder zurück. Die Menschenfreundlichkeit dieser Meeresbewohner ist in jüngster Zeit von Zoologen und Verhaltensforschern bestätigt worden. Wer kennt nicht »Flipper«, den gezähmten Delphin, und seine erstaunlichen Dressurakte! Die meeresbiologischen Institute der USA, vor allem in Marineland zu Los Angeles und im Sealife Park auf der Hawaii-Insel Oahu, machen sich zudem seit Jahren die Lernbegierde und Klugheit dieser Tiere bei Hilfeleistungen für Taucher und Froschmänner zunutze wie auch bei zahlreichen Aufgaben der maritimen Forschung.

Wie Kroisos durch einen von Apollon geschickten Regen dem Tode auf dem Scheiterhaufen entkam . . .

»Die Perser hatten die Stadt Sardes erobert und Kroisos gefangengenommen. Vierzehn Jahre hatte er regiert, und vierzehn Tage war er belagert worden. Damit hatte er, wie vom Orakel vorausgesagt worden war, ein großes Reich zerstört, nämlich sein eigenes.

Die persischen Krieger aber nahmen ihn und führten ihn zu Kyros. Dieser ließ einen großen Scheiterhaufen errichten, und Kroisos wurde mit Ketten gefesselt und mußte ihn besteigen, mit ihm zusammen zweimal sieben lydische Knaben. Vielleicht wollte Kyros auf diese Weise aus der Beute irgendeinem der Götter das Erstlingsopfer darbringen oder auch ein Gelübde einlösen. Es mag auch sein, er hatte erfahren, daß Kroisos ein gottesfürchtiger Mann sei, und wollte nun sehen, ob ein Gott ihn vom Feuertode erretten würde.

Als nun Kroisos, so wird erzählt, oben auf dem Scheiterhaufen stand, fiel ihm trotz seiner furchtbaren Lage jenes Wort Solons ein, der ihm einst gesagt hatte: Kein Mensch sei glücklich, solange er lebe. Und als ihm dies in den Sinn kam, seufzte er und rief dreimal: ›Solon!‹

Kyros, der das hörte, hieß die Dolmetscher hingehen und Kroisos fragen, wen er da anrufe. Doch als sie zu ihm traten und ihn aushorchen wollten, da schwieg er zunächst, und erst, als sie in ihn drangen, sagte er: ›O hätte jener Mann zu allen Fürsten reden können! Ich würde vieles dafür gegeben haben.‹

Auf diese Antwort, die den Dolmetschern dunkel und unverständlich war, drangen sie weiter in ihn und setzten ihm so lange zu, bis Kroisos ihnen endlich erzählte, wie einst Solon aus Athen ihn besucht und alle seine Herrlichkeiten, die er ihm gezeigt, verachtet habe, und wie alles, was Solon ihm vorausgesagt hätte, nun eingetroffen sei. Dabei habe Solon nicht so sehr ihn, Kroisos, selbst gemeint, sondern vielmehr über das menschliche Leben überhaupt und vor allem über die gesprochen, die sich selber für glücklich hielten.

So erzählte Kroisos. Inzwischen war der Holzstoß angezündet worden und brannte an den äußeren Seiten schon ringsum. Als aber Kyros von den Dolmetschern hörte, was Kroisos geantwortet hatte, bereute er, daß er, selber nur ein Mensch, einen anderen Menschen, der ihm an Glück und Herrlichkeit nicht nachgestanden hatte, lebendig dem Feuer übergab. Es wurde ihm auch bange vor der Vergeltung, denn er sagte sich, daß es im menschlichen Leben nichts Beständiges gebe. So befahl er, das Feuer sofort zu löschen und Kroisos samt den anderen vom Scheiterhaufen herabzuholen. Und man versuchte, das Feuer zu löschen, konnte aber dessen nicht mehr Herr werden.

Als Kroisos vernahm, daß Kyros anderen Sinnes geworden war, und sah, daß alle die Flammen zu ersticken suchten, sie aber nicht mehr löschen konnten, da rief er Apollon an und bat, der Gott möge ihn doch, so ihm je eines seiner Opfer Wohlgefallen bereitet habe, aus seiner Not befreien. So flehte er in Tränen zum Gotte. Und siehe, am heiteren, windstillen Himmel ballte sich plötzlich drohend Gewölk zusammen, ein Unwetter brach los, und es begann in Strömen zu regnen. Das Feuer des Scheiterhaufens erlosch.

Da erkannte Kyros, daß Kroisos ein gottesfürchtiger und guter Mann war, rief ihn zu sich und fragte ihn: ›Sage mir, Kroisos, wer in aller Welt hat dich beredet, daß du gegen mein Land auszogst und mein Feind wurdest und nicht mein Freund?‹ Und jener antwortete: ›O König, ich tat es dir zum Heil, mir selber zum Unheil. Schuld daran ist der Hellenengott, der mich zu dem Feldzug ermunterte. Denn wer wäre so töricht, daß er Krieg wählte statt des Friedens? Im Frieden bestatten die Söhne ihre Väter, im Kriege hingegen die Väter ihre Söhne. Doch es war wohl der Götter Wille, daß es so geschehen sollte.‹

Als er so gesprochen hatte, ließ ihm Kyros die Ketten abnehmen, hieß ihn, sich zu ihm zu setzen und erwies ihm große Achtung. Und er betrachtete ihn mit Staunen, er und alle, die um ihn waren. Kroisos aber war in sich gekehrt und schwieg.« I, 86–88

Die grausame Bestrafung, die Kyros dem Kroisos zugedacht hatte, widerspricht der Wesensart des Perserkönigs. Denn er ließ als erster der großen Eroberer im Alten Orient Besiegten gegenüber Milde und Rücksicht walten.

Wie es zur Eroberung von Sardes und zu Kroisos' Gefangennahme kam, wird auf Seite 83 erzählt.

Bricht eine Feuersbrunst aus, so benehmen sich die Katzen sehr merkwürdig: Sie springen, obwohl die Ägypter auf sie acht geben, in die Flammen (s. S. 26).

Hitchcock wäre um Themen keinen Augenblick verlegen gewesen, hätte er statt heute schon vor zweieinhalb Jahrtausenden gelebt. Horrorgeschichten, wie sie grausamer und entsetzlicher sich auch in unserer Zeit niemand ausdenken kann, hat es damals bereits gegeben. Und nicht zu knapp. Schlimmer noch: Die Mehrzahl der gruselig-bluttriefenden Erzählungen, wie auch Herodot sie überlieferte, ist aufs engste verknüpft mit bedeutenden historischen Ereignissen und den berühmtesten Persönlichkeiten. Diese Geschichten spielen nicht in Hütten oder im Gezelt, inmitten einfachen Volkes und gewöhnlicher Sterblicher, sondern in Palästen, an Königshöfen oder auf Feldzügen. Und die großen Herrscher der Antike selbst sind die Akteure und Betroffenen in den schauererregendsten Begebenheiten.

Wie ein abgeschnittener Kopf die Aufdeckung rätselhafter Golddiebstähle in der Schatzkammer eines ägyptischen Königs zu verhindern vermochte ...

»Nach Proteus, so erzählten mir die Ägypter, bestieg Rhampsinitos den Thron. Er hat die westliche Vorhalle am Tempel des Hephaistos erbaut. Ihr gegenüber ließ er zwei Standbilder errichten, jedes von ihnen fünfundzwanzig Ellen hoch. Davon nennt das Volk das eine, das nach Norden zu steht, den ›Sommer‹, das andere, nach Süden gerichtete den ›Winter‹. Das erstere wird angebetet, denn man verehrt den Sommer. Mit dem anderen aber, dem Winter, tun sie das Gegenteil.
Dieser König, so heißt es, besaß so viel Geld und war so unvorstellbar reich, daß keiner der Könige, die nach ihm herrschten, ihn darin übertreffen konnte oder auch nur ein annähernd so großes Vermögen besaß.
Um seine Schätze an einem sicheren Ort verwahren zu können, ließ er sich eine Kammer aus Gestein bauen, deren eine Wand an der Außenmauer seines Palastes lag. Als der Bau errichtet wurde, hinterging jedoch der Architekt den König auf arglistige Weise. Er richtete es so ein, daß ein bestimmter Stein ohne große Mühe von zwei Männern oder auch von einem allein aus der Wand herausgenommen werden konnte. Nachdem die Kammer fertig war, tat der König all sein Gold hinein.

Es verging einige Zeit, bis eines Tages der Baumeister sein Lebensende herannahen fühlte und seine Söhne – er hatte deren zwei – zu sich rief. Er verriet ihnen, wie er aus Sorge für sie, damit sie einmal reichlich zu leben hätten, beim Bau der königlichen Schatzkammer eine List angewandt. Er beschrieb ihnen genau, wie der Stein herauszunehmen war, und nannte auch die Maße. Wenn sie diese genau im Gedächtnis behielten, würden sie die heimlichen Schatzmeister des Königs sein. Darauf starb der Vater.

Die Söhne machten sich, ohne lange zu warten, eines Nachts zum Königspalast auf und entdeckten auch den Stein. Ohne Mühe hoben sie ihn aus dem Mauerwerk und schleppten die Schätze weg.

Als der König eines Tages in seine Schatzkammer ging, sah er mit Verwunderung, daß in den Gefäßen Gold fehlte. Er konnte jedoch niemanden beschuldigen, denn die Siegel waren unversehrt und die Tür vorschriftsmäßig verschlossen gewesen. Nachdem er aber die Kammer ein zweites und drittes Mal geöffnet hatte und jedesmal feststellen mußte, daß seine Schätze wiederum zusammengeschrumpft waren – denn die Diebe ließen nicht ab, ihn zu bestehlen –, tat er folgendes: Er befahl, Fallen anzufertigen und sie rings um die Gefäße aufzustellen, in denen die Schätze gestapelt waren.

Als nun die Diebe erneut kamen und einer von ihnen in die Kammer hinkroch und sich den Gefäßen näherte, saß er plötzlich in den Schlingen fest. Da ihm sofort klar wurde, in welch hoffnungslose Lage er geraten war, rief er seinen Bruder herbei, sagte ihm, was geschehen war und forderte ihn auf, ihm den Kopf abzuschneiden, damit man ihn nicht erkennen könne, was auch den Bruder mit ins Verderben ziehen würde.

Der Bruder fand den Vorschlag gut und ließ sich überreden, die Tat auszuführen. Danach fügte er den Stein wieder sorgsam ein und eilte mit dem Kopf des Bruders nach Hause.

Am kommenden Tage ging der König in die Schatzkammer und erschrak zutiefst. Denn er sah den Körper eines Diebes in der Schlinge gefangen, aber ohne Kopf. Und die Wände der Kammer waren völlig unversehrt, keine Spur deutete darauf hin, wo jemand herein- und wieder hinausgelangt sein konnte.

Der König stand vor einem Rätsel. Um den geheimnisvollen Räubern auf die Spur kommen zu können, dachte er sich folgendes aus: Er ließ den Leichnam des Diebes an der Mauer aufhängen, stellte Wächter dazu und befahl ihnen, wenn sie jemanden um den Toten weinen und klagen sähen, diesen sofort zu ergreifen und ihm vorzuführen.

Als nun der Tote dort hing, ging es dessen Mutter sehr zu Herzen. Sie redete mit dem überlebenden Sohn und drang in ihn, er solle auf irgendeine Weise versuchen, den Leichnam seines Bruders von der Mauer zu holen und zu bestatten. Wenn er es nicht täte, so drohte sie, würde sie zum König gehen und verraten, daß er die Schätze habe.

Da die Mutter ihm so hart zusetzte und sich nicht beruhigen ließ, dachte er sich eine List aus. Er nahm einige Esel, belud sie mit Schläuchen voll Wein und trieb sie vor sich her. Als er bei den Wächtern vorbeikam, die auf den Leichnam aufpaßten, riß er an zwei oder drei zugebundenen Schlauchzipfeln und löste dabei die Knoten. Der Wein begann herauszufließen, er aber schlug sich vor den Kopf, stimmte ein lautes Geschrei an und tat völlig verwirrt, gerade, als wisse er nicht, wo er zuerst zupacken sollte.

Als die Wächter den Wein auf die Erde laufen sahen, nutzten sie die Gelegenheit. Sie rannten mit Krügen herbei, schöpften den verschütteten Wein schnell auf und taten sich gütlich daran. Er aber stellte sich wütend und schalt sie auf das heftigste. Sie hingegen trösteten ihn mit freundlichen Worten, bis er besänftigt schien und von seinem Zorn abließ. Schließlich trieb er seine Esel von der Straße und fing an, die Lasten wieder zu ordnen und festzubinden. Dabei kamen die Wächter weiter mit ihm ins Gespräch. Und als einer ihn durch Späße zum Lachen brachte, schenkte er ihnen noch einen Schlauch voll Wein.

Da hockten sie sich, ohne lange zu überlegen, an Ort und Stelle nieder, um den köstlichen Saft zu genießen. Auch ihn selbst forderten sie auf, doch zu bleiben und mit ihnen zu trinken. Er ließ sich bereden und blieb, und weil die Wächter sich bei der Zecherei weiterhin sehr herzlich gegen ihn benahmen, stiftete er ihnen noch einen zweiten Schlauch. Der reichliche Trunk benebelte die Wächter bald völlig. Die Müdigkeit übermannte sie, und sie schliefen fest ein, wo gerade sie am Wegrand gesessen hatten. Inzwischen war es finstere Nacht geworden.

Darauf hatte der Bruder nur gewartet. Er holte schnell den Leichnam von der Mauer und schor den Wächtern zum Schimpf den Bart auf der rechten Wange. Dann lud er den Toten auf einen der Esel und trieb sie nach Hause. So hatte er seiner Mutter Wunsch erfüllt.

Als man dem König meldete, der Leichnam des Diebes sei gestohlen worden, geriet er in großen Zorn. Und weil er um jeden Preis herausbringen wollte, wer ihm solche Streiche gespielt, dachte er sich etwas Ungewöhnliches – das ich allerdings nicht glauben kann

– aus: Seine eigene Tochter mußte, wie sie erzählen, auf sein Geheiß in ein Freudenhaus gehen, um sich ohne Unterschied jedem Mann hinzugeben, der zu ihr kam. Ehe sie ihn jedoch zu sich ließ, solle sie sich von ihm die schlaueste und die schändlichste Tat erzählen lassen, die er je im Leben begangen habe. Falls aber einer käme und ihr die Geschichte des Diebes erzählte, so solle sie ihn festhalten und nicht wieder fortlassen.

Das Mädchen tat, wie ihr Vater es sie geheißen hatte. Als jedoch der Dieb die Hintergründe erfuhr, wollte er den König an Verschlagenheit noch übertreffen und tat folgendes: Er schnitt einer frischen Leiche den Arm an der Schulter ab, verbarg ihn unter dem Mantel und ging damit ins Freudenhaus zur Tochter des Königs. Als sie ihm dieselbe Frage wie den anderen stellte, antwortete er: Seine schändlichste Tat sei gewesen, daß er seinem Bruder, der sich in des Königs Schatzkammer in einer Schlinge verfangen hatte, den Kopf abgeschnitten, die schlaueste aber, daß er die Wächter betrunken gemacht und seines Bruders aufgehängten Leichnam heruntergeholt habe.

Als das Mädchen dieses Geständnis hörte, griff sie sofort nach dem Arm des Erzählers. Doch dieser reichte ihr den Arm des Toten. Den faßte sie und hielt ihn fest. Der Dieb aber ließ ihn los und entkam unerkannt.

Als dem König auch dies gemeldet ward, geriet er außer sich über die listige Schlauheit und die Verwegenheit dieses Menschen. Schließlich schickte er Boten in alle Städte und ließ ausrufen, er sichere dem Dieb Straflosigkeit zu und verspreche ihm zudem eine hohe Belohnung, wenn er sich dem König persönlich stelle.

Und der Dieb schenkte den Worten des Königs Vertrauen und kam. Rhampsinitos bewunderte ihn sehr und gab ihm jene Tochter zur Frau, da er der gescheiteste aller Menschen auf Erden sei. Denn den Ägyptern, meinte er, gebühre der Preis der Klugheit vor den anderen Völkern. Er aber sei noch klüger als die Ägypter.« II, 121

Ein Pharao Rhampsinitos, von dem Herodot berichtet, ist den Ägyptologen bisher nicht bekannt. Der Name Ramses allerdings – ägyptisch Ramessu – war unter den Herrschern der 19. und 20. Dynastie sehr häufig. Die Endung ›-nitos‹ weist auf Neith hin, die im Deltagebiet zu Saïs verehrte Göttin. Da die Familie der Ramessiden von dort stammte, könnte es sich um einen Beinamen handeln.

Bei den von Herodot erwähnten Monumenten handelt es sich um Bauten, die Ramses II. – 1198 bis 1167 v. Chr. – am Tempel des

Ptah in Memphis errichten ließ. Dort befanden sich auch die zwei »dreißig Ellen hohen Standbilder aus Stein«, die Herodot (II, 110) noch auf ihren Sockeln stehend gesehen hat. Es waren die beiden dreizehn Meter hohen Kolossalstatuen Ramses' II., die bis in jüngste Zeit umgestürzt im Palmenhain bei Mit-Rabineh lagen. Eine von ihnen wurde auf Anordnung der ägyptischen Regierung nach Kairo gebracht und schmückt jetzt den Platz vor dem Bahnhof.

Wie der Mederkönig Astyages grausame Rache nahm an Harpagos, der gegen seinen Befehl den neugeborenen Kyros nicht getötet hatte ...

»Als der junge Kyros« – den Harpagos, wie auf Seite 72 erzählt wird, auf Befehl von dessen Großvater, des Mederkönigs Astyages, ausgesetzt hatte und den man für tot hielt – »zehn Jahre alt war, sollte die Wahrheit an den Tag kommen, und zwar auf folgende Weise:
Der Knabe spielte in dem Dorf, wo auch die Ställe für die Rinderherden waren, mit anderen Altersgenossen. Und beim Spiel wählten diese ihn, den angeblichen Sohn des Hirten, zu ihrem König. Dieser bestimmte, daß die einen Häuser zu bauen hätten, andere ernannte er zu seiner Leibwache. Einer mußte das ›Auge des Königs‹ sein. Kurzum, jedem übertrug er eine ganz bestimmte Aufgabe.
Nur einer der spielenden Knaben, der Sohn eines hochgestellten Meders namens Artembares, weigerte sich, zu tun, was der junge Kyros ihm aufgetragen hatte. Da befahl dieser den Mitgespielen, ihn zu packen, und bestrafte ihn mit der Peitsche. Als sie ihn wieder losließen, war er über diese, wie er meinte, unwürdige Behandlung sehr zornig, lief in die Stadt und beklagte sich bei seinem Vater über die Schläge, die er von Kyros bezogen hatte. Natürlich nannte er ihn nicht Kyros, denn so hieß er damals noch nicht. Er sagte vielmehr: von dem Sohn des Rinderhirten. Artembares ging in seinem Zorn zu Astyages, nahm seinen Sohn mit und erklärte, ihm sei Unrecht widerfahren.
›O König, so hat sich dein Sklave, der Sohn deines Rinderhirten, an uns vergangen!‹ sagte er und zeigte auf die Schultern seines Sohnes.
Als Astyages dies vernommen und gesehen hatte, ließ er den Hirten mit seinem Knaben rufen, denn er wollte dem Sohn des

Artembares um seines Vaters willen Genugtuung verschaffen. Nachdem die beiden ihm vorgeführt wurden, sah Astyages den Kyros an und sagte: ›Du also, eines so einfachen Mannes Sohn, wagst es, dem Sohn eines von mir hochgeehrten Mannes so übel mitzuspielen?‹ Darauf gab der Knabe zur Antwort: ›Herr, er hat es verdient! Denn die Dorfjungen, unter denen auch er war, haben gespielt und mich zu ihrem König gewählt. Sie meinten, ich eignete mich von allen am besten dazu. Die anderen Knaben haben denn auch getan, was ich befahl. Er hingegen gehorchte weder noch beachtete er mich. Darum erhielt er zu Recht seine Strafe. Wenn du mich deshalb für schuldig hältst: hier bin ich!‹

Als der Knabe sich so rechtfertigte, erkannte ihn sein Großvater Astyages plötzlich. Die Gesichtszüge ähnelten den seinen, seine Art zu reden war stolz und frei. Auch die Zeit, da jener ausgesetzt worden war, stimmte, wie er in Gedanken schnell überschlug, mit dem Alter des Knaben überein. Der König erschrak, als ihm das mit einemmal klar wurde, und war eine Zeitlang sprachlos.

Nachdem er sich ein wenig gefaßt hatte, wollte er nur noch eines: mit dem Hirten unter vier Augen sprechen. Deshalb sagte er: ›Artembares, ich werde alles tun, um dich und deinen Sohn völlig zufriedenzustellen.‹

Damit entließ er ihn und befahl den Dienern, Kyros in die inneren Gemächer zu führen. Als er nun mit dem Hirten ganz allein war, fragte er ihn, woher er den Knaben habe und wer ihm diesen gebracht hätte. Der Hirt behauptete, es sei sein eigenes Kind, dessen Mutter noch jetzt in seinem Hause lebe. Astyages erwiderte, es sei töricht von ihm, sich nach Zwang und Folter zu sehnen, und winkte den Leibwächtern, ihn zu packen. In seiner Angst gestand der Hirt nun alles. Er erzählte wahrheitsgetreu von Anfang an, wie sich alles abgespielt hatte, und bat um Gnade und Vergebung. Da Astyages spürte, daß der Rinderhirt ihm die volle Wahrheit gestanden hatte, besänftigte er sich wieder. Um so furchtbarer aber sollte sein Zorn sein, der in ihm gegen Harpagos entbrannte. Die Leibwächter mußten ihn sofort rufen. Als er zur Stelle war, fragte ihn Astyages: ›Harpagos, was hast du mit dem Kind meiner Tochter getan, das ich dir damals übergab?‹

Harpagos, der den Hirten sah, suchte keine Ausflüchte, um nicht als Lügner überführt zu werden. Er sagte: ›O König, als ich das Kind empfing, ging ich mit mir zu Rate, wie ich deinen Befehl ausführen und gerechtfertigt vor dir dastehen könnte, ohne jedoch deiner Tochter und dir als Mörder des Kindes zu gelten. Ich entschied mich so: Ich übergab diesem Hirten hier das Knäblein und sagte, du habest befohlen, es zu töten. Das war auch nicht gelogen, denn so lautete ja dein Auftrag. Ich übergab ihm dann das Kind und schärfte ihm ein, es im öden Gebirge auszusetzen und zu warten, bis es in seiner Gegenwart gestorben sei. Für den Fall, daß er diesen Auftrag nicht ausführe, drohte ich ihm furchtbare Strafen an. Und er gehorchte. Als dann das Kind tot war, schickte ich meine treuesten Eunuchen hin, damit sie sich davon überzeugten und das Kind begruben. So hat es sich zugetragen, o König, und so ist das Kind ums Leben gekommen!‹

Nachdem Harpagos das wahrheitsgemäß berichtet hatte, ließ Astyages es sich nicht anmerken, wie zornig er war, und erzählte ihm zunächst, wie der Hirte selbst es dargestellt habe. Dann fuhr er fort, das Kind sei noch am Leben, und er sei froh, daß alles so gekommen sei.

›Was ich diesem Kinde antat, hat mir großen Kummer bereitet‹, sagte er, ›und die Vorwürfe meiner Tochter haben mich auch sehr bedrückt. Aber da sich nun alles zum Guten gewendet hat, so möchte ich dich bitten: Schicke mir deinen Sohn als Spielgefährten für den Knaben, der jetzt zu mir zurückgekehrt ist, und du komme, um mit mir zu speisen. Ich will den Göttern, die alles so gefügt haben, eine Opfermahlzeit zum Dank für die Rettung des Knaben bereiten.‹

Da Harpagos diese Worte vernahm, verneigte er sich tief vor dem König und war froh, daß sein Ungehorsam einen so guten Ausgang genommen hatte und er obendrein sogar mit Huld und Gnade vom König zur Tafel geladen worden war. Er eilte heim und gebot seinem Sohn – es war sein einziger und ungefähr dreizehn Jahre alt –, sich in den Palast des Königs zu begeben und alles zu tun, was Astyages ihn heißen würde.

Und er selber erzählte seiner Frau voller Freude alles, was vorgefallen war.

Als aber sein Sohn in den Königspalast kam, ließ Astyages ihn umbringen und den Leichnam Glied für Glied zerhacken und in Stücke schneiden. Das Fleisch mußte teils gebraten, teils gekocht werden. Dann wurde alles wohl hergerichtet und bereitgestellt.

Zur Stunde des Mahles, als Harpagos und die anderen Gäste sich einfanden, wurden allen übrigen Anwesenden und dem König selbst Tische mit Hammelfleisch angerichtet. Harpagos aber wurde das Fleisch seines Sohnes serviert, ohne Haupt, Finger und Zehen. Diese lagen gesondert in einem zugedeckten Korb.

Nachdem das Gastmahl beendet war und, wie alle anderen, auch

Harpagos gesättigt zu sein schien, sprach ihn der König plötzlich an. Astyages wollte wissen, ob ihm das Gericht geschmeckt habe. Jener versicherte, es sei trefflich gewesen. Da brachten die Diener, die dafür bestimmt waren, in dem zugedeckten Korb das Haupt des Knaben mit den Händen und Füßen, traten zu Harpagos und sagten, er möchte aufdecken und nehmen, was ihm beliebe.

Er tat, was sie sagten, hob den Deckel und erblickte die Überreste seines Sohnes. So entsetzt er auch über den Anblick war, er ließ sich nichts anmerken. Da rief ihm Astyages zu, ob er erkenne, von welchem Wild das Fleisch sei, das er gegessen habe. Gefaßt antwortete Harpagos, er erkenne es wohl, und alles, was sein König tue, sei auch von ihm wohlgetan. Sprach's und nahm, was vom Fleisch seines Sohnes noch übrig war, zusammen und ging heim in sein Haus, um dort, wie mich dünkt, alles zu begraben.

So sah die Strafe aus, die sich König Astyages für Harpagos ausgedacht hatte ...« I, 114–119

Die entsetzliche Tat sollte, wie wir von Herodot weiter erfahren, nicht ungesühnt bleiben. Denn jener Harpagos wird später (siehe Seite 89) den von ihm geretteten Kyros zu einer Revolte gegen seinen Großvater aufstacheln.

Astyages wird besiegt, gerät in Gefangenschaft, und Kyros vereinigt Medien mit Persien unter seiner Herrschaft.

Wie Zopyros, ein hochangesehener Perser, sich selbst verstümmelte und es dadurch zur Eroberung von Babylon durch Dareios kam ...

»Zur selben Zeit, da die persische Flotte gegen Samos ausgefahren war, erhoben sich die Babylonier und fielen ab. Sie hatten alles trefflich dazu vorbereitet.

Während der Regierung des Magiers und der Verschwörung der Sieben, in dieser von Unruhe und Verwirrung erfüllten Zeit, rüsteten sie sich in aller Stille, um eine Belagerung bestehen zu können. Als sie damit fertig waren und sich offen gegen die Perser empörten, taten sie folgendes: Jeder wählte sich aus den Weibern seines Hauses seine Mutter und dazu noch eine andere Frau aus. Alle übrigen aber führten sie hinaus vor die Tore und erwürgten sie. Die eine Frau behielt ein jeder, um sich das Essen zubereiten zu lassen. Die anderen wurden getötet, um unnötige Esser zu beseitigen, damit die Lebensmittelvorräte möglichst lange reichten. Als Dareios von dem Aufstand erfuhr, sammelte er seine ganze

Heeresmacht, zog gegen Babylon und belagerte die Stadt. Aber die Babylonier beeindruckte das in keiner Weise. Sie stiegen auf die Mauern und verhöhnten Dareios und sein Heer mit Gebärden und Worten. Und einer unter ihnen rief: ›Ihr Perser, was liegt ihr hier? Ziehet doch ab! Denn nicht eher werdet ihr unsere Stadt einnehmen, als bis die Maulesel Junge gebären.‹ Das sagte jener Babylonier, weil er wußte, daß ein Maulesel keine Fohlen werfen kann.

So vergingen ein Jahr und sieben Monate, und es verdroß Dareios mit seinem ganzen Heer, daß sie die Stadt nicht nehmen konnten. Und doch hatte er es mit jeder List und jedem Mittel versucht. Aber alles war umsonst. Die Babylonier waren gewaltig auf ihrer Hut, und so gelang ihm die Eroberung nicht.

Zwanzig Monate dauerte die Belagerung bereits, da erlebte Zopyros – sein Vater war einer der Sieben gewesen, die den Magier gestürzt hatten – etwas höchst Verwunderliches: Einer seiner Maulesel, die den Proviant trugen, warf ein Junges!

Als ihm dies gemeldet ward, wollte er es nicht glauben, bis er mit eigenen Augen das Fohlen gesehen hatte. Danach gebot er allen, die es außer ihm ebenfalls schon zu Gesicht bekommen hatten, mit niemandem darüber zu sprechen, und ging mit sich zu Rate, was wohl zu tun wäre. Während er noch am Überlegen war, fiel ihm plötzlich jenes Wort des Babyloniers ein:

Erst wenn die Maulesel Junge brächten, würde die Stadt erobert werden. Stimmte das, so müsse Babylon jetzt zu Fall kommen. Denn nicht ohne göttliche Fügung habe jener das Wort gesprochen und ihm ein Maulesel ein Junges geboren.

Fest überzeugt davon, daß Babylons Ende bevorstehe, ging Zopyros zu Dareios und fragte ihn, ob ihm sehr viel an der Einnahme der Stadt gelegen sei. Und als er vernahm, daß der König es sehnlichst wünschte, ersann er einen Weg, wie er selbst es vollbringen und damit das Verdienst für sich allein einheimsen könne. Denn tapfere Taten bringen bei den Persern große Ehre und erhöhen Würde und Ansehen.

Er fand aber kein anderes Mittel, die Stadt in seine Gewalt zu bringen, als sich selber zu verstümmeln und zu den Feinden überzulaufen. Und so entstellte er sich in grausamster Weise. Er schnitt sich Nase und Ohren ab, schor sich das Haupthaar und schlug seinen Leib mit der Geißel blutig. So trat er vor Dareios.

Dareios war entsetzt, einen der angesehensten Männer derart entstellt zu sehen. Er sprang von seinem Thron auf, schrie laut und wollte wissen, wer ihn derart verstümmelt habe und warum.

Zopyros erwiderte: ›O König! Kein Mensch auf Erden außer dir hätte die Macht, mich so zuzurichten. Ich selber habe es getan, weil ich es nicht mehr ertragen konnte, daß die Assyrer die Perser verspotten dürfen.‹

Der König entgegnete: ›Unseliger! Du willst deine entsetzliche Tat nur beschönigen, wenn du sagst, du habest dir diesen unheilbaren Schaden der Belagerten wegen zugefügt. Werden darum die Feinde sich schneller ergeben? War es nicht Wahnsinn, sich so zu verstümmeln?‹

Zopyros aber sagte: ›Hätte ich dir meinen Plan vorher enthüllt, so hättest du es nie zugelassen. Darum tat ich es auf eigene Verantwortung. Und wenn du jetzt mitmachst, fällt Babylon in unsere Hand. Ich selber gehe jetzt als Überläufer in die Feste und sage ihnen, daß du mir dies alles angetan hast. Und ich hoffe, sie werden mir das glauben und mir ein Kommando anvertrauen. Du aber stelle in zehn Tagen tausend Mann aus deinem Heer, deren Verlust du leicht verschmerzen kannst, vor dem Tor der Semiramis auf. Und nach wiederum sieben Tagen beordere zweitausend Mann an das Tor von Ninos. Dann laß zwanzig Tage vergehen und schicke viertausend Mann vor das Tor der Chaldaier. Aber alle diese Truppen dürfen nur Dolche, keine anderen Waffen bei sich tragen. Nach dem zwanzigsten Tage laß das ganze Heer die Mauer ringsum berennen. Die Perser stelle dabei vor dem Kissischen und dem Belischen Tor auf. Ich hoffe, mich inzwischen den Babyloniern als so verdienstvoll erweisen zu können, daß sie mir nicht nur die ganze Verteidigung ihrer Stadt, sondern auch die Schlüssel zu den Toren anvertrauen. Das Weitere werde ich dann mit den Persern schon besorgen.‹

Nach diesem Gespräch schlich Zopyros auf ein Stadttor zu und sah sich dabei oft um, wie es ein Überläufer tut. Als die Wächter auf den Türmen seiner gewahr wurden, kamen sie eilig herab, öffneten einen Torflügel ein wenig und fragten ihn, wer er sei und was er begehre. Er erklärte, er heiße Zopyros und komme als Überläufer zu ihnen.

Da führten ihn die Torhüter vor den Rat der Stadt. Dort begann er zu klagen und erzählte, daß Dareios ihn so habe zurichten lassen, weil er, Zopyros, ihm geraten habe, mit dem Heere abzuziehen, da es ja doch unmöglich sei, die Stadt zu erobern. ›Und jetzt‹, rief er, ›komme ich zu euch, Babylonier, euch zum Heile, Dareios aber, seinem Heer und den Persern zum Verderben! Denn büßen soll er es, daß er mich so verstümmelt hat. Ich kenne alle seine geheimen Pläne!‹

So sprach er. Wie nun die Babylonier den angesehensten Mann unter den Persern derart verstümmelt sahen an Nase und Ohren, bedeckt mit Striemen und besudelt mit Blut, zweifelten sie nicht an der Wahrheit seiner Worte und glaubten wirklich, daß er gekommen sei, ihnen zu helfen. Sie erklärten sich bereit, ihm alles zu gewähren, um was er sie bat. Zopyros verlangte ein Heer, und als er das Kommando erhalten hatte, handelte er so, wie es mit Dareios verabredet war: Am zehnten Tag führte er das Heer der Babylonier hinaus, umzingelte die ersten tausend Mann, die Dareios hatte aufstellen sollen, und machte sie nieder. Da erkannten die Babylonier, daß seine Taten mit seinen Worten übereinstimmten und waren in ihrer Freude bereit, alles zu tun, was er verlangte.

Zopyros ließ die verabredete Zeit verstreichen, dann zog er erneut mit einer Schar ausgewählter Babylonier hinaus und erschlug die zweitausend Mann des Dareios. Nach dieser Tat waren alle Bewohner der Stadt voll des Lobes.

Wiederum wartete er die ausgemachten Tage ab, führte dann die babylonischen Krieger durch das verabredete Tor hinaus, umzingelte die viertausend und ließ auch sie niedermachen. Jetzt galt Zopyros in Babylon als der alles überragende Mann. Er wurde zum obersten Feldherrn ernannt, und man vertraute ihm auch alle Befestigungswerke an.

Aber erst als Dareios von allen Seiten die Mauern berennen ließ, kam der ganze listige Plan des Zopyros zum Tragen. Während die Babylonier auf die Mauer stiegen, um den Sturm des feindlichen Heeres abzuwehren, öffnete Zopyros das Kissische und das Belische Tor und ließ die Perser in die Stadt ein. Einige Babylonier sahen, was vor sich ging, und flohen in das Heiligtum des Zeus Belos. Alle anderen harrten aus, jeder auf seinem Posten, bis endlich auch sie gewahr wurden, daß sie verraten worden waren. So ward die Stadt Babylon zum zweitenmal erobert.« III, 150–158

An der riesigen Felswand von Behistûn im Iran erzählt Perserkönig Dareios I. selbst, was nach Kambyses' II. Tode geschah, der auf dem Rückmarsch von seinem ägyptischen Feldzug 522 v. Chr. kinderlos starb.

Vor dem Abmarsch nach dem Nilland hatte Kambyses seinen einzigen Bruder und Nachfolger Bardiya oder Smerdis ermordet, es aber dem Volke verschwiegen. Des verwaisten Thrones bemächtigte sich ein Magier namens Gaumata, da die persischen Noblen, von denen immer die sieben Höchstgestellten die Reichsaristokratie bildeten, mit auf dem Kriegszug waren. Er gab vor, Bardiya,

Andere Völker leben getrennt von den Tieren, die Ägypter leben mit ihnen zusammen (s. S. 194).

der rechtmäßige Thronerbe zu sein. Die sieben Adligen, unter ihnen Dareios, mußten sich nach ihrer Rückkehr des falschen Königs entledigen. Sie töteten ihn gemeinsam mit allen anderen Magiern seiner Gefolgschaft. Mit Hilfe eines Gottesurteils wurde Dareios dann unter den sieben Noblen zum König erkoren, wie auf Seite 110 berichtet wird.

Die Zopyros-Geschichte war eine persische Volkssage, ihr Inhalt fußte nicht auf einem bestimmten historischen Ereignis. Aus altpersischen Inschriften geht hervor, daß es in Babylon zwei Aufstände gegeben hat. Der erste ereignete sich unmittelbar nachdem Dareios I. im Jahre 522 v. Chr. den Thron bestiegen hatte. Wie aus der Inschrift auf dem Felsrelief von Behistûn hervorgeht, leitete der König selbst die Belagerung der Stadt. Sie fiel am 18. Dezember 522 v. Chr. Bald danach jedoch rebellierte Babylon erneut und wurde wiederum erobert, und zwar am 27. November 521 v. Chr. In der Zopyros-Geschichte ist keine dieser beiden Erhebungen gemeint.

Mischlinge zwischen Esel und Pferd sind normalerweise unfruchtbar. Es gibt jedoch Ausnahmen. So warf, wie glaubhaft bezeugt ist, unter anderem im Jahre 1527 eine Mauleselin in Rom ein Fohlen, und eine Maultierstute in Valencia brachte 1762 und danach sogar vier Nachkömmlinge zur Welt. Solche Fälle sind jedoch selten. Kein Wunder also, wenn sie im Altertum als ein so ungewöhnliches Ereignis angesehen wurden, daß man ihnen eine besondere Vorbedeutung zumaß.

Das Tor der Chaldaier lag im Süden Babylons, wo der Weg zu den am Persischen Golf beheimateten Chaldaiern führte. Hinter dem im Norden gelegenen Tor von Ninos, d. i. Ninive, begann die Straße nach der assyrischen Hauptstadt gleichen Namens. Im Nordosten der Stadt befand sich das Kissische Tor, von wo es nach Kisch ging. Das Belische Tor im Westen, hinter dem eine Brücke den Euphrat überquerte, war nach dem Gott Marduk benannt, der auch als Bel (Baal) bezeichnet wurde. Im Westen soll sich auch das Tor der Semiramis befunden haben.

Wie Hermotimos, ein hochangesehener Eunuch am Hofe des Xerxes, Rache nahm an dem Sklavenhändler, der ihn einst als Knaben kastriert hatte ...

»Wohl niemals hat ein Mensch so schwere Rache nehmen können für ein ihm angetanes Leid wie Hermotimos. Er stand von allen Eunuchen am höchsten in Gunst und Ansehen des Königs Xerxes und war aus Pedasos gebürtig. Von diesem Orte, der oberhalb von Halikarnassos liegt, erzählte man sich folgendes:

Wenn den Einwohnern von Pedasos und deren Nachbarn irgendein Unheil droht, dann wächst der Priesterin der Athene ein langer Bart. Zweimal ist das schon geschehen.

Hermotimos war, sehr jung noch, bei einem Kriegszug gefangengenommen und zum Verkauf ausgeboten worden. Panionios, ein Mann aus Chios, der dieses schändliche Gewerbe betrieb, hatte ihn erstanden. Er kaufte nämlich vor allem Knaben auf von schöner Gestalt, verschnitt sie und brachte sie nach Sardes und Ephesos für teures Geld auf den Markt. Denn bei den Barbaren werden die Verschnittenen wegen ihrer Treue in allen Diensten höher geschätzt als die anderen Sklaven.

Panionios hatte bereits viele Jünglinge verschnitten, denn er lebte davon, und tat nun das gleiche auch an Hermotimos.

Hermotimos aber sollte Glück im Unglück haben. Der Zufall wollte es, daß er von Sardes aus mit anderen Geschenken zum persischen König geschickt wurde. Und es dauerte nicht lange, so stand er bei Xerxes in höherem Ansehen als alle anderen seiner Eunuchen.

Als nun der König zu seinem Kriegszug gegen Athen aufbrach und mit seinem Heer in Sardes weilte, reiste Hermotimos in Geschäften nach jener Landschaft in Mysien, die Atarneus heißt und von Chiern bewohnt wird. Dort traf er den Panionios wieder. Er erkannte ihn, sprach lange und freundlich mit ihm und zählte ihm zunächst alles Gute auf, das er ihm verdanke. Dann versprach er ihm, er werde alles reichlich vergelten, falls Panionios mit Weib und Kind nach Atarneus übersiedelte.

Panionios hörte das mit Freuden und ließ Weib und Kinder kommen. Als aber Hermotimos den Sklavenhändler und seine ganze Familie in der Hand hatte, sprach er zu ihm:

›Du Meister des schändlichsten Gewerbes auf Erden, sag, was habe ich oder was hat einer meiner Vorfahren dir oder den Deinen zuleide getan, daß du mich aus einem Manne zu einem Nichts gemacht hast? Glaubst du, die Götter hätten nicht gesehen, was du damals getan hast? Nach Recht und Billigkeit haben sie dich Schurken in meine Hände gegeben, und du sollst mir wahrhaftig nicht vorwerfen können, daß ich jetzt zu schwache Vergeltung an dir übe.‹

Nach diesen Worten zwang er Panionios, seine eigenen vier Knaben, die man hereinführte, zu verschneiden. Und als es geschehen war, wurden die Knaben gezwungen, ihn selber zu verschneiden. So ereilte den Panionios die Rache des Hermotimos.« VIII, 104–106

Die Verschnittenen, Eunuchen genannt, waren im Orient nicht nur dort, wo Vielweiberei herrschte, als Frauenwächter geschätzt, sondern auch wegen ihrer Treue, und spielten als Günstlinge und Ratgeber an vielen Höfen eine bedeutende Rolle. Im allgemeinen bestand der Eingriff nur im Wegschneiden der Hoden. Da jedoch auch danach oft noch eine gewisse Erektionsfähigkeit des Gliedes und damit die potentia coëundi bleibt, wurde im Orient manchem Unglücklichen, vor allem, wenn er als Haremswächter vorgesehen war, obendrein auch noch der Hodensack und der Penis entfernt. Die wenigen, die diese fürchterliche Operation überlebten, standen um so höher im Preis und waren sehr begehrt.

Sardes und Ephesos, wohin der Sklavenhändler Panionios seine Eunuchen verkaufte, lagen an der persischen Königsstraße, die nach Susa führte.

Mysien nannte man in alter Zeit die Nordwestecke der kleinasiatischen Halbinsel.

Wie Amestris, des Xerxes Gemahlin, sich auf furchtbarste Weise an ihrer bildschönen und treuen Schwägerin rächte, in deren Tochter der König sich vernarrt hatte ...

»Seit der Zeit, da König Xerxes die Seeschlacht bei Salamis verloren hatte und aus Athen nach Asien geflüchtet war, hielt er sich in Sardes auf. Und eben dort in Sardes begab es sich, daß er in Liebe zu der Frau seines Bruders Masistes entbrannte, die sich auch daselbst aufhielt.

Er schickte heimlich Botschaften an sie. Vergeblich. Sie erhörte sein Werben nicht und dachte nicht daran, ihm zu Willen zu sein. Aus Furcht vor seinem Bruder wagte es Xerxes nicht, ihr Gewalt anzutun. Und da das die Frau genau wußte, bestärkte es noch ihre ablehnende Haltung.

Xerxes aber wurde nur noch versessener darauf, die Frau sich gefügig zu machen, und so ersann er einen anderen Weg.

Er beschloß, seinen Sohn Dareios mit einer Tochter dieser Frau des Masistes zu vermählen. Auf diese Weise hoffte er sein Ziel erreichen zu können. Und nachdem er die beiden nach den üblichen Bräuchen verlobt hatte, kehrte er nach Susa zurück.

Xerxes war aber kaum in seiner Residenz angelangt und hatte dem Sohn die Gattin zugeführt, da verspürte er plötzlich kein Verlangen mehr nach der Frau des Masistes. Um so mehr verliebte er sich dafür in die Gattin seines Sohnes Dareios – in die Tochter des Masistes. Artaynte war ihr Name. Und sie war ihm zu Willen.

Es verging jedoch nur eine kurze Zeit, bis die Sache ans Tageslicht kam, und zwar auf folgende Weise:

Amestris nämlich, die Gemahlin des Xerxes, hatte einen großen, kunstvollen und wunderschönen Mantel gewebt und ihn ihrem Gatten geschenkt. Xerxes freute sich sehr darüber, legte ihn um und ging damit zu Artaynte. Und als er an ihr seine Freude gehabt hatte, sagte er, sie möge sich dafür, daß sie ihm so zu Willen gewesen sei, etwas erbitten. Er werde ihr jede Bitte erfüllen.

Sie aber, der es vom Schicksal bestimmt war, mitsamt ihrer ganzen Familie ins Unglück zu geraten, antwortete dem Xerxes:

›Wirst du mir auch wirklich geben, was ich begehre?‹

Und der König versprach und beteuerte es ihr mit einem Schwur, denn er ahnte nicht, was sie erbitten würde. Sie aber forderte, ohne lange zu überlegen, den Mantel.

Xerxes begann Ausflüchte zu machen. Denn ausgerechnet den Mantel wollte er ihr um keinen Preis geben, und zwar aus keinem anderen Grunde als aus Angst vor Amestris, die ohnedies bereits Verdacht geschöpft hatte. So befürchtete er, sie werde ihn vollends ertappen. Er bot Artaynte Städte an und eine Menge Gold sowie ein Heer, das kein anderer befehligen sollte als sie allein. Jemandem ein Heer zu schenken, ist nämlich eine echt persische Sitte.

Aber es half ihm nichts. Sie blieb unerbittlich und ließ sich durch nichts überreden. Und so mußte er ihr den Mantel geben. Und sie, hocherfreut über das Geschenk, trug den Mantel und brüstete sich damit.

Als Amestris erfuhr, daß Artaynte den Mantel besaß, wußte sie, was vor sich ging. Trotzdem wandte sich ihr Zorn nicht gegen diese Frau, weil sie glaubte, deren Mutter, die Frau des Masistes, sei schuld daran und habe die Sache angestiftet. Daher beschloß sie, diese zu verderben. Sie wartete, bis ihr Gemahl, Xerxes, das Königsgastmahl gab. Dieses Mahl wird nur einmal im Jahr veranstaltet, und zwar am Geburtstag des Königs. Sein Name ist auf persisch ›tykta‹, was in griechischer Sprache ›Vollmahl‹ bedeutet. Nur an diesem Tage salbt sich der König das Haupt und beschenkt die Perser.

Als der Festtag gekommen war, da erbat sich Amestris vom König als Geschenk die Frau des Masistes. Der König jedoch fand es hart und ungerecht, ihr die Frau seines Bruders ausliefern zu sollen, die ja, wie er wußte, an der ganzen Sache unschuldig war. Denn er hatte genau gemerkt, worauf diese Bitte hinauslief.

Zuletzt aber, da sie nicht abließ und weil zudem das Gesetz ihn zwang – denn wenn der König ein Gastmahl gibt, darf er keinem seine Bitte versagen –, mußte er am Ende, so schwer es ihm ward, das Verlangte gewähren. Er gab die Frau in ihre Gewalt und gestattete, mit ihr ganz nach ihrem Belieben zu verfahren. Darauf ließ er seinen Bruder rufen und sprach zu ihm:

›Masistes! Du bist des Dareios' Sohn und mein Bruder und dazu noch ein wackerer Mann. Behalte die Frau, mit der du jetzt lebst, nicht länger als Gemahlin. Ich gebe dir statt ihrer meine eigene Tochter. Die soll deine Ehegemahlin sein. Aber deine jetzige sollst du nicht behalten, denn es gefällt mir nicht.‹

Masistes aber, höchst verwundert über diese Rede, antwortete ihm:

›O Herr! Was ist das für eine törichte Rede. Die Frau, von der ich erwachsene Söhne habe und Töchter – eine hast du ja selbst deinem Sohn zur Frau gegeben –, und die mir herzlich lieb ist, diese Frau soll ich verstoßen und deine Tochter freien? Nein, o König. So sehr es mich ehrt, daß du mich deiner Tochter für würdig erachtest, ich gedenke weder dies noch jenes zu tun. Bitte, zwinge mich nicht zu dem, was du begehrst. Für deine Tochter wird sich noch ein anderer Mann finden, der nicht geringer ist als ich, mir aber laß mein eheliches Weib.‹

Diese Antwort des Masistes brachte den König in heftigen Zorn, und er schrie: ›Gut denn, Masistes! So vernimm, was ich entschieden: Meine Tochter bekommst du nicht zur Frau, und deine eigene Frau wirst du nicht länger behalten, damit du lernst anzunehmen, was man dir gibt!‹

Als Masistes das vernahm, lief er davon und klagte: ›Herr, was hast du mir angetan!‹

Während Xerxes so mit seinem Bruder sprach, hatte Amestris die Leibwachen des Königs zu sich befohlen und die Frau des Masistes grausam verstümmeln lassen. Sie schnitten ihr erst die Brüste ab und warfen sie den Hunden vor, dann schnitten sie ihr auch die Nase ab, die Ohren, die Lippen und die Zunge und schickten sie so verunstaltet nach Hause.

Masistes hatte davon noch nichts gehört. Weil er aber irgend etwas Böses ahnte, stürzte er eiligst in seinen Palast. Als er da sein Weib so grausam zugerichtet fand, beriet er sich auf der Stelle mit seinen Söhnen und machte sich, begleitet von diesen und noch einigen anderen Getreuen, sogleich auf den Weg nach Baktra. Er hatte vor, in Baktrien einen Aufruhr zu entfesseln und sich blutig an dem König zu rächen. Und ich glaube, das wäre ihm auch gelungen, wenn er rechtzeitig zu den Baktrern und Saken gekommen wäre. Denn sie liebten ihn, und er war Statthalter von Baktrien. Xerxes aber erfuhr von seinen Plänen, sandte ihm ein Heer nach und ließ ihn, seine Söhne und die Männer, die mit ihm zogen, unterwegs erschlagen. Dies ist die Geschichte von der Liebe des Xerxes und dem Tode des Masistes.« IX, 108–113

Xerxes war im Winter 479/478 v. Chr. nach seinem mißglückten Versuch, Griechenland zu erobern, in der lydischen Hauptstadt Sardes geblieben, weil er einen neuen Feldzug gegen die Hellenen plante, aus dem aber nichts mehr wurde. Der Großkönig fiel 465 v. Chr. selbst einer Haremsintrige zum Opfer. Er wurde ermordet. Sein ältester Sohn Dareios, um dessen Frau es zu der blutigen Familientragödie gekommen war, erlitt kurz nach seiner Thronbesteigung das gleiche Schicksal. Ihm folgte sein jüngerer Bruder Artaxerxes.

Baktrien, eine wichtige Satrapie am Hindukusch im heutigen Afghanistan, war reich an Bodenschätzen, vor allem Rubinen, Türkisen, Lapislazuli und sogar Gold.

Für Prognosen und Aussagen über Zukünftiges, die heute mehr und mehr im Begriff stehen, auf den verschiedensten Lebensgebieten in den Zuständigkeitsbereich von Elektronen zu rücken, verließ man sich im Altertum auf Informationen ganz anderer Art und von ganz anderer Seite. Kein Wunder, denn man glaubte damals fest daran, daß alles menschliche und geschichtliche Leben und Geschehen auf Erden allein von dem Willen und dem Eingreifen übernatürlicher Mächte abhängig sei. Zum Glück allerdings wurden die Menschen nie völlig überrascht und überrumpelt von den Entscheidungen, die die Götter zu treffen gewillt und entschlossen waren. Es gab Vorwarnungen. Das Kommende, das von den Himmlischen unabänderlich Beschlossene, ward zuvor angekündigt oder doch zumindest angedeutet. Als Kommunikationsmittel gab es dafür eine ganze Reihe von Möglichkeiten: Sie begannen beim Traum und reichten über Orakelsprüche, Weissagungen und ungewöhnliche Begebenheiten bis zu Wunderzeichen. Niemand hatte an diesen Dingen Zweifel zu hegen gewagt – bis ein Jahrhundert vor Herodot, vom ionischen Kleinasien und damit von seiner eigenen Heimat aus, die gewaltige Revolution losgebrochen war, die zum erstenmal in der Menschheitsgeschichte der Welt des Mythos den Kampf ansagte und die Ratio als einziges Mittel der Erkenntnis auf den Thron erhob. Männer wie Thales und Anaximander aus Milet waren es, die die Düsternis althergebrachten Aberglaubens durchbrachen und sich nur noch auf ihren Verstand und ihre Sinne verließen.

Aber merkwürdig: Herodot hat sich dadurch nicht beeinflussen lassen. Bei ihm findet sich keine Spur vom Skeptizismus der Sophisten oder gar der Atheisten. Er wurzelt noch fest in den uralten überkommenen Anschauungen. Die Götter mit ihrem Walten und Wirken gelten ihm als reale Mächte. Daß sie den Menschen ihren Willen verkünden und sein Schicksal im voraus enthüllen, sind für ihn unbestreitbare Erfahrungstatsachen.

»Den göttlichen Weissagungen«, erklärt er, »kann ich nicht widersprechen und sagen, daß sie nicht wahr seien, und ich will auch gar nicht erst versuchen, sie zu widerlegen, wo sie so deutlich reden ... Daher wage ich es auch nicht, über den Widerspruch mancher Göttersprüche selbst etwas zu sagen, doch dulde ich es bei anderen.« VIII, 77

Eingeflochten in sein Werk hat Herodot daher unzählige Weissagungen, Orakel, Göttersprüche und zukunftsdeutende Träume, Zeugnisse zwar alle eines uralten, noch ganz naiven Glaubens – aber dennoch ernstgenommen wie von ihm, so auch von der überwiegenden Masse aller damals Lebenden – und damit ein Stück realer Geschichte, ein Spiegelbild jener Zeit.

Wie der Traum des Mederkönigs Astyages, ein Weinstock aus dem Schoße seiner Tochter überschatte ganz Asien, sich erfüllte ...

Zwei ungewöhnliche Traumgesichte sollen es gewesen sein, die dem König Astyages, der von 585 bis 550 v. Chr. in Medien regierte, Geburt und kommende Macht des großen Perserkönigs Kyros angekündigt haben. Sie waren im Alten Orient in aller Munde, wo Herodot sie zu Ohren bekam und aufzeichnete.

»Vierzig Jahre lang war Kyaxares König der Meder gewesen, als er starb. Ihm folgte sein Sohn Astyages auf dem Thron. Diesem ward eine Tochter geboren, die er Mandane nannte.

Eines schönen Tages träumte ihm von dieser Tochter, sie lasse so viel Wasser, daß nicht nur seine Hauptstadt damit angefüllt, sondern ganz Asien davon überschwemmt wurde. Er fragte die Magier, die sich auf Traumdeutungen verstanden, und als sie ihm alles wahrheitsgemäß gedeutet hatten, erschrak er sehr und gab die Tochter, nachdem sie herangewachsen war, keinem der Meder, die ihm ebenbürtig waren, zum Weibe. Er suchte sich vielmehr einen Perser von gutem Hause und friedlicher Sinnesart aus, Kambyses war sein Name. Diesem Auserwählten gab er Mandane, obgleich er ihn für um vieles geringer hielt als einen Meder aus mittlerem Stande.

Aber siehe: Noch im ersten Jahr, da Mandane des Kambyses Frau geworden war, hatte König Astyages abermals ein Gesicht. Diesmal sah er im Traum einen Weinstock aus dem Schoße seiner Tochter wachsen. Und dieser wuchs und wucherte so sehr, daß er zuletzt ganz Asien bedeckte.

Nachdem er auch hierüber die Traumdeuter befragt hatte und die Zeit herankam, da seine Tochter gebären sollte, schickte er Boten zu ihr, ließ sie aus dem Perserlande holen und nach ihrer Ankunft streng bewachen. Denn er wollte das Kind, das sie zur Welt bringen würde, töten lassen, weil ihm die Magier nach dem Traumgesicht geweissagt hatten, seiner Tochter Sohn würde König werden an seiner Statt. Das aber wollte er verhüten.

Als nun Kyros geboren war, ließ Astyages den Harpagos rufen, der ihm verwandt war und als Vertrautester unter den Medern die Verwaltung des ganzen Reiches leitete. ›Harpagos‹, sagte er, ›ich will dir einen Auftrag geben, den du mit aller Gewissenhaftigkeit ausführen mußt. Hüte dich, daß du mich nicht anderen zuliebe hintergehst und damit dich selber unglücklich machst. Nimm diesen Knaben hier, den Mandane geboren hat, trag ihn in dein Haus und töte ihn. Dann begrabe ihn, wie es dir richtig erscheint.‹

Harpagos antwortete: ›Noch nie, mein König, hast du erlebt, daß ich ungehorsam gewesen bin. Und so soll es auch in Zukunft sein. Wenn es tatsächlich dein Wille ist, was du mir soeben befohlen hast, so sehe ich es als meine Pflicht an, es getreulich auszuführen.‹ Nach diesen Worten nahm Harpagos das Knäblein, dem man bereits Totenschmuck angelegt hatte, trug es mit Tränen in den Augen zu sich nach Hause und erzählte seiner Frau alles, was der König zu ihm gesagt hatte.

›Und was gedenkst du zu tun?‹ fragte sie. ›Auf keinen Fall das, was mir Astyages befohlen hat‹, erwiderte er. ›Mag er auch rasen und noch ärger wüten als jetzt. Ich werde nicht nach seinem Willen handeln und mich nicht zum Werkzeug eines solchen Mordes machen: Aus mancherlei Gründen darf ich es nicht tun. Erstens ist das Kind mit mir verwandt, zweitens aber ist Astyages schon bei Jahren und hat keinen männlichen Nachkommen. Wenn er nun stirbt und nach seinem Tode die Herrschaft an seine Tochter fällt, deren Sohn ich jetzt töten soll, schwebt dann nicht mein eigenes Leben in größter Gefahr? Sterben muß der Knabe, damit ich nichts zu befürchten habe. Aber der Mörder soll einer von Astyages' Leuten sein und nicht einer von den meinen.‹

So sprach er und sandte sofort einen Boten zu einem Rinderhirten des Astyages, der wie er wußte, seine Herde hoch oben in den Bergen, in einer Gegend voll wilder Tiere, weidete. Sein Name war Mitradates; er lebte mit seinem Weibe zusammen, das ebenfalls eine Sklavin des Königs war. Sie hieß Kyno auf griechisch, Spako auf medisch. Im Medischen nämlich heißt Spako Hündin.

Die Landschaft, wo der Rinderhirt seine Herden weidete, liegt zu Füßen des sich nördlich von Agbatana zum Schwarzen Meer hinerstreckenden Gebirges. Dort nämlich, gegen das Land der Saspeiren hin, ist Medien sehr gebirgig und dicht bewaldet, während es sonst überall eben ist.

Der Hirt war bald zur Stelle. Harpagos sprach zu ihm: ›Astyages befiehlt dir, dieses Knäblein hier zu nehmen und es an einer einsamen Stelle im Gebirge auszusetzen, damit es möglichst schnell den

Tod findet. Wenn du es aber nicht tötest, sondern irgendwie am Leben erhältst, wirst du selber eines elenden Todes sterben. Das hat er mir befohlen, dir zu sagen. Und ich bin ihm dafür verantwortlich, daß es wirklich ausgesetzt wird.‹

Der Rinderhirt nahm das Kind und machte sich damit wieder auf den Weg nach seiner Hütte im Gebirge. Nun hatte es eine göttliche Fügung gewollt, daß sein Weib in jenen Tagen ihrer Niederkunft entgegensah. Gerade zu der Zeit, als der Hirt in der Stadt weilte, hatte sie in den Wehen gelegen und geboren. Beide hatten sich umeinander gesorgt: er, weil sein Weib in Kindsnöten war, sie, weil Harpagos ihren Mann noch nie zuvor zu sich hatte kommen lassen.

Als er nun wieder daheim war, fragte ihn die Frau in ihrer Freude, daß sie ihn wider Erwarten wiedersah, sogleich, warum ihn Harpagos habe zu sich rufen lassen. Er sagte: ›Frau, ich habe in der Stadt Dinge gesehen und gehört, die ich nie hätte sehen mögen und die ich unserem Herrn nie gewünscht hätte. Im Hause des Harpagos waren alle am Klagen. Erschrocken betrat ich es. Da sah ich ein Knäblein liegen, das strampelte und schrie und war geschmückt mit Gold und bunten Kleidchen. Und als Harpagos mich sah, befahl er mir, das Kind sofort fortzubringen und im Gebirge dort auszusetzen, wo es die meisten wilden Tiere gibt. Er erklärte, es sei ein Befehl von Astyages, und drohte mir sehr, wenn ich ihn nicht ausführen würde. Da nahm ich das Kind im Glauben, es sei von einem seiner Diener. Ich konnte ja nicht wissen, woher es stammte. Was mich nur wunderte, waren der Goldschmuck und die herrlichen Kleider, auch die lauten Wehklagen in Harpagos' Hause. Erst unterwegs erfuhr ich die ganze Wahrheit von dem Diener, der mich hinaus vor die Stadt begleitete und mir das Kindlein übergab. Er erzählte, es sei das Kind von Astyages' Tochter Mandane und deren Gemahl Kambyses, und daß Astyages selbst dessen Ermordung befohlen hat. Schau, hier ist es!‹

Der Hirt deckte das Kind auf und zeigte es ihr. Und als sie sah, wie groß und gut gewachsen es war, weinte sie, fiel ihrem Manne zu Füßen und beschwor ihn, es nicht auszusetzen. Er sagte, er müsse es tun, denn Harpagos werde Boten schicken, um es nachzuprüfen. Wenn er nicht gehorche, sei er selber des Todes.

Da sie ihren Mann so nicht umzustimmen vermochte, versuchte sie es auf andere Weise und sagte:

›Da ich dich ja nicht überreden kann, das Leben des Kindes zu schonen, so mach es, wenn unbedingt ein Kind ausgesetzt werden muß, doch anders: Auch ich habe geboren, aber das Kind ist tot.

Setz doch unser Totgeborenes aus und laß uns das Kind von Astyages' Tochter als unser eigenes aufziehen. Dann kann man dir keinen Ungehorsam gegen deinen Herrn nachweisen, und uns ist geholfen. Unser totes Kind wird königlich bestattet, und das lebende verliert sein Leben nicht.‹

Der Hirt fand, daß sein Weib durchaus recht hatte, und machte es auf der Stelle so, wie sie es geraten hatte. Das Kind, das man ihm anvertraut hatte, um es zu töten, gab er seinem Weibe, sein eigenes totes Kind aber legte er in den Korb, in dem er das andere gebracht hatte. Nachdem er ihm all den Schmuck des fremden Kindes angelegt hatte, trug er es fort und setzte es aus, wo das Gebirge am wildesten war.

Drei Tage nach der Aussetzung des Kindes ließ der Hirt einen Knecht an dem Ort zurück, um es zu bewachen, und eilte in die Stadt. In Harpagos' Haus angekommen, erklärte er, nun die Leiche des Kindes zeigen zu können. Harpagos schickte die treuesten Männer aus seiner Leibwache mit. Sie sahen sich den Leichnam an und begruben ihn dann.

So geschah es, daß das Kind des Hirten bestattet ward. Aber das andere, das erst später Kyros genannt wurde, behielt das Weib des Hirten bei sich und zog es auf.« I, 107–111

Mit dieser Tat des Rinderhirten und seines Weibes, die dem Kyros als Kind das Leben retteten und ihn bei sich aufzogen, sollten die Deutungen, die die Magier den Träumen des Königs Astyages gegeben hatten, eines Tages Wirklichkeit werden.

»Nach fünfundzwanzigjähriger Regierung verlor Astyages sein Reich, und die Meder wurden Untertanen der Perser.« I, 130

Kyros, nun König der Perser und Meder, »überwand danach auch König Kroisos. So herrschte er eines Tages tatsächlich über ganz Asien.« I, 130

Geschichten über Aussetzung und Errettung von Neugeborenen, die später als Erwachsene einmal eine bedeutende Rolle spielen werden, sind im Alten Orient keine Seltenheit. So etwas erzählte man sich über König Sargon I. von Akkad, und im Alten Testament widerfährt dem Mosesknäblein ein gleiches Geschick. An den Mythos, der die Errettung des jungen Kyros umrankt, erinnert im übrigen auch dessen Name selbst. Kyros nämlich, auf altpersisch Kurusch, bedeutet nichts anderes als Hirt. Sicher kein Zufall ist es zudem, daß die Hirtenfrau, die ihn aufgezogen haben soll, »Hündin« hieß. Denn den Persern galt der Hund als ein dem Gott Ahumarazda heiliges Tier.

Was die historische Exaktheit bezüglich der Abstammung Kyros' des Großen betrifft, so bestehen berechtigte Zweifel darüber, ob Astyages tatsächlich dessen Großvater gewesen ist. Dieser regierte von 585 bis 550 v. Chr. und heiratete im Jahre seiner Thronbesteigung die Tochter des Königs Alyattes von Lydien, Aryenis. Ein Kind aus dieser Ehe wäre viel zu jung gewesen, die Mutter des Kyros sein zu können. Denn dieser bestieg bereits 559 v. Chr. den persischen Thron. Mandane hätte also nur aus einer viel früheren Ehe des Astyages stammen können. Ihr Name taucht merkwürdigerweise sonst aber auch in keiner historischen Urkunde auf.

Wie Labdas Knäblein die gedungenen Mörder anlächelte, verschont blieb und – wie prophezeit – Tyrann wurde über Korinth . . .

Die Stadt Korinth besaß einst folgende Verfassung: Die Herrschaft lag in der Hand einer Familie, bei den Bakchiaden, wie sie genannt wurden. Diese führten das Regiment und heirateten nur untereinander.

»Amphion aber, einer dieser Backchiaden, hatte eine Tochter mit Namen Labda, die war lahm. Und weil keiner von den Bakchiaden sie freien wollte, bekam sie Eetion, Echekrates' Sohn, zur Frau, aus der Gemeinde Petra. Da ihm jedoch keine Kinder geboren wurden, und zwar weder von Labda noch von einer anderen Frau, machte er sich auf nach Delphi, um das Orakel zu befragen wegen seiner Nachkommenschaft. Gleich bei seinem Eintritt in den Tempel redete die Pythia ihn an, und er vernahm folgenden Spruch:

>Eetion, man ehret dich nicht mit gebührenden Ehren.
Labda gebiert einen rollenden Fels; der stürzt danieder
Auf die Gebiete der Stadt, und züchtigen wird er Korinthos.<

Von dieser Weissagung an Eetion bekamen die Bakchiaden irgendwie Kunde. Sie hatten aber auch schon zuvor einen Orakelspruch über Korinth bekommen, der ihnen unverständlich geblieben war. Dabei deutete er auf dasselbe hin wie die Verse, die Eetion vernommen hatte. Er lautete folgendermaßen:

Hoch in der Felskluft brütet ein Aar; einen Löwen gebiert er,
Reißend und mächtig an Kraft; der löset noch manchem die Glieder.
Dessen versehet euch wohl, Korinther, die ihr am schönen Quell
Peirene wohnt und auf ragender Höhe Korinthos'.

Dieser Spruch war ihnen dunkel geblieben, bis sie den erfuhren, der an Eetion ergangen war. Danach verstanden sie seinen Sinn sofort, denn er besagte dasselbe wie jener. Doch schwiegen sie darüber, denn sie gedachten das Kind, das dem Eetion geboren würde, zu töten. Als Labda entbunden hatte, schickte sie alsbald zehn Männer aus nach der Gemeinde, wo Eetion wohnte, um das Knäblein zu töten.

Die zehn gingen nach Petra, betraten den Hof des Eetion und verlangten nach dem Kinde. Und Labda, die nichts ahnte von ihrer Absicht, sondern glaubte, sie wollten das Kind aus Freundschaft zu seinem Vater betrachten, brachte das Neugeborene und legte es einem von ihnen in die Arme. Schon auf dem Wege nach Petra hatten die zehn bereits beschlossen: Wer von ihnen das Kind zuerst empfinge, der solle es auf die Erde schleudern.

Als aber Labda das Knäblein dem Manne gereicht hatte und es auf seinen Händen lag, da lächelte es ihn wie infolge einer göttlichen Fügung plötzlich an. Der Mann war dadurch so ergriffen, daß er Erbarmen hatte und es nicht zu töten vermochte. Er reichte es daher dem zweiten, und der zweite wiederum gab es dem dritten. Und so taten es alle zehn, einer nach dem andern, weil keiner es übers Herz bringen konnte, das Kind umzubringen. Schließlich gaben sie den Knaben an die Mutter zurück und verließen das Haus.

Vor dem Tore aber blieben sie stehen und gerieten in Streit untereinander. Jeder gab dem andern die Schuld. Die meisten Vorwürfe aber trafen denjenigen, der das Kind von Labda zuerst empfangen und nicht getan hatte, was zuvor abgesprochen worden war. Nach einer Weile endlich beschlossen sie, noch einmal ins Haus zu gehen und das Knäblein gemeinsam umzubringen.

Es war jedoch unabänderlich beschieden, daß der Stadt Korinth von diesem Sohne des Eetion Unheil widerfahren sollte. Labda, die drinnen nahe dem Tor gestanden hatte, war kein Wort der zehn Männer entgangen. Gepackt von Angst, nahm sie ihr Kind und versteckte es an einem Ort, wo sie es am besten verborgen glaubte: in einer Lade, in der Mehl aufbewahrt wurde. Denn sie wußte, wenn sie wiederkehrten, es zu suchen, so würden sie alles durchwühlen.

Und so geschah es auch. Die zehn kamen und suchten überall. Als sie den Knaben aber nirgends fanden, beschlossen sie, nach Hause zurückzukehren und denen, die sie nach Petra geschickt hatten, zu sagen, sie hätten alles getan, was ihnen aufgetragen worden sei. Und genauso taten sie es auch.

Eetions Sohn aber wuchs heran. Und weil er dieser Gefahr glücklich entgangen war, so erhielt er nach der Lade – Kypsele –, durch die er gerettet wurde, den Namen Kypselos. Als er ein Mann geworden war und in Delphi das Orakel befragte, erhielt er einen doppelt verheißungsvollen Spruch. Darauf vertrauend, unternahm er einen Anschlag auf Korinth und gewann die Herrschaft über die Stadt. Der Spruch lautete so:

> Glücklich fürwahr ist der Mann, der herab mir steigt zum Hause
> Kypselos, du, Eetions Sohn, des berühmten Korinthos König,
> du selbst und die Söhne, doch immer die Söhne der Söhne.

Da aber Kypselos zur Macht gelangt war, herrschte er sehr gewalttätig. Viele vertrieb er, vielen raubte er Hab und Gut und sehr vielen das Leben. Nachdem er dreißig Jahre lang geherrscht hatte, starb er.

Es folgte ihm sein Sohn Periandros. Der war anfänglich milder als sein Vater. Später aber, da er mit Thrasybulos, dem Fürsten von Milet, Verbindung aufgenommen hatte, ward er noch viel blutdürstiger als Kypselos. Er schickte nämlich einen Vertrauten zu Thrasybulos und ließ ihn fragen, wie er es wohl anstellen sollte, um sich eine sichere und gute Herrschaft über seine Stadt zu schaffen. Thrasybulos führte den Abgesandten hinaus vor die Stadt, ging auf einen Korn tragenden Acker und schlug, während er über das Feld schritt und dabei den Boten immer von neuem fragte, in welcher Absicht er zu ihm gekommen sei, alle Ähren, die höher gewachsen waren als die anderen, ab und warf sie fort. Zuletzt war das Getreide, wo es am schönsten und kräftigsten gestanden hatte, völlig verwüstet. Nachdem Thrasybulos so durch das Feld gegangen war, entließ er den Boten ohne ein weiteres Wort.

Als dieser nach Korinth zurückgekehrt war und Periandros begierig darauf wartete, den Rat zu erfahren, sagte der Bote, daß Thrasybulos ihm keinerlei Ratschlag mitgegeben habe. Es verwunderte ihn sehr, daß ihn sein Herr zu einem so seltsamen, ja geistesverwirrten Manne geschickt habe, der sein eigenes Land zu verwüsten trachte. Dabei erzählte er, was Thrasybulos in seiner Gegenwart getan hatte.

Zum Fest des Dionysos tragen die Weiber in Ägypten eine Gliederpuppe durch die Dörfer, deren Schamglied – fast ebenso groß wie der ganze Körper – sich bewegt (s. S. 34).

Periandros aber verstand sehr wohl, was Thrasybulos ihm riet: alle, die unter den Bürgern hervorragten, umzubringen. Von Stund an begann er grausam unter den Bürgern aufzuräumen. Wen Kypselos noch nicht getötet und vertrieben hatte, den tötete und vertrieb nun Periandros. Ja, eines Tages ließ er allen korinthischen Frauen die Kleider ausziehen, um seines verstorbenen Weibes Melissa willen. Denn als er Boten zu den Thesprotern am Flusse Acheron geschickt hatte, um das Totenorakel wegen eines Pfandes zu befragen, das ein Gastfreund ihm gegeben und das seine Frau erhalten hatte, da war ihnen zwar die Melissa erschienen, weigerte sich aber anzuzeigen, wo es versteckt liege. Denn sie friere und sei nackt, da die Gewänder, die er ihr mit ins Grab gegeben hatte, nicht mit ihr verbrannt worden seien und ihr daher nichts nützen könnten. Als Beweis dafür, daß sie die Wahrheit rede, erinnerte sie ihren Mann an folgendes: Er habe die Brote in den Ofen gelegt, als dieser schon kalt war.

Als Periandros diese Antwort vernahm, wußte er, worauf angespielt war, denn er hatte der Melissa noch beigewohnt, als sie bereits tot war. So ließ er durch einen Herold ausrufen und befehlen, daß alle Frauen der Korinther in den Tempel der Hera kommen sollten. Und als die Frauen in ihrem schönsten Schmuck, wie zu einem Feste, kamen, hatte er heimlich Wachen aufgestellt. Diese hatten den Befehl, den Frauen die Gewänder auszuziehen, und zwar allen ohne Unterschied, den Freien wie den Dienerinnen. Die Gewänder aber trug er zusammen in eine Grube, weihte sie der Melissa und verbrannte sie.

Danach sandte er abermals zu den Thesprotern. Und siehe, da zeigte das Schattenbild der Melissa den Ort an, wohin sie des Gastfreundes Pfand gelegt hatte.« V, 92

Kypselos aus dem korinthischen Adelsgeschlecht der Bakchiaden übernahm, nachdem er seine Verwandten vertrieben hatte, 657 v. Chr. die Herrschaft in Korinth und begründete dort die Tyrannis als erster der Kypseliden-Dynastie. Er soll, im Gegensatz zu Herodots Schilderung, dem es gewiß wichtiger war, dem Orakel recht zu geben, mit Umsicht und Milde regiert haben und schmückte Korinth mit vielen prachtvollen Bauten und Kunstwerken.

Sein Sohn Periandros (627–586 v. Chr.) brachte die Stadt zu hoher Blüte. Er wurde von vielen zu den Sieben Weisen gezählt und liebte die schönen Künste. Periandros scheint erst im Alter und durch den Widerstand gegen seine wohlgemeinten Maßnahmen verbittert und damit gewalttätig und grausam geworden zu sein. So tötete er seine Frau Melissa, die Tochter des Tyrannen Prokles von Epidauros, im Zorn.

Der Mehlkasten, in dem Periandros' Vater angeblich gerettet wurde, gelangte als »Lade des Kypselos« zu einiger Berühmtheit. Der griechische Schriftsteller Pausanias will sie im 2. Jahrhundert n. Chr. noch im Hera-Tempel zu Olympia gesehen haben, wo sie Periandros als Weihgabe niedergelegt haben soll, und beschreibt ihr Aussehen. Sie bestand aus Zedernholz und war prächtig geschmückt mit Schnitzereien und Intarsien aus Gold und Elfenbein.

Die Thesproter waren ein Stamm im südlichen Küstengebiet von Epirus, einer Landschaft im griechisch-albanischen Grenzgebiet. Hier mündet der Acheron ins Meer, nachdem er eine tiefe, dunkle Schlucht durchflossen hat, in der man den Eingang zur Unterwelt sah. Am Acheron bestand schon seit alter Zeit ein Totenorakel.

Wie durch eine fehlgeschleuderte Eisenspitze, die dem Mysischen Eber galt, jedoch des Kroisos Sohn tötete, ein Traumgesicht des Königs in Erfüllung ging ...

»Solon von Athen, der eine Zeitlang als Gast am Hofe des Lyderkönigs Kroisos geweilt hatte, war wieder abgereist. Wenig später nur sollte den Kroisos die furchtbare Rache der Gottheiten treffen, wahrscheinlich wohl deshalb, weil er sich selber für den glücklichsten aller Menschen hielt.

In einer Nacht, da er schlief, hatte er einen Traum, der ihm das Unglück ankündigte, das seinen Sohn treffen würde. Er hatte aber zwei Söhne: Einer war taubstumm. Der andere jedoch, Atys war sein Name, war in allem der erste unter seinen Gespielen. Und eben diesen Atys werde der König – so verkündete das Traumgesicht – dadurch verlieren, daß eine eiserne Lanzenspitze den Sohn treffe.

Als Kroisos erwachte und über das Traumbild nachdachte, überkam ihn große Angst, und er gab dem Sohn sogleich ein Weib. Und während er ihm vorher den Oberbefehl über das Heer der Lyder übertragen hatte, ließ er ihn fortan nicht mehr in den Krieg ziehen, ja er ließ sogar die Lanzen, Speere und anderen Waffen aus dem Männersaal entfernen und in die Kammern bringen, damit nicht eine Waffe von der Wand fallen und seinen Sohn treffen könne.

Zu der Zeit aber, als der Sohn heiratete, kam ein Mann nach Sar-

des, belastet mit Schuld und unreinen Händen. Er war ein Phryger aus königlichem Geschlecht. Der ging in den Palast des Kroisos und bat nach Landessitte, ihn von seinem Unglück zu entsühnen. Und Kroisos tat es. Danach wollte der König wissen, wer und von wo er sei, und fragte deshalb:
>Wer bist du, Mann? Aus welchem Orte Phrygiens kommst du? Und warum setzest du dich an meinen Herd? Welchen Mann oder welches Weib hast du erschlagen?<
Jener antwortete: >O König, Gordios ist mein Vater, des Midas Sohn, und mich nennt man Adrastos. Weil ich, ohne es zu wollen, meinen Bruder erschlug, bin ich hier, verstoßen vom Vater aus Haus und Gut.<
Da sprach Kroisos zu ihm: >So stammst du von befreundeten Männern ab und bist zu Freunden gekommen. Es soll dir an nichts fehlen, solange du in unserem Hause bleibst. Trage dein Unglück mit Geduld, so wird es dir frommen.< Und Adrastos lebte fortan im Hause des Kroisos.
Nun geschah es um jene Zeit, daß auf dem Mysischen Olympos ein Wildschwein auftauchte und sein Unwesen trieb. Es war ein gewaltiger Eber, der vom Gebirge herabkam und die Felder der Myser verwüstete. Mehrmals schon waren sie ausgezogen, um ihn zu erlegen. Aber sie vermochten nichts gegen ihn auszurichten.
Eines Tages kamen ihre Boten schließlich zu Kroisos und berichteten ihm: >O König! Ein Rieseneber haust in unserem Lande und richtet große Schäden auf unseren Fluren an. Wir wollten ihn töten, sind jedoch zu schwach. Jetzt bitten wir dich: Schick uns deinen Sohn und ausgewählte Jünglinge mit Jagdhunden, damit wir das Untier loswerden!<
Aber Kroisos erinnerte sich seines Traumes und gab ihnen auf ihre Bitte zur Antwort: >Rechnet nicht mit meinem Sohn. Den schicke ich euch nicht. Er ist jung vermählt, und sein Herz ist nur bei seinem Weibe. Ich will euch aber ausgesuchte Lyder mit der ganzen Meute schicken und werde ihnen gebieten, euch mit allen Kräften zu helfen, den Eber zu erlegen.<
Die Myser waren mit dieser Antwort zufrieden. Gerade in jenem Augenblick jedoch erschien der Sohn des Königs, der von ihrer Bitte gehört hatte. Und da Kroisos sich weigerte, ihn mitzuschicken, sagte der Jüngling zu ihm: >Früher, mein Vater, war es meine Freude und mein Stolz, auszuziehen in den Krieg und zur Jagd und mich hervorzutun. Jetzt aber hältst du mich von beidem fern, obwohl ich weder feige noch mutlos gewesen bin. Wie darf ich jetzt die Augen aufschlagen, wenn ich die Volksversammlung

besuche? Was müssen meine Mitbürger von mir denken und was mein junges Weib? Laß mich mitziehen auf die Jagd oder beweise mir, daß es anders besser für mich ist!‹

Kroisos antwortete: ›Nicht deshalb tue ich das, weil ich Feigheit bei dir festgestellt habe, mein Sohn, oder sonst etwas Schlechtes, sondern weil mir ein Traumbild im Schlaf erschienen ist. Es hat mir gesagt, daß du nicht mehr lange leben würdest, eine Lanzenspitze werde dich töten. Um dieses Traumbildes willen habe ich dich so schnell vermählt, lasse dich auch nicht mehr in den Kampf ziehen und achte nur darauf, dir jede Gefahr fernzuhalten, solange ich lebe. Bist du doch mein einziger Sohn! Denn der andere, der taube, zählt für mich nicht.‹

Der Sohn entgegnete: ›Es ist dir nicht zu verargen, mein Vater, wenn du nach solchem Traumgesicht auf mich achtest. Aber du verstehst es nicht richtig. Du sagst, das Traumbild kündete dir meinen Tod durch eine Lanzenspitze. Hat denn aber ein Eber Arme oder eine Eisenspitze, die du fürchtest? Ja, wenn dir dein Traum gesagt hätte, ich würde durch einen Hauer umkommen oder etwas Ähnliches, dann müßtest du so handeln. Aber es sollte eine Eisenspitze sein. Da wir jedoch überhaupt nicht gegen Männer zu kämpfen haben, so laß mich doch mitziehen.‹

Kroisos erwiderte: ›Mein Sohn, du hast gewiß recht, wie du den Traum erklärst. Das ändert meine Meinung, und ich gestatte dir, mitzugehen zur Jagd.‹

Hierauf ließ Kroisos den Phryger Adrastos rufen und sprach zu ihm: ›Adrastos, als du von einem bösen Schicksal betroffen warst, habe ich dich entsühnt, dich gastlich in meinem Hause aufgenommen und mit allem versorgt, was du brauchtest. Jetzt sollst du mir Gutes mit Gutem vergelten. Bitte, wache über meinen Sohn, der nun auszieht zur Jagd, auf daß nicht Räuber euch unterwegs überfallen. Zudem ziemt es dir auch, wie ich meine, dich durch Taten hervorzutun, denn das ist deines Hauses Art, und du bist außerdem ein kräftiger Mann.‹

Adrastos antwortete: ›O König, in einem anderen Fall wäre ich nicht in solchen Kampf gezogen. Denn auf wem ein Unglück liegt wie auf mir, der soll sich nicht unter glückliche Altersgenossen mischen. Nun aber, da du es verlangst und ich dir gefällig sein muß, bin ich bereit, es zu tun, um des Guten willen, das du mir erwiesen hast. Du darfst darauf vertrauen! Dein Sohn, den ich behüten soll, wird, soweit es an mir liegt, unversehrt zu dir nach Hause zurückkehren.‹

Nach dieser Antwort zogen sie zusammen mit ausgewählten Jünglingen und Hunden los, kamen auf den Olympos und suchten das Untier. Als sie es gefunden hatten, umstellten sie es und warfen ihre Speere.

Auch der Fremde, der eben erst vom Mord entsühnte Mann namens Adrastos (der Name bedeutet: der Unentrinnbare), schleuderte seinen Speer nach dem Eber. Aber er verfehlte ihn und traf des Kroisos Sohn. So erfüllte sich, was der Traum prophezeit hatte.

Ein Bote eilte nach Sardes und berichtete dem Kroisos, was geschehen war. Kroisos war von Schmerz überwältigt über des Sohnes Tod. Noch bitterer aber beklagte er, daß ihn ausgerechnet der getötet hatte, der von ihm selbst entsühnt worden war. Ergrimmt ob des Unglücks rief er Zeus Katharsios, den Sühnegott, zum Zeugen an für das, was ihm der Gastfreund angetan. Er rief aber auch Zeus Ephestios an, den Gott des Herdes, und Zeus Hetaireios, den Gott der Freundschaft, jenen, daß er den Fremdling aufgenommen und damit ahnungslos den Mörder seines Sohnes bewirtet hatte, jenen aber, weil er ihn als Aufpasser mitgesandt und nun den ärgsten Feind in ihm gefunden hatte.

Bald kamen auch die Lyder mit der Leiche. Hinter ihr ging der Mörder. Er stellte sich vor den Toten, streckte die Hände aus und bat Kroisos, ihn zu töten. Laut beklagte er sein früheres Mißgeschick und auch, daß er nun außerdem noch den unglücklich gemacht habe, der ihn entsühnt.

Als Kroisos dies hörte, empfand er, so groß sein eigenes Leid war, Mitleid mit Adrostos und sprach zu ihm:

›O Gastfreund, du gibst mir volle Buße, wenn du dich selber des Todes für schuldig bekennst. Aber nicht du bist an diesem Unglück schuld, wenn du auch, ohne es zu wollen, der Täter warst, sondern einer der Götter, der mir schon lange zuvor kundgab, was eines Tages mich treffen würde.‹

Darauf bestattete Kroisos seinen Sohn mit allen Ehren. Adrastos aber, der Sohn des Gordios und Enkel des Midas, der Mörder seines eigenen Bruders und auch der Mörder dessen, der ihn entsühnt hatte, erstach sich selber über dem Grabe, nachdem alle anderen Leidtragenden es verlassen hatten.

König Kroisos beklagte zwei Jahre lang in stiller Trauer den Tod seines Sohnes.« I, 34–45

Für die Reinigung von einer Blutschuld war ein ganz bestimmter Ritus vorgesehen: Wer entsühnt zu werden begehrte, stieß sein Schwert in die Erde, hockte sich schweigend nieder und verbarg sein Gesicht. Der Besitzer des Landes, wo dies geschah, mußte alsdann ein Schwein opfern und das Blut dem zu Entsühnenden über die Hand gießen. Dabei war Zeus anzurufen. Danach wurde die Hand gewaschen, und zugleich wurden die Erinnyen und Zeus um Gnade angefleht. Erst wenn dies geschehen war, durfte der Schutzsuchende angesprochen und nach seinem Namen und seiner Schuld gefragt werden.

Wie die Feste zu Sardes durch den Fehler eines Königs, der eine Prophezeiung nicht genügend beachtet hatte, in Kyros' Hände fiel . . .

Die Schicksalsschläge, vor denen der weise Solon König Kroisos gewarnt hatte (siehe Seite 104), nahmen ihren Lauf. Kyros war in Lydien eingerückt, um es seinem Reich einzuverleiben. »Die Heere trafen in der Ebene von Sardes aufeinander . . . und die Lyder wurden schließlich in die Flucht geschlagen. Die Perser jagten sie in die Stadt und belagerten diese.« Dabei wurde die Akropolis auf folgende Weise erobert:
»Es war schon der vierzehnte Tag der Belagerung, da ließ Kyros Herolde durch das Heerlager reiten. Sie verkündeten, reicher Lohn winke demjenigen, der zuerst die Burg ersteige.
Da brach das ganze Heer auf und berannte in Sturmangriffen die schwer befestigte Akropolis. Jedoch es blieb alles vergeblich, und so ließen sie wieder davon ab. Inzwischen versuchte ein Mann namens Hyroiates aus einem persischen Nomadenstamm den Burghang an seiner Seite zu erklimmen, die überhaupt nicht bewacht war. Denn man befürchtete von dort weder einen Angriff noch eine Überrumpelung, da der Fels viel zu steil abfiel.
Das war im übrigen auch die einzige Stelle, an die einst Meles, ein früherer König von Sardes, jenen Löwen, den ihm eine seiner Nebenfrauen« – statt eines Menschenkindes – »geboren, nicht getragen hatte. Die Telmesseer hatten damals nämlich prophezeit, Sardes werde uneinnehmbar sein, wenn man den Löwen rings um die Mauer trage. Der König ging mit dem jungen Löwen im Arm überall um die Stadt. Einzig die Mauer an dem Steilhang ließ er aus, weil sie für einen Feind unerreichbar schien. Es ist dies die dem Tmolos zugewandte Seite der Burg.
Gerade dort aber hatte jener Hyroiates tags zuvor gesehen, wie ein Lyder von der Burg herabkletterte und sich den Helm wieder holte, der ihm hinabgerollt war. Er hatte ihn dabei genau beobachtet und sich die Stelle wohl gemerkt. Nachdem er selbst auf

demselben Weg hinaufgeklettert war, folgten ihm alsbald andere, bis schließlich eine Menge persischer Krieger oben angelangt war. Da war die Burg verloren, und die ganze Stadt war verheert.« I, 84

Nach der Eroberung von Sardes wurde Kroisos selbst gefangengenommen. Das geschah im Jahre 546 v. Chr.

Der Erzählung von dem Löwen liegt vermutlich eine alte Ortslegende zugrunde. Der Löwe galt als das heilige Tier des Sandon, Lydiens Sonnengott.

Seit 1910 haben amerikanische Archäologen wiederholt in Sardes, am Ort des heutigen Dorfes Sart in der Türkei, gegraben. Von der einstigen Stadt und ihrer Feste fanden sich keine Spuren, nur Reste eines großen Artemis-Tempels mit lydischen Inschriften.

Die Telmesseer, von denen die Rede ist, gaben der Stadt Telmessos in Lykien – heute Makri – ihren Namen. Dort befand sich ein Orakel des Apollon, der seine Weissagungen durch Träume verkündete.

Wie Kyros ein Traumgesicht, das seinen eigenen Tod im Feldzug und Dareios als Nachfolger ankündigte, mißdeutete . . .

»Nachdem Kyros auch das babylonische Volk unterworfen hatte, gedachte er sich auch die Massageten untertan zu machen, die im Osten gen Sonnenaufgang jenseits des Flusses Araxes wohnten.

Er selbst überschritt mit dem Heer den Fluß. In der folgenden Nacht, da er jenseits des Araxes im Lande der Massageten schlief, erschien ihm ein Bild. Und es träumte ihm, er sehe den ältesten Sohn des Hystaspes mit Flügeln an den Schultern, und der eine Flügel überschattete Asien, der andere Europa.

Von den Söhnen des Hystaspes, Sohn des Arsames und aus dem Hause der Achaimeniden, war Dareios mit etwa zwanzig Jahren der älteste. Er war in Persien geblieben, weil er noch zu jung zum Kriege war.

Als Kyros erwachte, dachte er über den Sinn des Traumbildes nach. Und weil es ihm sehr bedeutsam schien, ließ er den Hystaspes rufen, nahm ihn beiseite und sagte zu ihm unter vier Augen: »Hystaspes! Es hat sich erwiesen, daß einer deiner Söhne gegen mich und meinen Thron einen Anschlag schmiedet. Ich will dir

Jede Babylonierin muß sich einmal in ihrem Leben in den Tempel der Aphrodite setzen und mit einem fremden Mann schlafen (s. S. 39).

auch sagen, woher ich das so genau weiß. Siehe, ich stehe in der Hut der Götter, und sie verkünden mir im voraus jede Gefahr, die mir droht. Vergangene Nacht sah ich im Schlafe deinen ältesten Sohn mit Flügeln an den Schultern, und mit dem einen Flügel beschattete er Asien, mit dem anderen Europa. Dies Gesicht besagt ohne Zweifel, daß er Arges gegen mich im Schilde führt. Darum eile so schnell du kannst nach Persien und sorge dafür, daß du mir deinen Sohn zum Gericht bestellst, sobald ich dieses Volk hier bezwungen habe und wieder heimgekehrt bin.‹

So sprach Kyros, weil er glaubte, daß Dareios sich gegen ihn erheben wolle. Aber die Gottheit hatte ihm etwas ganz anderes offenbaren wollen, nämlich, daß er selber dort im Massagetenlande sterben und daß sein Reich übergehen würde an den Dareios.

Hystaspes aber erwiderte: ›O König! Möge es nie und nimmer einen Perser geben, der sich gegen dich empört! Und täte es doch einer, dann soll er auf der Stelle sterben! Denn du bist es, der uns Perser aus Knechten zu Freien gemacht und zur Herrschaft über alle erhoben hat, nachdem sie einst anderen untertänig waren. Verkündet dein Traum, daß mein Sohn Aufruhr gegen dich plant, so geb ich ihn in deine Hand, damit du mit ihm tust, was immer du willst.‹« I, 209.210

Kyros der Große starb im Jahre 529 v. Chr. Von den vielen Erzählungen, die über seinen Tod existieren, hält Herodot jene für die glaubwürdigste, derzufolge der Perserkönig im Krieg mit den Massageten, einem kriegerischen Volk jenseits des Jaxartes am Kaspischen Meer, umgekommen sei. Die feindliche Königin Tomyris habe dem Toten den Kopf abschneiden und in einen blutgefüllten Schlauch tauchen lassen, damit er seinen Blutdurst stillen könne.

Nach anderen, wohl zuverlässigeren Berichten fiel Kyros im Kampf im nordöstlichen Iran und wurde in Pasargadai bestattet. Tatsächlich bestieg nach einer kurzen Interimszeit, nachdem beide Söhne des Kyros, Kambyses und Bardija, kinderlos gestorben waren, Dareios im Jahre 522 v. Chr. den Thron des Perserreiches.

Wie eine Stute am Hellespont einen Hasen warf und damit dem Xerxes das Scheitern seines Griechenlandfeldzuges vorausgesagt ward ...

Im Jahre 480 v. Chr. rückte der Perserkönig Xerxes mit einem riesigen Heer aus, um Griechenland zu unterwerfen. Bereits auf dem Anmarsch, nachdem die fast unübersehbare Kriegermenge von Asien aus gerade die über den Hellespont geschlagene Brücke passiert und ihren Fuß auf den Boden Europas gesetzt hatte, soll dem Perserkönig wie auch seinem Heer ein warnendes Zeichen erschienen sein:

»Als König Xerxes am gegenüberliegenden Ufer auf Europas Boden angekommen war, schaute er zu, wie das Heer, getrieben von Geißelschlägen, hinüberzog. Sieben Tage lang und sieben Nächte brauchte es, ohne auch nur einmal zu rasten. Dabei soll, so erzählt man, ein Mann, der aus jener Gegend am Hellespont stammte, zu Xerxes gesagt haben: ›O Zeus! Warum erscheinst du in Gestalt eines Persers und lässest dich Xerxes nennen statt Zeus und führest alles Menschenvolk heran, nur um Hellas zu knechten! Das könntest du doch auch ohne all dies vollbringen!‹

Als jedoch nun alle drüben waren und sich in Marsch setzen wollten, erschien ihnen ein großes Zeichen. Es war unschwer zu erklären, aber Xerxes ließ es unbeachtet.

Eine Stute nämlich hatte einen Hasen geworfen. Die Deutung lag nahe: Xerxes, der jetzt in allem Prunk und aller Pracht mit Kriegsmacht gegen Hellas ausziehe, werde, um das eigene Leben rennend, an denselben Ort zurückkommen. Schon früher, noch in Sardes, war ihm ein Wunderzeichen erschienen: Eine Maultierstute hatte ein Junges geworfen mit doppelten Geschlechtsteilen, einem männlichen und einem weiblichen, wobei die männlichen über den weiblichen lagen. Aber Xerxes kehrte sich an beide Zeichen nicht, sondern zog weiter, und mit ihm zog das ganze Heer.« VII, 56.57

Die Notwendigkeit, wichtige schriftliche Botschaften und Mitteilungen für Unbefugte oder Dritte unlesbar zu machen oder sie vor ihnen zu verbergen, bestand bereits im Altertum. Bei Herodot finden wir einige gleicherweise interessante wie amüsante Beispiele, die wohl zu den ältesten uns überlieferten Geschichten auf diesem Gebiet überhaupt zählen. Sie zeigen, auf wie raffinierte Weise man sich damals – auch ohne die Errungenschaften modernster Technik, ohne Funk, Elektronik und Mikrofilm – bereits zu helfen wußte, um geheime Nachrichten selbst über größte Entfernungen sicher zu übermitteln.

Wie Kyros die in ein Hasenfell eingenähte Nachricht empfing, aufgrund derer er die Meder unterwarf ...

»Als Kyros zum Manne heranwuchs und sich unter seinen Altersgenossen durch sein ritterliches Wesen hervortat und bei jedermann beliebt war, bemühte sich Harpagos um seine Freundschaft durch Geschenke, die er ihm sandte. Denn er wollte sich an Astyages rächen« für das, was dieser ihm, wie auf Seite 58 erzählt, angetan hatte. »Er wußte sehr wohl, daß er selber, als Untertan ohne Amt und Macht, aus eigener Kraft nichts gegen den König unternehmen könnte. Darum suchte er sich mit Kyros zu verbünden, der ja ähnliches durch Astyages erlitten hatte wie er selber.
Vorher hatte er bereits folgendes unternommen: Weil Astyages sich den Medern als ein gestrenger Herr erwies, besprach sich Harpagos mit den angesehensten unter ihnen und überredete sie, Kyros zum König zu machen, den tyrannischen Astyages aber vom Thron zu verjagen. Als ihm dies gelungen und schon alles bereit war, hielt Harpagos es für an der Zeit, Kyros über seine Pläne zu unterrichten. Der aber lebte in Persien, und eine Benachrichtigung durch Boten war sehr gefährlich, da alle Straßen streng überwacht wurden.
Um doch sein Ziel zu erreichen, ersann Harpagos eine List. Er schnitt einem Hasen den Bauch auf, und zwar so geschickt, daß die Haare des Felles unverletzt blieben, und tat einen Brief hinein, der seine Vorschläge enthielt. Darauf nähte er den Bauch wieder zu, gab dem treuesten seiner Diener ein Jagdnetz, damit es aussehe, als sei er ein Jäger, und trug ihm auf, mit dem Hasen

nach Persien zu gehen und ihn dem Kyros zu bringen. Mündlich solle er ihm dabei ausrichten, er dürfe den Hasen nur mit eigener Hand aufschneiden und nur dann, wenn kein Zeuge zugegen sei. Genauso geschah es auch. Kyros erhielt den Hasen und schnitt ihn auf, nahm den Brief, den er darin fand, und las ihn. Der Inhalt lautete: ›O Sohn des Kambyses! Gewiß, Du stehst in der Götter Obhut, sonst wärest Du nie zu so hohem Glück emporgestiegen. Räche Dich jetzt an Astyages, der Dein Mörder ist. Denn würde es nach seinem Willen gegangen sein, wärest Du schon lange tot. Daß du aber noch lebst, verdankst Du den Göttern und mir. Ich bin sicher, Du weißt es inzwischen längst, nicht nur, was man Dir persönlich angetan hat, sondern auch, was ich durch Astyages habe erleiden müssen, und zwar nur aus dem Grund, daß ich Dich nicht tötete, sondern dem Rinderhirten übergab. Hörst du auf mich, so wird das ganze Reich des Astyages Dein sein. Überrede die Perser zum Abfall und ziehe mit ihnen gegen die Meder. Du wirst sehen, das ganze Land Medien wird Dir zufallen, und zwar gleichviel, ob Astyages mich oder einen anderen vornehmen Meder zum obersten Befehlshaber ernennt. Denn diese werden als erste von ihrem König abfallen, zu Dir übergehen und Astyages zu stürzen versuchen.

Handle und handle schnell, und wisse, bei uns ist alles bereit.‹«

I, 123 und 124

Die Botschaft, die Harpagos auf diese ungewöhnliche Weise an Kyros sandte, fand Gehör. Gleich danach, man schrieb das Jahr 550 v. Chr., zog er mit Heeresmacht gegen Ekbatana, die Hauptstadt des Medereiches, und nahm sie ein. Seinen königlichen Großvater Astyages, der ihn aufgrund seiner Träume als Kind hatte töten lassen wollen, behandelte Kyros großmütig. Statt sich an ihm blutig zu rächen, schickte er ihn in die Verbannung.

Das eroberte Medien verschmolz er mit Persien zu einem Reich.

Wie unter dem Haarschopf eines Dieners der Aufruf zum Aufstand gegen König Dareios geschrieben stand . . .

»Aristagoras, der in Milet die Herrschaft ausübte, hatte aufgrund von allerlei Befürchtungen den Gedanken gefaßt, von Persien abzufallen. Er wurde hierin noch durch etwas anderes bestärkt. Denn es traf sich, daß eben zu dieser Zeit aus Susa ein Bote des Histiaios mit dem beschriebenen Kopf eintraf, der ihm die Weisung brachte, sich gegen Dareios zu erheben.

Weil alle Straßen streng bewacht wurden, hatte Histiaios kein anderes Mittel gefunden, um die Botschaft sicher nach Milet gelangen zu lassen. Seinem treuesten Diener hatte er das Haar geschoren, die Nachricht auf die Kopfhaut geschrieben und gewartet, bis die Haare wieder gewachsen waren. Dann erst schickte er ihn nach Milet, wobei er ihm nur eines auftrug: Gleich nach seiner Ankunft in Milet solle er Aristagoras darum bitten, ihm die Haare zu scheren und den kahlen Kopf zu betrachten. Die Zeichen auf der Kopfhaut forderten, wie bereits gesagt, zum Abfall auf.

Histiaios tat das, weil er über seinen erzwungenen Aufenthalt in Susa sehr unglücklich war. Er hoffte, man werde ihn, sobald ein Aufstand ausbrach, wieder ans Meer ziehen lassen. Wenn sich Milet nicht zum Abfall entschloß, so mußte er damit rechnen, niemals wieder das Meer sehen zu können.« V, 35

Histiaios, Tyrann von Milet unter persischer Oberhoheit, hatte dem Großkönig Dareios nach dessen mißglücktem Skythenfeldzug um 513 v. Chr. einen großen Dienst erwiesen. Indem er die Flotte der kleinasiatischen Griechen an der Stelle des Donauüberganges festhielt, ermöglichte er dem Perserkönig den Rückzug. Dareios hatte ihn dafür mit der Stadt Myrkinos belohnt, nahm es Histiaios jedoch sehr übel, als dieser versuchte, sich dort eine Hausmacht zu schaffen. Er berief ihn, um das zu vereiteln, an den Hof von Susa. Während der Abwesenheit des Histiaios regierte stellvertretend dessen Schwiegersohn Aristagoras als Tyrann die Stadt Milet. Er wurde im Einverständnis mit seinem Schwiegervater zum Anstifter der Perserkriege, die durch die Erhebung der ionischen Städte gegen die persische Oberhoheit ausgelöst wurden. Als der Aufstand scheiterte, flüchtete er nach Thrakien, wo er 498 v. Chr. fiel.

Wie die Kunde vom Feldzugsplan des Königs Xerxes gegen Griechenland von Susa nach Sparta gelangte ...

»Die Lakedaimonier hatten am frühesten von allen Griechen Kunde erhalten vom Plan des Perserkönigs, gegen Griechenland ins Feld zu ziehen. Die Nachricht war ihnen auf eine höchst verwunderliche Weise zugegangen:

Arion aber, da er in vollem Sängerschmuck ins Meer gestürzt war, nahm ein Delphin auf den Rücken und trug ihn sicher nach der Peloponnes (s. S. 48).

Demaratos, Aristons Sohn, hatte sich zu den Persern geflüchtet und war – nach meiner Meinung, und für sie spricht auch die Wahrscheinlichkeit – den Lakedaimoniern nicht freundlich gesinnt. Jedoch mag jeder selbst entscheiden, ob Demaratos aus Wohlwollen oder aus Schadenfreude das tat, wovon ich erzählen will.

Als Xerxes sich zum Krieg gegen die Hellenen entschlossen hatte, wollte Demaratos, der gerade in Susa weilte und es dort erfahren hatte, den Lakedaimoniern Kunde davon geben. Weil er keinen anderen Weg sah, es ihnen mitzuteilen, und er sich vor Entdeckung hüten mußte, ersann er einen Trick.

Er nahm ein doppeltes Schreibtäfelchen und kratzte den Wachsüberzug ab. Direkt auf das Holz des Täfelchens schrieb er dann, was der König vorhatte; nun goß er wieder Wachs über die Schrift, wodurch sie unsichtbar wurde. Ein unbeschriebenes Täfelchen, das der Bote bei sich hat, würde bei den Wächtern an der Straße bei einer Kontrolle keinerlei Argwohn erregen.

Unbehelligt gelangte ein Bote tatsächlich mit der wichtigen Nachricht von Susa nach Sparta. Aber die Lakedaimonier verstanden nicht, was die leere Tafel bedeuten sollte.

Gorgo, Kleomenes' Tochter, die Gattin des Leonidas, war es schließlich, wie man mir berichtete, die des Rätsels Lösung fand. Sie riet, das Wachs abzuschaben, dann würde man auf dem Holz Schriftzüge finden. Als sie es taten, fanden sie die Schrift, lasen sie und teilten die Botschaft auch den übrigen Hellenen mit. So soll sich jene Kunde vom bevorstehenden Kriegszug des Xerxes damals verbreitet haben.« VII, 239

Demaratos war von 510 v. Chr. an König von Sparta gewesen, bevor er aufgrund einer Intrige die Königswürde an seinen Vetter Leutychides abtreten mußte, der Demaratos' legitime Geburt bezweifelt hatte. Der abgesetzte Herrscher war dann zu den Persern geflüchtet und machte 480 v. Chr. den Heereszug gegen Griechenland mit.

Ohne Pathos und Glorienschein läßt Herodot die Hauptakteure bedeutender historischer Ereignisse – große Herrscher und kleine – Revue passieren. Ohne Nachsicht deckt er – mag es sich um Barbaren oder Griechen handeln – deren Fehler und Schwächen, Intrigen und Verbrechen auf. Keiner von ihnen, Freund oder Feind, wird glorifiziert oder steht – wie Staatsmänner und regierende Häupter von Gottes Gnaden in Europas nationalen Geschichtsbüchern vergangener Jahrhunderte geschildert zu werden pflegten – als perfektes Idealbild an Moral, Mut und Charakter einsam und unerreichbar auf hohem Podest. Bis in ihre Privat- und Intimsphäre lernen wir sie kennen, im Familienleben wie in ihrem sexuellen Begehr.

Warum Gyges, nachdem er seine Königin splitternackt gesehen hatte, Herrscher über ganz Lydien ward ...

»Das Reich Lydien, das zuvor die Herakliden beherrscht hatten, ist eines Tages auf folgende Weise an das Haus des Kroisos, die sogenannten Mermnaden, übergegangen. Es geschah, als Kandaules ... Fürst von Sardes war ...
Dieser Kandaules aber war wie vernarrt in seine Gemahlin. In seiner großen Liebe glaubte er, er besitze die schönste Frau der Welt. Unter seinen Dienstmannen war einer, der hieß Gyges und stand wie niemand sonst in des Fürsten Gunst. Ihm vertraute Kandaules alle wichtigen Angelegenheiten an. Zu ihm auch sprach er von der Schönheit seines Weibes und pries sie über alle Maßen. Und nicht lange – denn beschieden war sein Untergang –, da sprach Kandaules zu Gyges: ›Ich fürchte, Gyges, du glaubst nicht, was ich dir von meines Weibes Schönheit erzähle; denn des Menschen Ohr ist ungläubiger als sein Auge. Versuch doch, daß du sie einmal nackt siehst.‹
Gyges aber, zutiefst erschrocken über diese Zumutung, schrie laut auf und rief: ›Herr! Welche unvernünftigen Worte! Meine Gebieterin soll ich nackt sehen? Mit dem Gewand, das ein Weib auszieht, legt es zugleich auch die Scham ab. Weise Menschen haben längst erkannt, was recht und gut ist. An ihre Lehren soll man sich halten. Eine davon lautet: Jeder blicke nur an, was ihm gehört! Ich glaube gern, daß sie die schönste ist von allen Frauen

auf dieser Welt. Aber ich bitte dich, verlange nichts Verbotenes und Unrechtes von mir!‹

Mit dieser Rede suchte er sich des Ansinnens zu erwehren, denn ihn graute, es könnte ihm Unheil daraus erwachsen. Doch Kandaules entgegnete ihm:

›Nur Mut, Gyges! Hab keine Furcht, weder vor mir, als wollte ich dich auf die Probe stellen mit diesem Vorschlag, noch vor meinem Weibe. Auch durch sie soll dir kein Ärger entstehen. Denn ich werde es so einrichten, daß sie es gar nicht merkt, wenn du sie anschaust. Ich will dich in unserem Schlafgemach hinter die offene Tür stellen. Gleich nach mir wird auch meine Frau hereinkommen, um sich zur Ruhe zu legen. Nahe bei der Tür steht ein Sessel. Auf ihn legt sie beim Entkleiden ihre Gewänder, eines nach dem andern. Während sie das tut, kannst du sie in aller Ruhe betrachten. Nur auf eines gib acht: Wenn sie vom Sessel zum Bett geht und dir dabei den Rücken zuwendet, dann verschwinde durch die Tür, ohne daß sie dich sieht.‹

Nachdem Gyges das vernommen hatte, vermochte er sich nicht länger dem Wunsche seines Herrn zu entziehen und gab nach. Als die Zeit zum Schlafengehen gekommen war, führte ihn Kandaules in das Gemach. Gleich danach erschien auch sein Weib. Und Gyges betrachtete sie, wie sie hereintrat und ihre Gewänder ablegte. Als sie ihm dann den Rücken zuwandte und zum Lager ging, kam er hinter der Tür hervor und schlüpfte hinaus.

Doch die Frau sah ihn beim Weggehen, und es war ihr im selben Augenblick klar, daß nur ihr Gatte das angestiftet haben konnte. So sehr sie sich auch schämte über diese Schande, sie schrie nicht auf und ließ sich nichts anmerken. Ihr Herz indes sann auf Rache an Kandaules. Denn bei den Lydern wie auch bei fast allen anderen Barbaren gilt es sogar für einen Mann als schmachvoll, nackt gesehen zu werden.

Die Königin sagte also nichts und blieb ganz ruhig. Aber als es Tag geworden war, zog sie die treuesten ihrer Diener ins Vertrauen und ließ Gyges rufen. Der ahnte nicht, daß sie von dem Geschehen wußte, und kam. Denn er war ja auch sonst zur Königin gegangen, sooft sie ihn zu sich befohlen hatte.

Als er vor ihr stand, sprach sie zu ihm:

›Gyges, zwischen zwei Wegen gebe ich dir die Wahl. Du kannst dich für den einen oder den anderen entscheiden: Entweder du tötest Kandaules, nimmst mich zur Frau und trittst die Herrschaft an über Lydien, oder du selbst mußt auf der Stelle sterben, damit du nicht auch weiterhin dem Kandaules in allem zu Willen sein kannst und auch weiterhin schaust, was du nicht schauen darfst. Einer von euch muß sein Leben lassen: entweder er, der jenen Plan ausgeheckt hat, oder du, der mich nackt gesehen und getan hat, was sich nicht gehört.‹

Gyges erschrak zuerst zutiefst über ihre Worte. Dann bat und flehte er, sie solle ihn nicht zu solcher Wahl zwingen. Indes, es half nichts, sie ließ sich nicht erweichen. Schließlich sah er ein, daß ihm nichts anderes übrigblieb, als seinen Herrn zu ermorden oder selbst zu sterben. Vor die Entscheidung gestellt, zog er das eigene Leben vor und sprach zur Königin:

›Da du mich zwingst, den eigenen Herrn wider meinen Willen zu töten, so laß mich auch wissen, wo und wie es geschehen soll.‹

Ihre Antwort lautete: ›Am selben Ort sollst du ihn umbringen, wo er mich dir nackt gezeigt hat. Der Tod treffe ihn im Schlaf!‹ Nachdem sie den Anschlag besprochen hatten und die Nacht hereinbrach – Gyges wurde mittlerweile nicht fortgelassen, es gab für ihn kein Entrinnen, er oder Kandaules mußte sterben – folgte er der Königin ins Schlafgemach. Dort legte sie ein Schwert in seine Hand und verbarg ihn hinter derselben Tür. Und als Kandaules sich zur Ruhe gelegt hatte, trat Gyges hervor und tötete ihn. So gewann er die Königin und zugleich den Königsthron.« I, 7–12

Die Thronbesteigung des Gyges ist sagenumwoben. Platon wußte eine andere merkwürdige Geschichte darüber zu berichten. Sie besagt, Gyges sei, bevor er Leibwächter des Kandaules wurde, Hirt gewesen und habe eines Tages in einer Höhle einen Ring gefunden, der eine unheimliche Eigenschaft besaß: Er machte seinen Besitzer unsichtbar, sobald dieser ihn drehte. Mit Hilfe dieses Ringes soll Gyges die Königin gewonnen und den Kandaules ermordet haben.

Geschichtlich steht fest: Gyges riß, unterstützt vom Orakel zu Delphi, gegen 687 v. Chr. die Herrschaft über Lydien an sich, indem er den letzten König aus der Herakliden-Dynastie entthronte, wobei ihm dessen Gemahlin half. Ob dieser Herrscher tatsächlich Kandaules hieß, wird bezweifelt. Wahrscheinlich ist der Name lediglich die Bezeichnung für Herrscher.

Gyges begründete die Mermnaden-Dynastie, deren letzter Vertreter der berühmte Kroisos war, und regierte bis 652 v. Chr., als die Kimmerier ins Land einfielen und Sardes zerstörten. Dabei fand Gyges den Tod. Er soll der erste Herrscher gewesen sein, der sich Tyrann nannte sowie Münzen prägen ließ und als Zahlungsmittel verwendete. Exemplare davon befinden sich in der Staatlichen Münzsammlung zu Berlin und im Britischen Museum zu London.

Wie ein Kopftanz den aussichtsreichsten aller Freier, Hippoklei-
des aus Athen, um seine Chancen brachte ...

»Kleisthenes, ein Sohn des Aristonymos und Fürst in Sikyon, hatte eine Tochter namens Agariste. Diese Tochter beschloß er dem
tapfersten und edelsten aller Griechen, den er fände, zur Frau zu
geben. Darum ließ er in Olympia, als die Spiele waren und er
auch selber mit einem Viergespann gesiegt hatte, durch einen
Herold verkünden: Jedweder Hellene, der sich für würdig halte,
der Schwiegersohn des Kleisthenes zu werden, der solle sich am
sechzigsten Tage oder auch früher in Sikyon einfinden. Denn
innerhalb eines von jenem sechzigsten Tage an gerechneten Jahres wolle Kleisthenes die Hochzeit seiner Tochter feiern.
Da machten sich alle Griechen, die auf sich und ihre Vaterstadt
stolz waren, als Freier auf nach Sikyon, und Kleisthenes ließ
eigens für sie eine Rennbahn herrichten und einen Ringplatz.
Als die Freier, und es waren ihrer sehr viele, an dem festgesetzten
Tage erschienen, fragte Kleisthenes zuerst einen jeden nach seinem
Heimatland und seiner Abkunft. Dann behielt er sie ein ganzes
Jahr bei sich. Er prüfte ihren Mannesmut, ihre Sinnesart, ihre Sitte und Bildung, indem er sich mit jedem einzeln unterhielt und mit
allen zusammen. Die jüngeren von ihnen führte er auf die
Kampfplätze und beobachtete sie vor allem auch beim gemeinsa-
men Mahl. Das tat er während der ganzen Zeit, da er sie bei sich
behielt und köstlich bewirtete.
Am besten von allen Freiern gefielen ihm die Athener und unter
ihnen besonders Hippokleides, Tisandros' Sohn, wegen seines
mannhaften Wesens und auch, weil er von seinen Vätern her verwandt war mit den Kypseliden in Korinth.
Als nun der Tag der Entscheidung nahte, an dem der Hochzeits-
schmaus gehalten und Kleisthenes seine Wahl allen verkünden
sollte, ließ er hundert Rinder schlachten und ein Festmahl richten
für die Freier und für alle Einwohner von Sikyon. Nach dem
Essen erhob sich ein Wettstreit unter den Freiern, wer der Tüch-
tigste sei im Vortrag von Liedern und Beiträgen zur Geselligkeit.
Und während alle trinkend zusammensaßen, rief plötzlich Hippokleides, der die Gesellschaft am meisten belustigte, dem Flötenblä-
ser zu, ihm eine Tanzweise zu blasen. Dieser gehorchte, und Hippokleides tanzte. Sicher fand er es nach seinem Geschmack sehr
schön, aber Kleisthenes, der ihm zusah, machte eine bedenkliche
Miene. Nach einer Pause ließ Hippokleides einen Tisch bringen,
stieg hinauf und tanzte weiter. Zunächst Weisen aus Lakonien,

dann andere, aus Attika, und zuletzt machte er einen Kopfstand auf dem Tisch und schlenkerte mit den Beinen.

Dem Kleisthenes war es schon beim ersten und zweiten Tanz leid geworden, daß dieser Hippokleides, der sich so unziemlich aufführte, sein Schwiegersohn werden sollte. Aber er hielt noch an sich und wollte ihn nicht beleidigen. Als er ihn aber so mit den Beinen herumstrampeln sah, da konnte er sich nicht mehr beherrschen und rief: ›Sohn des Tisandros, deine Braut hast du vertanzt!‹

Hippokleides aber erwiderte: ›Das bekümmert Hippokleides nicht.‹ Dieser Satz ist dann sprichwörtlich geworden.

Kleistenes aber gab dem Megakles, Alkmaions Sohn, seine Tochter Agariste zur Frau und schenkte allen anderen ein Talent Silber. So endete der Wettstreit der Freier.« VI, 126–130

Jenem Kopftanz sollte Athen später einen seiner großen Staatsmänner verdanken. Denn durch seinen Entscheid wurde der Brautvater, der um 600 v. Chr. in Sikyon – zu deutsch Gurkenstadt – auf der Peloponnes westlich von Korinth herrschende Tyrann Kleisthenes, zum Großvater eines berühmten Enkels gleichen Namens.

Megakles, dem Agariste mit reicher Mitgift zugesprochen wurde, kam aus dem angesehenen Athener Geschlecht der Alkmaioniden, das seinen Stammvater in einem Urenkel des Nestor namens Alkmaion sah. Sie zeichneten sich durch ihren Widerstand gegen jede Tyrannenherrschaft aus und wurden deshalb mehrmals aus Athen verbannt. Dreiundzwanzig Jahre vor dem geschilderten Ereignis – 594 v. Chr. – waren sie durch Solon nach längerem Exil zurückgerufen worden. Nach einem Zerwürfnis mit Peisistratos mußte Megakles jedoch 538 v. Chr. die Stadt wiederum verlassen. Der Sohn aber, der der Ehe mit Agariste entsproß, war jener Kleisthenes, der später – 510 v. Chr. – die Peisistratiden stürzte und der Stadt die solonische Verfassung wiedergab. Und ein späterer Nachkomme mütterlicherseits aus dieser Familie sollte einen noch berühmteren Namen tragen – Perikles!

Mit welchen Tricks Peisistratos es verstand, dreimal Tyrann zu werden über Athen . . .

»Hippokrates, dem Vater des Tyrannen Peisistratos von Athen, war eines Tages, da er als einfacher Bürger beim Fest in Olympia weilte, ein großes Wunder widerfahren:

Er hatte sein Opfer gebracht, und die Kessel, gefüllt mit Fleisch und Wasser, waren bereits aufgesetzt, aber noch brannte kein Feuer. Da fingen sie plötzlich an zu kochen und überzulaufen. Zufällig war Chilon aus Sparta zugegen und sah das Zeichen. Der riet dem Hippokrates, auf keinen Fall eine Frau zu nehmen und mit ihr Kinder zu zeugen. Falls er aber bereits ein Weib habe, solle er sie heimschicken, und habe er gar schon einen Sohn, so solle er ihn verstoßen. Aber Hippokrates, so wird erzählt, habe den Rat Chilons unbeachtet gelassen. Darauf sei ihm ein Sohn geboren worden, eben jener Peisistratos.

Später, als das Volk an der Küste von Attika in Streit geriet mit den Bewohnern der Ebene – jenes unter Megakles, Alkmaions Sohn, diese unter Lykurgos, dem Sohne des Aristolaides –, da beschloß Peisistratos, sich zum Tyrannen zu machen, und scharte eine dritte Partei um sich. Und nachdem er genügend Anhänger gewonnen hatte, nannte er sich Führer der Leute aus den Bergen und verfiel eines Tages auf folgende List:

Er brachte sich selbst und den Maultieren seines Vaters einige Wunden bei, kam so auf den Markt gefahren und gab an, er sei nur mit knapper Not eben den Händen seiner Feinde entronnen, die ihn auf der Fahrt aufs Land hätten umbringen wollen. Er bat das Volk, ihm eine Leibwache zu stellen. Nun hatte er sich tatsächlich schon vorher einen Namen gemacht, als Heerführer gegen Megara, durch die Eroberung von Nisaia und andere tapfere Taten. Daher ließ sich das Volk von Athen auch von ihm betören und wählte für ihn unter den Männern des Landes eine Leibwache aus, die zwar nicht seine Speerträger, aber seine Keulenträger wurden. Denn sie begleiteten ihn, mit hölzernen Keulen bewaffnet. Mit ihnen unternahm er einen Aufstand und besetzte die Burg. So ward Peisistratos Herrscher über Athen. Doch er schaffte die bestehenden Ämter nicht ab, ließ auch die Rechte und Gesetze unverändert und regierte die Stadt nach herkömmlichem Brauch. Aber es dauerte nicht lange, da taten sich die Anhänger des Megakles und des Lykurgos zusammen und vertrieben ihn. So hatte Peisistratos zum ersten Mal die Herrschaft über Athen gewonnen und, weil sie noch nicht festgewurzelt war, wieder verloren.

Indes diejenigen, die Peisistratos verjagt hatten, gerieten aufs neue in Zwist miteinander, und als Megakles von seinem eigenen Anhang bitter gekränkt ward, ließ er Peisistratos durch einen Herold fragen, ob er die Herrschaft und dazu seine Tochter zum Weibe nehmen wolle. Peisistratos war dazu bereit und nahm den Vorschlag an.

Um aber seine Rückkehr zu bewerkstelligen, dachten sie sich eine List aus, die, wie ich finde, allergrößte Einfalt beweist. Denn damals lebte das hellenische Volk doch schon geraume Zeit von den Barbaren getrennt und war gewandter und nicht mehr so befangen in törichter Einfalt. Dennoch konnten diese Männer den Athenern, die als den anderen Hellenen an Witz und Klugheit überlegen galten, folgenden Streich spielen:

Im Paianischen Gau lebte ein Weib namens Phye. Sie war so groß, daß ihr an vier Ellen nur drei Fingerbreiten fehlten, und auch sonst wohlgestaltet. Dieses Weib kleideten sie in volle Waffenrüstung, stellten sie auf einen Wagen und fuhren mit ihr in die Stadt. Und Herolde liefen voraus. Die mußten auf dem Weg verkünden: ›Athener, nehmt den Peisistratos willig bei euch auf. Denn Athena ehrt ihn so sehr vor allem Volk, daß sie selbst ihn zurückführt auf ihre eigene Burg.‹

So riefen sie auf allen Straßen unter dem Volk aus. Sogleich lief das Gerücht durch alle Teile des Landes, daß Athena den Peisistratos zurückführe. Und die Leute in der Stadt glaubten alle, das Weib sei die Göttin selbst. Sie beteten die Sterbliche an und ließen Peisistratos in die Akropolis.

So gewann Peisistratos die Alleinherrschaft zurück. Darauf heiratete er des Megakles Tochter, wie er ihm versprochen hatte. Weil er jedoch schon erwachsene Söhne hatte und es zudem hieß, das Haus der Alkmaioniden, zu dem Megakles gehörte, sei mit einem Fluch beladen, wollte er von der jungen Frau keine Kinder haben und verkehrte mit ihr auf unnatürliche Weise. Anfangs verschwieg seine Frau das, später aber vertraute sie sich ihrer Mutter an, die sie deshalb befragt haben mochte oder auch nicht, und diese wiederum sagte es ihrem Mann. Dieser war sehr zornig darüber, daß Peisistratos ihm eine solche Schmach zufügte, und versöhnte sich darauf wieder mit den Aufrührern. Jener aber merkte, was man gegen ihn im Schilde führte, verließ heimlich Athen und begab sich nach Eretria.

Dort hielt er Rat mit seinen Söhnen. Und da Hippias mit seiner Meinung durchdrang, daß sie die Herrschaft wiedergewinnen müßten, begannen sie Beiträge von den Staaten zu sammeln, die ihnen von früher her Dank schuldig waren. Sie erhielten von vielen große Geldsummen, wobei die Thebaner alle durch ihre Geldspenden übertrafen.

Danach verging, um es in Kürze zu sagen, einige Zeit, und inzwischen hatten sie alles zur Rückkehr vorbereitet. Denn auch Krieger aus Argos in der Peloponnes waren zu ihnen als Söldner gestoßen, und ein Mann aus Naxos – Lygdamis war sein Name – stellte Geld und Mannschaften zur Verfügung und erwies sich als voller Eifer.

So brachen sie von Eretria auf und kehrten im elften Jahr nach ihrer Verbannung heim. Der erste Ort, den sie in Attika besetzten, war Marathon. Und während sie dort ihr Lager aufschlugen, kamen ihre Anhänger aus der Stadt zu ihnen heraus, und auch anderes Volk vom Lande strömte hinzu, dem ein Tyrann lieber war als die Freiheit, und all das Volk sammelte sich daselbst.

Aber die Athener in der Stadt hatten sich weder um Peisistratos gekümmert, als er das Geld sammelte, noch auch später, als er Marathon besetzte. Erst als die Nachricht kam, Peisistratos sei von Marathon aufgebrochen und rücke gegen die Stadt an, boten sie endlich alles Volk auf und zogen ihm entgegen. Beim Tempel der Athena Pallenis begegneten sich die Heere und lagerten einander gegenüber.

Dort geschah es, daß ein Seher aus Akarnania, Amphilytos, auf göttliches Geheiß auf Peisistratos zuging und ihm in Hexametern verkündete:

>Ausgeworfen hast du das Netz, schon liegt es im Wasser.
Eilend dringen herzu durch die Mondnacht Scharen der Thune.<

So sprach er, von Gott erleuchtet. Peisistratos begriff des Spruches Sinn, glaubte an die Verheißung und führte sein Heer sofort weiter.

Die Athener hatten gerade ihr Frühstück zu sich genommen. Danach würfelten die einen, die anderen schliefen. Da fiel Peisistratos mit seinem Haufen über sie her und schlug sie in die Flucht. Und damit sie sich nicht wieder sammelten, sondern zerstreut blieben, ließ er seine Söhne die Pferde besteigen und dem Heer vorauseilen. Als sie die Flüchtigen eingeholt hatten, verkündeten sie ihnen im Namen ihres Vaters, sie sollten sich nicht fürchten, sondern heimgehen, ein jeder in sein Haus.

Das taten die Athener auch, und so gewann Peisistratos die Stadt zum dritten Mal.« I, 59–64

Hippokrates, der Vater des Peisistratos, stammte aus dem Athener Geschlecht der Philaiden und zwar ein Verwandter Solons. Chilon, dessen Rat er nicht beachtete, wurde zu den Sieben Weisen Griechenlands gezählt und soll um 560 v. Chr. in Sparta Ephor, Beamter gewesen sein. Trotz Widerspruch des greisen Solon, der sein Lebenswerk gefährdet sah, hielt Peisistratos sich eine Leibwache von 50 Keulenträgern, mit deren Hilfe er sich 560 v. Chr. zum ersten Mal der Akropolis bemächtigte. Solon starb einundachtzigjährig ein Jahr darauf.

Die Geschichte von der falschen Pallas Athene ist wahrscheinlich der Mythologie zuzurechnen. Es ist möglich, daß der Sieg des Peisistratos am Tempel der Athene erfochten wurde und man demnach behauptete, die Göttin selbst habe ihn zurückgeführt.

Wie der Athener Alkmaion sich im Schatzhaus des Kroisos über und über mit Gold belud ...

»Alkmaion – aus der Athener Familie der Alkmaioniden – hatte sich den Boten des Kroisos, die jener nach Delphi zum Orakel sandte, stets als hilfreich erwiesen und ihre Sache eifrig gefördert. Und da die Lydier ihrem König berichteten, welch treffliche Dienste er ihnen geleistet, so lud er ihn eines Tages zu sich nach Sardes ein und versprach, ihm so viel Gold zu schenken, wie er auf einmal an seinem Körper aus der Schatzkammer wegtragen könne.

Alkmaion aber dachte sich eine List aus, um das Geschenk noch um vieles reicher zu machen, als man es für möglich gehalten hatte. Er zog einen weiten Leibrock an, bei dem eine große Falte noch über den Gürtel hing. Und für die Füße besorgte er sich die größten Stiefel, die sich nur auftreiben ließen. So ausstaffiert, ließ er sich den Weg in die Schatzkammer des Königs zeigen. Als man ihn hineinführte, machte er sich zuerst über einen Haufen Goldstaub her. Er stopfte davon so viel in die Stiefel, wie sie nur zu fassen vermochten. Dann füllte er sich die ganze Falte des Leibrockes mit Gold, streute sich davon auch in die Haare seines Kopfes und steckte sich schließlich auch Gold in den Mund.

So beladen tauchte er wieder am Eingang zur Schatzkammer auf, mühsam seine Stiefel nachschleppend, kaum noch einem Menschen ähnlich mit seinem vollgestopften Munde und dem weit vorgewölbten Leib. Kroisos mußte lachen, als er ihn so sah, und ließ ihm nicht nur dies alles, sondern schenkte ihm noch ebensoviel dazu. So kam das Haus zu großem Reichtum, und Alkmaion, der nunmehr anfing, Viergespanne zu halten, siegte damit bei den Wettkämpfen in Olympia.« VI, 125

Kroisos regierte von 560 v. Chr. als letzter König von Lydien aus dem Geschlecht der Mermnaden bis 546 v. Chr., als Sardes vom Perserkönig Kyros erobert und er selbst gefangengenommen wurde.

Der ungeheure Reichtum des Kroisos, den er in seinen Schatzhäusern zu Sardes anhäufte, ist sprichwörtlich geworden. Wohl zu Recht. Denn Herodot beschreibt, daß er selbst unter den kostbaren Geschenken jenes Herrschers in Delphi einen 260 Kilogramm schweren Löwen aus Gold und einen silbernen Mischkrug, der 24 000 Liter faßte, gesehen habe.

Womit Solon die Frage des Kroisos nach dem Glücklichsten auf Erden beantwortete ...

»Nachdem Kroisos die Griechen in Asien unterworfen, mit den Ioniern auf den Inseln ein Freundschaftsbündnis geschlossen und fast alle Volksstämme diesseits des Halys seinem lydischen Reich angegliedert hatte, ward Sardes reich und mächtig. Da kamen alle Gelehrten aus Hellas, und es besuchte bald dieser, bald jener die Stadt.

So kam eines Tages auch Solon aus Athen, der den Athenern auf ihr Geheiß Gesetze gegeben hatte und nun auf zehn Jahre außer Landes umherreiste – angeblich, um sich die Welt anzuschauen, in Wahrheit aber, damit man ihn nicht zwingen konnte, von Gesetzen, die er für die Athener geschrieben hatte, irgendeines wieder aufzuheben. Denn sie selbst durften keine Gesetzesänderungen vornehmen: Mit heiligen Eiden hatten sie geschworen, zehn Jahre nach den Gesetzen zu leben, die ihnen Solon gegeben hatte.

Aus diesem Grunde also und auch aus Neugierde war Solon außer Landes gegangen, hatte in Ägypten Amasis aufgesucht und kam auch nach Sardes zu Kroisos. Der König ließ ihn in seinem Palast gastlich aufnehmen. Am dritten oder vierten Tage mußten ihn die Diener auf des Königs Geheiß durch die Schatzkammern führen und ihm all die Pracht und die Herrlichkeit seiner großen Reichtümer zeigen. Nachdem Solon alles gesehen und betrachtet hatte, fragte ihn Kroisos:

›Lieber Gastfreund aus Athen! Viel hat man uns über dich erzählt, von deiner Weisheit und deinen Reisen, wie du viele Länder aus Schaulust und Wißbegierde besucht hast. Darum möchte ich gerade von dir gern hören, ob du wohl einen Menschen gefunden hast, der der glücklichste auf Erden ist?‹

Kroisos fragte das, weil er selber sich für den glücklichsten Menschen hielt. Aber Solon wollte ihm nicht schmeicheln, sondern sagen, was er für die Wahrheit hielt, und antwortete:

›Ja, König, den Athener Tellos.‹

Über diese Antwort verwunderte sich Kroisos sehr und fragte:
›Und weswegen hältst du Tellos für den Glücklichsten?‹
Solon erwiderte: ›Zum ersten sah Tellos seine Vaterstadt in voller Blüte, besaß edle und brave Söhne und erlebte es, daß ihnen alle Kinder aufwuchsen und gediehen. Zum andern war er nach unseren Begriffen ein begüterter Mann und beschloß sein Leben mit einem ruhmvollen Tode. Denn da es zur Schlacht zwischen Athenern und ihren Nachbarn in Eleusis kam, eilte er herbei, half die Feinde zurückschlagen und starb als Held. Und das athenische Volk bestattete ihn da, wo er gefallen war, und erwies ihm große Ehre.‹
Was Solon an Beispielen vorgebracht hatte, um den Athener Tellos als Glücklichsten zu preisen, reizte den König so sehr, daß er noch eine weitere Frage stellte. Jetzt wollte er wissen, wer denn nach Tellos der Zweitglücklichste sei. Denn er glaubte sicher, wenigstens diesen Platz zugesprochen zu bekommen. Solon aber erklärte:
›Kleobis und Biton. Diese zwei Brüder – sie stammten aus Argos – hatten alles, was sie zum Leben brauchten, waren körperlich sehr stark und wurden beide Sieger in Wettkämpfen. Von ihnen erzählt man folgende Geschichte: Als man in Argos das Fest der Hera feierte, sollte die Mutter der beiden auf einem Zweigespann zum Tempel hinaufgefahren werden. Die Rinder aber waren noch auf dem Felde und kamen nicht rechtzeitig zurück. Da die Zeit drängte, legten die Jünglinge sich selber das Joch auf und zogen den Wagen mit der Mutter bis zum Heiligtum hinauf, fünfundzwanzig Stadien weit. Nachdem sie dies vor den Augen des ganzen versammelten Volkes getan hatten, ward ihnen der schönste Tod zuteil. An ihnen offenbarte die Gottheit, daß der Tod für den Menschen besser ist als das Leben. Denn als die Männer sich um sie versammelten und ihre Stärke rühmten, die Frauen aber ihre Mutter glücklich priesen ob solcher Kinder, da trat die Mutter, hocherfreut über die Tat und über das Lob zugleich, vor das Bild der Hera und betete, die Göttin möge ihren Söhnen Kleobis und Biton das Schönste zuteil werden lassen, was ein Mensch erlangen kann. Nach diesem Gebet opferten die Jünglinge und nahmen am Festmahl teil. Dann legten sie sich im Heiligtum zur Ruhe nieder und wachten nie wieder auf. So endete ihr Leben. Die Leute von Argos aber ließen Statuen von ihnen machen und stellten sie in Delphi auf.‹
Den beiden Brüdern räumte Solon den zweiten Platz in der Glückseligkeit ein. Kroisos aber entrüstete sich und rief:

›O Gastfreund aus Athen, und mein Glück siehst du als so gering
an, daß du mich selbst noch unter diese einfachen Bürger stellst?‹
Solon erwiderte: ›O Kroisos, der, den du nach des Menschen
Glück fragst, weiß, daß das göttliche Walten voller Neid und
Unbeständigkeit ist! Wie vieles muß der Mensch in der langen
Zeit seines Lebens sehen, wie vieles erleiden, was er nicht wünscht!
Auf siebzig Jahre setze ich seines Lebens Dauer. Siebzig Jahre,
das sind fünfundzwanzigtausendundzweihundert Tage, ohne die
Schaltmonate. Und von allen Tagen dieser siebzig Jahre ist keiner
völlig dem anderen gleich, bringt jeder uns ein neues Erlebnis. So
ist des Menschen Leben, Kroisos, nichts als ein Spiel des Zufalls.
Ich sehe wohl deinen großen Reichtum und daß du Herr über viele Völker bist. Aber was du gern von mir hören willst, das kann
ich von dir erst sagen, wenn ich erfahren habe, daß du dein Leben
glücklich beendet hast. Ist doch der Reiche um nichts glückseliger
als einer, der nur das Notdürftigste hat, sofern ihm nicht auch
beschieden ist, seinen Reichtum bis zum Tode in Ruhe genießen zu
können. Viele steinreiche Menschen sind unglücklich, und viele, die
nur wenig besitzen, sind glücklich. Wer nur sehr reich, aber
unglücklich ist, der hat dem Glücklichen nur in zwei Dingen etwas
voraus, dieser aber vieles vor dem Reichen und Unglücklichen.
Der Reiche kann seine Wünsche leichter befriedigen und auch
Schicksalsschläge eher ertragen. Der andere aber hat dafür vor
dem Reichen folgendes voraus: Zwar wird er, eben weil er nicht
reich ist, es mit seinen Schicksalsschlägen und Wünschen nicht so
leicht haben wie jener. Aber sein Glück, sein guter Stern hält sie
auch von ihm fern. Er hat seine gesunden Glieder, ist von Krankheit verschont und ohne Leid, glücklich mit seinen Kindern und
selbst wohlgestaltet. Und wenn er dann auch noch einen schönen
Tod hat, dann ist er eben derjenige, nach dem du fragst und suchst
– ein Mensch, der es verdient, glücklich gepriesen zu werden. Aber
solange jemand noch nicht gestorben ist, halte mit deinem Urteil
zurück.
Daß bei einem Menschen aber alles, was zur Glückseligkeit gehört,
zusammentrifft, ist unmöglich. Auch ein Land besitzt nicht alles,
was es braucht. Mag es das eine haben, so wird es das andere ent-
behren. Und das beste Land ist jenes, das am meisten besitzt.
Ebenso verhält es sich beim Menschen: Das eine Gut mag er
haben, ein anderes hingegen fehlt ihm. Wer aber die meisten
Güter hat bis zu seinem Ende und sein Leben auch frohen Herzens
beschließt, der allein, o König, verdient es, ein Glücklicher
genannt zu werden. Schau überall auf das Ende und den Ausgang.

Schon vielen hat Gott mit dem vollen Glück gewinkt und sie dann doch ins tiefste Elend gestürzt ...‹

Aber der König fand wohl keinen Gefallen an dieser Rede. Er entließ Solon, ohne ihn noch eines weiteren Wortes zu würdigen. Kroisos hielt ihn für einen großen Toren, weil er das gegenwärtige Glück nicht gelten ließ, sondern bei allen Dingen stets auf das Ende hinwies.« I, 28–32

Eine der berühmtesten Erzählungen des Altertums, die noch heute in den Lesebüchern steht. Und doch kein historisches Ereignis: Den vielzitierten Ausspruch: nemo ante mortem beatus – niemand ist vor seinem Tode glücklich –, wie Ovid es später lateinisch formulierte, kann Kroisos unmöglich von Solon vernommen haben, noch haben die beiden sich überhaupt je getroffen. Das ganze Zwiegespräch fand nie statt. Der Grund?

Solon erließ seine Gesetze, mit denen er Athen die erste demokratische Verfassung gab, bereits 594 v. Chr. Seine zehnjährige Weltreise, die er ohne Zweifel unternahm, da er sie selbst in seinen Gedichten erwähnt, lag also zwischen den Jahren 594 bis 584 v. Chr. Sowohl Kroisos aber als auch Amasis, den Solon in Ägypten aufgesucht haben soll, traten ihre Regierung erst viel später an: Kroisos 560 v. Chr.; Amasis 569 v. Chr. Der nüchternen Chronologie zufolge muß Solon um dieselbe Zeit etwa bereits für immer die Augen geschlossen haben, da Kroisos den lydischen Thron bestieg.

Von der unverfrorensten Antwort, die je ein ägyptischer König erhielt ...

»Psammis hatte nur sechs Jahre über Ägypten regiert, als er nach einem Kriegszug gegen Aithiopien starb. Ihm folgte sein Sohn Apries. Der war nach seinem Großvater Psammetichos der glücklichste von allen Königen vor ihm. Er regierte an die fünfundzwanzig Jahre, in denen er mit Heeresmacht gegen Sidon zog und zur See gegen Tyros kämpfte.

Dennoch sollte ihm ein schlimmes Ende beschieden sein. Er kam zu Fall durch ein Ereignis, das hier nur kurz angedeutet sei. Apries hatte ein starkes Heer gegen Kyrene gesandt und dabei eine schwere Niederlage erlitten. Die Ägypter legten ihm das zur Last und fielen von ihm ab. Denn sie glaubten, Apries hätte sie absichtlich ins offenkundige Verderben geschickt, damit sie umkämen und er um so sicherer über die übrigen Ägypter herrschen könne. Erbittert darüber, rebellierten sowohl diejenigen, welche aus dem Feldzug zurückgekommen waren, als auch die Freunde der Umgekommenen.

Als Apries dies hörte, schickte er den Amasis zu ihnen. Der sollte sie beschwichtigen. Amasis tat, wie ihm befohlen. Während er jedoch zu den Anführern sprach, trat einer der Ägypter hinter ihn und setzte ihm einen Helm auf – als ein Zeichen der Königswürde, wie er sagte. Daß dies dem Amasis nicht unlieb war, ließ er gleich darauf erkennen. Denn kaum hatten ihn die Aufrührer zu ihrem König gemacht, da begann er, zu einem Kriegszug gegen Apries zu rüsten.

Apries erfuhr davon und schickte einen seiner Diener, einen angesehenen Mann namens Patarbemis, und gebot ihm, den Amasis lebendig zu ihm zu bringen. Patarbemis kam zu den Aufrührern und forderte den Amasis auf, mit ihm zum König zu kommen.

Amasis aber, der gerade zu Pferde saß, hob als Antwort nur einen Schenkel im Sattel, ließ einen Wind streichen und sagte, den möge er dem Apries bringen.« II, 161.162

Eine deutliche, unmißverständliche Antwort. Ein Benehmen aber auch, das wenig hofgerecht erscheint, doch es entsprach der Natur des Amasis. Auch später, als er auf Ägyptens Thron saß, setzte er sich gern über das Zeremoniell hinweg, liebte Zechgelage und derbe, volkstümliche Scherze.

Historisch steht fest: Apries, der Hophra der Bibel, regierte seit 588 v. Chr. und brachte Ägypten zu großem Wohlstand, bis er Schwierigkeiten mit den Militärs bekam. Seine Söldnertruppen rebellierten und schließlich auch die rein ägyptischen Einheiten, die bei einem Angriff auf die starke griechische Kolonie Kyrene eine vernichtende Niederlage erlitten hatten.

Amasis – ägyptisch Ah-mose II. – wurde in der Tat von diesen Aufständischen, die er auf Geheiß des Apries zur Raison bringen sollte, zum Pharao ausgerufen. Zwei Jahre teilte er den Thron mit Apries und übernahm 568 v. Chr. die Alleinherrschaft.

Warum Pharao Amasis aus einem goldenen Fußbecken ein Götterbild gießen ließ ...

»Nachdem Pharao Apries beseitigt war« – er wurde vom Volk erdrosselt –, »kam Ägypten an Amasis. Anfänglich verachteten ihn die Ägypter und erwiesen ihm wenig Ehrfurcht, weil er aus dem Volke kam, zuvor ein einfacher Mann gewesen war und aus keinem angesehenen Hause stammte. Später aber verstand er es, sie auf eine kluge, gar nicht ungeschickte Art für sich zu gewinnen. Unter den zahllosen Kleinodien, die er besaß, befand sich auch ein goldenes Fußbecken, in dem Amasis selbst und seine Tischgenossen jeweils beim Mahle sich die Füße zu waschen pflegten. Dieses Becken ließ er in Stücke zerschlagen, einschmelzen und daraus ein Götterbild fertigen, das er in der Stadt an einem passenden Ort aufstellte. Und alles Volk ging hin zu dem Bild und betete es an. Als Amasis erfuhr, wieviel Ehrfurcht die Leute dem Götterbild erwiesen, rief er sie zusammen und erklärte ihnen, daß es aus dem Fußbecken gemacht worden sei, in das sie gespien und ihren Harn gelassen und das sie zum Füßewaschen benutzt hatten. Jetzt aber verehrten sie es auf einmal sehr! Danach fuhr er fort: Ähnlich wie dem Fußbecken sei es auch ihm ergangen. Denn früher sei er nur einer aus dem Volke gewesen, heute aber sei er ihr König. So sollten sie auch ihm Ehre erweisen und Achtung entgegenbringen. Auf diese Weise gewann Amasis die Ägypter für sich und brachte sie dazu, ihm willig zu dienen.« II, 172

Amasis war keineswegs so geringer Herkunft, wie man laut Herodot glauben könnte, sondern Offizier und möglicherweise sogar ein Verwandter des Königshauses. Deshalb auch betraute Apries ihn mit der Beschwichtigung des Soldatenaufstandes. Indes waren sein Witz und Humor und seine außergewöhnliche Klugheit in aller Munde, und die griechischen Kolonisten im Lande, denen er sehr freundlich gesinnt war, wußten vieles darüber zu berichten. Die obige Geschichte, die wir auch bei Aristoteles finden, mag eine davon sein, ebenso jene, nach der er statt einer Antwort »einen streichen läßt«. Die Charakterisierung des Amasis, wie Herodots Erzählungen sie vermitteln, bestätigen auch ägyptische Quellen. Er regierte von 569 bis 526 v. Chr.

Wie Pharao Amasis den Perserkönig Kambyses hinterging und es darüber zum Kriegszug gegen Ägypten kam ...

Kambyses II., Sohn des Kyros, bestieg nach dem Tode seines Vaters 529 v. Chr. den persischen Thron. Vier Jahre später unternahm er einen Kriegszug nach Ägypten und unterwarf das Land. Über die Gründe, wie es dazu gekommen sei, hat man Herodot folgendes erzählt: »Gegen Pharao Amasis zog Kambyses, der Sohn des Kyros, ins Feld und führte in seinem Heereszug neben anderen Völkern, die ihm untertan waren, auch Hellenen, nämlich

Ionier und Aioler, mit sich. Der Grund des Kriegszuges war dieser:

Kambyses hatte einen Gesandten nach Ägypten geschickt und Amasis um seine Tochter gebeten. Es geschah dies auf den Rat eines Ägypters, der Amasis haßte, weil er gerade ihn unter allen ägyptischen Ärzten in persische Dienste gegeben und damit von Weib und Kind getrennt hatte. Der Perserkönig Kyros hatte sich damals von Amasis den besten Augenarzt Ägyptens erbeten. Um sich für die Verschickung nach Persien zu rächen, überredete der Ägypter den Kambyses, er solle um die Tochter des Amasis werben. Seine Überlegung dabei war: Gebe Amasis sie her, so würde er darüber sehr betrübt sein. Gebe er sie aber nicht her, dann würde er dadurch Kambyses kränken und sich zum Feinde machen.

Der Arzt erreichte genau das, was er bezweckt hatte. Amasis, der die Macht der Perser ebenso haßte wie fürchtete, schwankte hin und her, ob er die Werbung annehmen oder zurückweisen solle. Dabei wußte er zudem recht wohl, daß Kambyses seine Tochter nicht etwa als Gemahlin, sondern nur als Nebenfrau halten würde. Nach langem Überlegen verfiel er auf einen Ausweg.

Es lebte noch eine Tochter des früheren Pharaos Apries, ein sehr stattliches und hübsches Mädchen namens Nitetis, das allein von dessen Hause am Leben geblieben war. Diese schmückte er mit reichen Gewändern und Goldgeschmeiden und entsandte sie ins Perserland als seine eigene Tochter. Als aber Kambyses sie bei sich willkommen hieß und als Tochter des Amasis begrüßte, sprach das Mädchen zu ihm: ›König! Du weißt nicht, daß Amasis dich hintergangen hat. Denn ich, die er geschmückt als sein eigenes Kind zu dir geschickt hat, bin in Wahrheit die Tochter des Pharaos Apries, der einst sein Gebieter gewesen ist und den er in einem Aufruhr mit Hilfe der Ägypter erwürgt hat.‹

Diese Worte und diese Schuld, die Amasis auf sich geladen hatte, waren es, die den Zorn des Kambyses entflammten und ihn zum Kriegszug gegen Ägypten trieben. So jedenfalls erzählten es die Perser.« III, 1

Die Perser hatten sich eine hübsche Geschichte zurechtgelegt, die sie dem Herodot verpaßten, um ihrem Feldzug ein moralisches Mäntelchen umzuhängen. Die falsche Braut-Sendung wäre – falls sie wirklich je stattgefunden hat – in der Tat ein Affront gewesen. Zumal es sich, wie wir heute nachrechnen können, bei Nitetis

Immer, wenn dem Volk der Pedaser ein Unheil droht, wächst der Priesterin der Athene ein langer Bart (s. S. 64).

bereits um eine bejahrte Vierzigerin gehandelt haben muß. Der wahre Grund war ein ganz anderer: Der Kriegszug des Kambyses II. entsprang einer politischen Notwendigkeit und war bereits von seinem Vater geplant worden. Viele griechische Städte in Kleinasien nämlich wehrten sich hartnäckig gegen die persische Oberhoheit, und wie jene hielten es auch die phönizischen Seefesten eng mit den Ägyptern. Um diese Unruheherde zu tilgen und einer gefährlichen Koalition zuvorzukommen, mußte das Nilland dem persischen Reich einverleibt werden.

Was stimmt: Die medizinische Wissenschaft war – Urkunden beweisen es – in Ägypten hoch entwickelt. Ärzte und vor allem Spezialisten aus dem Nilland waren bei allen Völkern des Alten Orient hoch angesehen und bei Krankheitsfällen sehr begehrt. Besonderen Ruf genoß die ägyptische Augenheilkunde. Sie verfügte über große Erfahrungen, da im Lande selbst viele Augenleiden grassierten. Auch die uns geläufigen Erkrankungen, vom Gerstenkorn bis zum grauen und grünen Star, waren bereits bekannt, und die damaligen Behandlungsmethoden ähneln Rezepturen und Therapien von heute.

Wie Dareios mit Hilfe seines Stallmeisters durch das Wiehern seines Hengstes König der Perser ward . . .

»Die sechs Männer« – alles Söhne aus den vornehmsten persischen Familien, unter ihnen Dareios – »setzten sich zusammen, um zu beraten, wie man den neuen König am gerechtesten wählen könne. Sie beschlossen, so vorzugehen: Sie wollten zusammen vor das Stadttor reiten. Wessen Roß beim Aufgang der Sonne dann zuerst wieherte, der solle König werden.
Dareios hatte einen schlauen Mann als Stallmeister. Oibares war sein Name. Zu diesem sagte er, nachdem sie auseinandergegangen waren:
›Oibares! Wir haben über die Königswahl folgendes vereinbart: Wessen Pferd bei Sonnenaufgang zuerst wiehert, der soll sie haben. Wenn du einen klugen Rat weißt, so laß mich wissen, was zu tun ist, damit ich den Thron gewinne und kein anderer.‹
Oibares antwortete: ›Herr! Wenn es nur davon abhängen soll, ob du König werden wirst oder nicht, so sei getrost und guten Muts. Dann wird kein anderer als du König werden. Ich weiß schon, wie ich das anstelle.‹
Dareios sagte: ›Weißt du wirklich ein solches Mittel, dann spute

dich und verliere keine Zeit, um alles vorzubereiten. Denn morgen früh bereits wird die Entscheidung ausgetragen.‹

Daraufhin machte Oibares folgendes: Als die Nacht kam, nahm er unter den Stuten jene, die dem Hengst des Dareios am liebsten war, führte sie hinaus aus der Stadt und band sie vor dem Tor an. Dann holte er auch den Hengst herbei, führte ihn mehrmals um die Stute herum, so nahe, daß er sie berührte. Zuletzt ließ er ihn die Stute besteigen.

Als der Morgen dämmerte, erschienen die sechs, wie verabredet, auf ihren Pferden und ritten vor die Stadt. Sobald sie jedoch am Tor an die Stelle kamen, wo in der Nacht zuvor die Stute angebunden gewesen war, da stieg der Hengst des Dareios und wieherte. Und im gleichen Augenblick fuhr ein Blitz aus heiterem Himmel, und man vernahm einen Donnerschlag. Das Zusammentreffen dieser Zeichen war wie eine göttliche Bestätigung der Wahl des Dareios. Die anderen sprangen von ihren Rossen, verbeugten sich vor ihm und huldigten ihm als neuem König.

So lautet ein Bericht über die List des Stallmeisters Oibares. Es gibt aber auch noch einen anderen. Die Perser erzählen den Hergang nämlich auf zweierlei Art. Danach soll Oibares seine Hand in das Geschlechtsteil jener Stute gesteckt und dann in seiner Hose verborgen gehalten haben. Als aber mit Aufgang der Sonne der Ritt beginnen sollte, zog er die Hand hervor und hielt sie dem Hengst des Dareios vor die Nüstern. Als dieser seine Lieblingsstute roch, begann er zu schnauben und zu wiehern.

So wurde denn Dareios, der Sohn des Hystapes, zum König ausgerufen. Mit Ausnahme der Araber gebot er über sämtliche Völker Asiens, die zuerst Kyros und später Kambyses nochmals unterworfen hatten. Seine Macht war voll gefestigt, und er ließ eine steinerne Bildtafel aufstellen. Darauf sah man einen Mann zu Pferde und eine Inschrift, die lautete:

›Dareios, Hystapes' Sohn, hat sich zum König der Perser gemacht mit Hilfe seines Rosses und des Oibares, seines Stallmeisters.‹« III, 84–88

Jene Tafelinschrift wurde bis heute nicht gefunden. Dennoch hat die Erzählung, so absurd-komisch sie auch anmuten mag, einen historisch durchaus realen und ernsten Hintergrund. Sie besagt: Dareios wurde durch ein Gottesurteil zum König bestimmt. Bei den Indoariern war es Sitte, auf diese Weise immer dann einen neuen Herrscher auswählen zu lassen, wenn – was auch bei Dareios zutraf – der Inthronisierung ein Interregnum vorangegangen war.

Aber auch sonst, im Detail, enthält, was Herodot überliefert, ein echtes Kolorit. Denn den Persern war als Anbetern der Sonne deren Aufgang heilig wie auch das Pferd, durch dessen Wiehern der Sonnengott Mithras sich zu äußern pflegte. Blitz und Donner, die die Königswahl bestätigt haben sollen, waren zudem die Omina des höchsten Gottes Ahuramazda.

Der Trick, mit dem Oibares – dieser Name taucht übrigens als Ratgeber Kyros' des Großen tatsächlich in dessen Annalen auf – dem Dareios zur Wahl verholfen haben soll, wurde später noch von zwei anderen Autoren der Antike erzählt. Der griechische Historiker Ktesias, der um 395 v. Chr. eine auf den Aussagen persischer Autoritäten beruhende Geschichte Assyriens und Persiens schrieb, erwähnt ihn ebenso wie der Römer Justinus im 2. Jahrhundert n. Chr.

Wie sich Dareios von dem Grabspruch der babylonischen Königin Nitokris täuschen ließ . . .

»Die Königin Nitokris von Babylon täuschte auf kluge Weise die Nachwelt folgendermaßen: Sie ließ ihr Grabmal über dem belebtesten Tor der Stadt errichten und darin die nachstehenden Worte einmeißeln:

›Wenn einer der Könige von Babylon, die nach mir kommen, in großer Geldnot ist, so möge er mein Grab öffnen und herausnehmen, soviel er mag. Ist er aber nicht in Not, so lasse er es ja unberührt und öffne es aus keinem anderen Grunde.‹

So blieb das Grab ungeöffnet, bis das babylonische Reich an Dareios kam. Dareios empfand es als unangebracht, daß dieses Tor für niemanden von Nutzen sei und er die Schätze, die darin lägen – denn die Grabinschrift spielte doch auf sie an –, unberührt lassen sollte. Er wollte nämlich nicht durch das Tor ziehen, weil er unter der Leiche hätte hindurchgehen müssen. So ließ er das Grab öffnen. Aber er fand keine Schätze, sondern nur den Leichnam und folgende Inschrift:

›Wären deine Geldgier und dein Geiz nicht unersättlich, würdest du keine Gräber öffnen.‹ . . .« I, 187

Wer jene Nitokris war? Wahrscheinlich eine ägyptische Prinzessin, haben moderne Historiker herausgetüftelt, die einen König von Babylon geehelicht hatte. Darauf jedenfalls deutet ihr Name. Denn auch eine ägyptische Königin der 6. Dynastie und eine Tochter des Pharaos Psammetich I. hießen Nitokris. Und da

Herodot ihr außer jener Grabinschrift auch noch Bauwerke zuschreibt, die von Nebukadnezar II. – 605 bis 562 v. Chr. – stammen, war sie – möglicherweise – sogar eine Gemahlin dieses babylonischen Herrschers. Wer weiß!

Wie Demaratos durch den unbedachten Ausruf seines Vaters Ariston die Königswürde in Sparta verlor . . .

»Während Kleomenes«, der Spartagerkönig, »auf Aigina weilte und etwas Gutes für ganz Hellas zu erreichen suchte, ward er von Demaratos«, seinem Mitkönig, »Aristons Sohn, aus Neid und Mißgunst verleumdet. Darum trachtete Kleomenes, nachdem er aus Aigina zurückgekehrt war, danach, den Demaratos aus dem Königsamt zu entfernen, indem er ihn wegen folgender Geschichte angriff:

Ariston, vormals König von Sparta, hatte zweimal gefreit, aber keine Kinder bekommen. Da er die Schuld daran nicht bei sich selber sah, so heiratete er zum dritten Mal. Diese dritte Hochzeit war so zustande gekommen:

Er hatte in Sparta einen Freund, mit dem er so vertraulich umging wie mit keinem anderen Bürger. Die Frau dieses Mannes war die allerschönste in Sparta. Dabei war sie es erst geworden, nachdem sie zunächst sehr häßlich ausgesehen hatte.

Ihre Amme nämlich hatte sich, weil das Mädchen reicher Leute Kind und doch so mißgestaltet war und weil sie zudem bemerkte, wie betrübt die Eltern über dessen Häßlichkeit waren, folgendes ausgedacht: Sie trug das Kind Tag für Tag in das Heiligtum der Helena, wo sie es dann vor das Bildnis legte und die Göttin anflehte, das Kind von seiner Häßlichkeit zu befreien. Eines Tages soll der Amme beim Verlassen des Tempels eine Frau erschienen sein und sie gefragt haben, was sie da im Arme trage. Da sie erwiderte, es sei ein Kind, verlangte die Frau es zu sehen. Die Amme aber weigerte sich, weil ihr die Eltern verboten hatten, es irgend jemandem zu zeigen. Da jene aber dennoch das Kind durchaus sehen wollte und die Amme erkannte, wie sehr der Frau daran gelegen war, so gab sie schließlich nach und zeigte es. Da strich die Frau dem Kind mit der Hand über den Kopf und sagte, es werde dereinst die schönste Frau in ganz Sparta werden. Und von dem Tage an änderte sich sein Aussehen. Als aber die Zeit kam und das Mädchen mannbar wurde, da gewann es Agetos, Alkeides' Sohn, eben jener Freund des Ariston, zum Weibe.

Da Ariston so in Liebe zu dieser Frau entbrannt war, daß er sie unbedingt besitzen wollte, ersann er eine List: Er versprach dem Freunde, dem die Frau gehörte, er würde ihm von all seinem Besitz das, was jener sich aussuchen wolle, zum Geschenk machen. Dafür verlangte er das gleiche von dem Freunde. Jener, ohne alle Sorge um seine Frau, weil ja Ariston selbst verheiratet war, nahm den Vorschlag an, und beide schwuren darauf einen Eid. Da gab Ariston dem Agetos irgendein kostbares Stück, das jener sich aus seinen Schätzen gewählt hatte. Und als die Wahl dann an ihm war, da verlangte Ariston des Freundes Frau. Der wendete zwar ein, er habe ihm alles andere, nur nicht dies eine zugesagt. Da er jedoch durch den Eid gebunden war und sich überlistet sah, mußte er sie dennoch hergeben.

So führte Ariston, nachdem er sich von seiner zweiten Frau geschieden hatte, die dritte Frau heim. Sie brachte noch vor der Zeit – die zehn Monate waren noch nicht um – einen Sohn zur Welt, eben jenen Demaratos. Ariston saß gerade mit den Ephoren zu Rat, als ein Diener ihm die Nachricht brachte, ihm sei ein Sohn geboren. Ariston zählte an den Fingern die Monate ab, die vergangen waren, seit er die Frau geheiratet hatte, und rief: ›Der ist nicht von mir!‹ Das hörten die Ephoren zwar, beachteten es aber im Augenblick nicht.

Als der Knabe heranwuchs, bereute Ariston jenes Wort, denn er glaubte nun ganz fest, daß Demaratos von ihm stammte. Den Namen Demaratos – ›vom Volk erbeten‹ – legte er ihm bei, weil das ganze spartanische Volk dem Ariston einen Sohn gewünscht hatte.

Nach einiger Zeit starb Ariston, und Demaratos wurde König. Das Schicksal wollte es aber, daß jene Geschichte ruchbar wurde und den Demaratos um den Thron bringen sollte.

Als Kleomenes beschlossen hatte, sich an Demaratos zu rächen, einigte er sich mit Leutychides, dem Sohne des Menares und Enkel des Agis, der demselben Hause angehörte wie Demaratos. Sie verabredeten: Wenn Kleomenes ihn anstelle des Demaratos zum König einsetze, werde er mit ihm zusammen gegen Aigina ziehen. Dieser Leutychides haßte nämlich Demaratos wie keinen anderen, und zwar aus folgendem Grunde:

Er hatte sich mit Perkalos, der Tochter Chilons, verlobt. Aber Demaratos war ihm arglistig zuvorgekommen, hatte die Perkalos entführt und gefreit und ihn so um seine Braut betrogen. Daraus war die Feindschaft entsprungen. Jetzt erhob Leutychides auf Betreiben des Kleomenes eine eidliche Klage gegen Demaratos. Er behauptete, daß Demaratos gar kein Sohn des Ariston sei und daher widerrechtlich über Sparta regiere. Zum Beweis dieser Klage erinnerte er an jene Worte, die Ariston sprach, als ihm der Diener die Geburt eines Knaben gemeldet hatte – wie er die Monate berechnet und daraufhin beteuert hatte, es sei nicht sein Sohn. Auf diesen Satz fußte Leutychides und berief sich dabei auf das Zeugnis jener Ephoren, die damals neben Ariston gesessen und seine Worte gehört hatten.

Als es darüber zum Streit kam, beschlossen die Spartiaten, das Orakel in Delphi zu befragen, ob Demaratos ein Sohn des Ariston sei. Nachdem die Angelegenheit auf Veranlassung des Kleomenes vor die Pythia gebracht worden war, schaffte dieser es, Kobon den Sohn des Aristophantos, auf seine Seite zu bringen, einen Mann, der in Delphi den größten Einfluß hatte. Kobon überredete Perialla, die Priesterin am Orakel, so zu antworten, wie es Kleomenes wünschte. Als nun die Boten kamen und ihre Frage stellten, gab die Pythia den Bescheid, Demaratos sei nicht Aristons Sohn. Später jedoch kam dieser Betrug an den Tag; Kobon mußte aus Delphi fliehen, und Perialla, die Priesterin, wurde ihres Amtes enthoben.

So ging Demaratos seiner Königswürde verlustig. Daß er aber aus Sparta zu den Medern entwich, geschah einer Beschimpfung wegen, die er hinnehmen mußte.

Nach seiner Absetzung war er in ein anderes Amt gewählt worden. Da geschah es, als das Fest der Wettspiele gefeiert wurde und auch Demaratos zuschaute, daß Leutychides, der bereits seine Stelle als König einnahm, einen Diener zu ihm schickte und ihn zum Spott fragen ließ, wie es ihm denn gefalle, statt König nun Beamter zu sein. Gekränkt über diese Frage, antwortete jener, er habe Erfahrung in beidem, Leutychides aber nicht. Aus dieser Frage jedoch werde über die Lakedaimonier eine Flut von Ereignissen – seien es unglückliche oder glückliche – hereinbrechen. Sprach's, verhüllte sein Haupt und verließ den Festplatz. Zu Hause opferte er dem Zeus ein Rind. Dann ließ er seine Mutter rufen, legte ihr Teile von den Eingeweiden in die Hände und sprach:

›Mutter, ich flehe dich an und beschwöre dich bei Zeus: Bitte, sage mir aufrichtig, wer ist wirklich mein Vater? Leutychides hat bei unserem Streit behauptet, du seist damals, da du zu Ariston kamst, schon von deinem ersten Manne schwanger gewesen. Andere, die noch törichter reden, sagen, du hättest mit einem der Knechte, mit dem Eselstreiber, verkehrt, und dieser sei mein Vater. Darum bitte ich dich bei den Göttern: Sage mir die Wahrheit. Hast du getan, was man erzählt, so bist du nicht die einzige. Schon viele Frauen haben so etwas getan. Auch erzählt man sich in Sparta das Gerücht, Ariston habe keinen zeugenden Samen besessen, denn sonst hätten ihm auch wohl schon seine beiden ersten Frauen Kinder geboren.‹

So sprach er, und die Mutter antwortete:

›Lieber Sohn! Da du mit Bitten mich drängst, so sollst du die ganze Wahrheit erfahren. Es war die dritte Nacht, nachdem mich Ariston in sein Haus geführt hatte, da erschien mir ein Mann, der Ariston glich. Er schlief bei mir und legte mir hernach die Kränze ums Haupt, die er mitgebracht. Und als er fortgegangen war, kam Ariston, sah mich bekränzt und fragte, wer mir die Kränze gegeben habe. Ich antwortete: du selber. Und da er es leugnete, beschwor ich es mit einem Eide und sagte, es sei nicht recht von ihm, es nicht wahrhaben zu wollen. Denn er sei erst vor einer kleinen Weile zu mir gekommen. Als Ariston meinen Schwur vernahm, da merkte er, daß sich bei der Sache etwas Wundersames zugetragen hatte. Auch zeigte es sich, daß die Kränze aus dem Heiligtum des Heros Astrabakos stammten. Zudem erklärten schließlich auch die Wahrsager, dieser Heros sei es gewesen.

Nun weißt du alles, mein Sohn, was du zu wissen begehrt hast. Entweder du bist von diesem Heros gezeugt, und Astrabakos ist dein Vater, oder aber Ariston ist es. Denn in jener Nacht habe ich dich empfangen. Womit aber deine Feinde dich am meisten belasten, wenn sie sagen, Ariston selbst habe, als ihm deine Geburt gemeldet wurde, vor vielen Zeugen erklärt, du seist nicht sein Sohn, weil die Zeit noch nicht vorüber gewesen, so wisse, daß Ariston jene Worte aus Unkenntnis gesprochen hat. Denn Frauen gebären sowohl nach neun als auch nach sieben Monaten, und nicht alle vollenden zehn Monate. Ich aber habe dich nach dem siebenten geboren. Auch hat Ariston selber nicht lange danach zugegeben, daß er das Wort nur aus Unbedacht hingeworfen hatte. Was die Leute sonst noch von deiner Abkunft erzählen, brauchst du nicht zu glauben, denn du weißt jetzt die volle und ganze Wahrheit. Und im übrigen mögen die Weiber des Leutychides und der anderen, die solchen Unsinn schwatzen, sich ihre Kinder von Eselstreibern holen.‹

So sprach die Mutter. Demaratos aber, nachdem er erfahren, was er hatte wissen wollen, machte sich reisefertig und wanderte nach Elis, gab jedoch vor, nach Delphi gehen und das Orakel befragen zu wollen. Die Lakedaimonier indes, die ihn im Verdacht hatten, daß er fliehen wolle, setzten ihm nach. Und da er mittlerweile schon von Elis nach der Insel Zakynthos übergesetzt war, so folgten sie ihm auf die Insel und nahmen ihm seine Diener weg. Ihn selbst aber lieferten die Zakynthier nicht aus, und so fuhr er nach Asien hinüber zu König Dareios. Der nahm ihn mit großen Ehren auf und gab ihm Land und Städte. Auf solche Art und nach solchen Schicksalen gelangte Demaratos nach Asien, nachdem er sich zuvor in Sparta mit Taten und Worten vielfachen Ruhm erworben und einmal als einziger König von Sparta einen olympischen Sieg mit einem Vierergespann gewonnen hatte.« VI, 61–70

Kleomenes, König von Sparta, hatte allen Grund, sich seines Mitkönigs Demaratos entledigen zu wollen: Dieser hatte die Außenpolitik des Kleomenes hintertrieben und sich 507 v. Chr. dem Angriff auf Athen widersetzt.

Nach seiner Absetzung war Demaratos wahrscheinlich Ephor in Sparta, d. h. er gehörte der jährlich gewählten Aufsichtsbehörde an, die aus fünf Mitgliedern bestand. In dieser Funktion hat er auch an den Gymnopaidien teilgenommen, dem großen spartanischen Fest, das alljährlich im Hochsommer gefeiert wurde. Seinen Namen erhielt es nach den Umzügen nackter Knaben, Jünglinge und Männer, die sich zudem in Gesängen, Waffentänzen, gymnastischen Aufführungen und Wettkämpfen maßen.

Der Brautraub, den Demaratos beging, galt als alte spartanische Sitte. Von seiner Mutter verlangte er eine eidliche Aussage darüber, wer sein Vater und Erzeuger war. Daher die feierliche Opferzeremonie. In der Rechtfertigung der Mutter spielt der Kranz eine große Rolle, den sie in der Hochzeitsnacht gleich zweimal bekommen haben will. Ein vom Ehemann der jungvermählten Frau überreichter Kranz bedeutete den Vollzug der Ehe.

Demaratos ging 491 v. Chr. nach Persien und gewann am Hof des Königs Dareios großen Einfluß. 480 v. Chr. begleitete er Xerxes auf seinem Zug nach Griechenland. Er war dessen Freund und Ratgeber.

Kleomenes verfiel zuletzt dem Wahnsinn und tötete sich auf gräßliche Weise. Ihm folgte sein Bruder Leonidas I., der Held von Thermopylai.

Herodot blendet weit zurück in die Vergangenheit, bevor er zu seinem Hauptthema, den Perserkriegen, kommt. Denn man »soll erfahren, warum« die Griechen und die Barbaren »gegeneinander zum Kriege schritten«.

So rekapituliert er alles, was den Zwist ursprünglich ausgelöst haben mag, und geht sogar auf die legendären ersten gegenseitigen Frauenentführungen zwischen Europa und Asien ein – den Raub der Io wie der Europa, der Medea und der Helena.

Indes nicht sie gaben den Ausschlag. Für Herodot war Kroisos von Lydien der erste Barbarenkönig, der die Feindseligkeiten begann: Er unterwarf die Griechenstädte Kleinasiens. Und als Lydien selbst eines Tages durch König Kyros eingenommen wurde, begann die lange Reihe kriegerischer Eroberungen fremder Reiche und Völker, die zur Schaffung des persischen Großreiches führten. Erst nach den Feldzügen gegen Babylonien und Phönizien, gegen Ägypten sowie die Thraker und Skythen – auf dem Höhepunkt weltweiter Macht – kommt es zum Angriff auf Hellas.

Unmöglich, Herodot den Vorwurf der Einseitigkeit und Parteilichkeit zu machen. Um echte Erforschung des Geschehens bemüht, trug er auf seinen Reisen alle nur erreichbaren Informationen zusammen – aus Hellas wie dem Vorderen Orient –, ja besuchte selbst Schlachtfelder und Gefallenenfriedhöfe. Und er scheute sich nicht, alles festzuhalten, was er erkunden konnte. Ohne Bedenken enthüllte er, was seinen eigenen Landsleuten durchaus nicht zum Ruhme gereicht – berichtet von Scheingräbern, die sie errichtet, wo sie gar nicht gekämpft haben, von ihrer Korruption und Bestechlichkeit, von Betrugsmanövern, ja sogar von der Feigheit und dem Hochverrat griechischer Feldherrn und Staatsmänner.

Wie Mäuse den Angriff des assyrischen Königs Sanherib auf Ägypten zunichte machten ...

702 v. Chr. zog der Assyrerkönig Sanherib von Mesopotamien mit Heeresmacht gen Westen. Der Plan war, einige rebellisch gewordene Kleinstaaten, darunter Juda, zu züchtigen und dann Ägypten zu erobern. Zu letzterem kam es aber nicht mehr. Und das hatte seinen besonderen Grund:

»Nach Anysis regierte als König ein Priester des Hephaistos namens Sethos. Dieser mißachtete die ägyptischen Krieger, als würde er sie niemals brauchen. Nicht nur, daß er ihnen mancherlei Kränkungen zufügte, nahm er ihnen auch noch das Land weg, das ihnen frühere Könige zugewiesen hatten, jedem Krieger zwölf Morgen. Als nun zu jener Zeit Sanacharibos, König der Araber und der Assyrer, mit einem großen Heer gegen Ägypten zog, da weigerten sich die Krieger, dem Sethos Beistand zu leisten. In seiner Verzweiflung darüber ging der Priester in den Tempel und klagte dem Götterbild, in welch furchtbarer Lage er sei. Während er noch wehklagte, überkam ihn der Schlaf, und es träumte ihm, daß die Gottheit zu ihm trat und ihm Mut zusprach. Er sollte ohne Furcht dem Heer der Araber entgegenziehen – es werde ihm nichts Schlimmes widerfahren. Er selbst, der Gott, werde ihm Helfer schicken.

Der Priester vertraute auf dies Traumgesicht, sammelte um sich alle Ägypter, die gewillt waren, ihm zu folgen, und lagerte sich bei Pelusion. Dort nämlich ist das Einfallstor nach Ägypten. Von den Kriegern war ihm nicht ein einziger gefolgt, sondern nur Krämer, Handwerker und Marktleute.

Als jedoch die Feinde dort eintrafen, überfielen Feldmäuse ihr Lager und zerfraßen ihre Köcher, ihre Bogen und die Griffe ihrer Schilde, so daß sie am nächsten Morgen schutzlos und unbewehrt fliehen mußten, um das bloße Leben zu retten, wobei viele von ihnen erschlagen wurden.

Daher steht noch jetzt das Steinbild dieses Königs im Tempel des Hephaistos. Er hält eine Maus in der Hand, und eine Inschrift besagt: ›Sieh auf mich und sei gottesfürchtig.‹« II, 141

Vergeblich haben Ägyptologen Papyri wie Tempelinschriften durchstöbert – ein Pharao Sethos taucht im 8. Jahrhundert v. Chr., da diese Geschichte spielt, nirgends auf. Zur Zeit, als König Sanherib von Assyrien gegen Ägypten vorrückte, regierte ein Äthiopier, Pharao Schabaka 712–700 v. Chr.). Dieser warf dem Feind, während er selbst seine Residenz in Oberägypten nicht verließ, unter dem Kommando seines Neffen, des späteren Pharao Taharka, ein bunt zusammengewürfeltes Heer entgegen, mit dem der Assyrerkönig leicht fertig wurde. Wie Historiker vermuten, mag zu jener Zeit in Unterägypten ein Priester des Gottes Ptah die Herrschaft gehabt haben, den Herodot – denn Setne war die populäre Bezeichnung für Priester – dann in seinen Schilderungen fälschlicherweise als Pharao bezeichnet hat.

Was aber hat es mit dem Mäuseüberfall auf sich? Die höchst seltsame Erzählung hat einen historischen Kern. Auch die Bibel berichtet im 2. Buch der Könige 19, 35.36 und Jesaja 37, 36.37 davon, daß das assyrische Heer schwer heimgesucht wurde und mit ungeheuren Verlusten wieder abgezogen sei, allerdings nicht von Ägypten, sondern von der belagerten judäischen Stadt Lachis. Der Hinweis auf des Rätsels Lösung liegt in der von Herodot erwähnten Maus. Sie war in der Alten Welt – wie die Ratte im Mittelalter – das Symbol der Pest (1. Samuel 6.4). Was der »Vater der Geschichte« im übrigen als Statue »jenes Königs« beschreibt, die er im Tempel gesehen hat, stellte in Wirklichkeit – war er kurzsichtig? – das Bildnis des falkenköpfigen Horus dar. Diesem Gott war die Maus als Symbol zugeordnet und deshalb heilig.

Wie – von Thales aus Milet genau vorausgesagt – während der Schlacht plötzlich die Sonne stillstand . . .

»Zwischen den Lydern und den Medern entbrannte – unter Alyattes und Kyaxares – ein fünfjähriger Krieg, in dem oft die Meder die Lyder, oft aber auch die Lyder die Meder besiegten. Das ging so lange, bis es einmal zwischen den beiden zu einer Art von nächtlichem Kampf kam. Als sie den Krieg mit wechselndem Glück nämlich auch im sechsten Jahre fortsetzten, ereignete sich etwas Ungewöhnliches: Wieder trafen die Feinde aufeinander, und schon war die Schlacht entbrannt, da verwandelte sich der Tag plötzlich in Nacht. Es war Thales aus Milet, der diese Umkehr von Tag in Nacht den Ioniern vorhergesagt hatte, in dem diese Verwandlung dann auch tatsächlich stattfand.
Die Lyder aber und die Meder, da sie aus Tag Nacht werden sahen, hörten auf, weiterzukämpfen und beeilten sich, miteinander Frieden zu schließen.« I, 74
Fiktion? Keineswegs. Dieses ungewöhnliche Ereignis ist ein historisches Faktum.
Die Sonnenfinsternis, die Thales, der große Philosoph aus Milet und einer der Sieben Weisen Griechenlands, voraussagte, fand am 28. Mai 585 v. Chr. statt. Thales' Lehren brachten den Durchbruch der Ratio gegenüber der mythologischen Denkweise. Er setzte auch das Jahr auf 365 Tage fest. Zu seinen Schülern gehörten Anaximander, Anaximenes und Pherekydes.

Aus welchem Grund einer der Grenzwächter den Pharao Psamme-
tich auf sein Schamglied verwies . . .

Etwa zweihundert Kilometer nördlich vom heutigen Khartum, wo
der Atbara in den Nil mündet, lag nach der Beschreibung Herodots
»Meroë, die Mutterstadt der Aithiopier. Die Einwohner verehrten
von den Göttern allein den Zeus und den Dionysos, denen sie
große Ehre erweisen. Auch haben sie ein Orakel des Zeus, und
nur, wenn es dieser Gott durch Sehersprüche gebietet, ziehen sie
zu Felde, und nur dorthin, wohin er es gebietet.
Fährst du von dieser Stadt weiter den Strom hinauf, so gelangst
du in ebenso langer Zeit, als du von Elephantine bis zur Mutterstadt der Aithiopier brauchst, zu den ›Überläufern‹. Der Name
dieser Überläufer lautet Asmach, und dies Wort bedeutet in unserer Sprache soviel wie ›Leute, die sich dem König zur Linken stellen‹. Es waren vierundzwanzig mal zehntausend Ägypter aus
dem Kriegerstande, die eines Tages zu den Aithiopiern ausgewan-
dert sind. Sie taten es aus folgendem Grunde:
Zur Zeit des Königs Psammetichos hielten sie die Wacht in der
Stadt Elephantine gegen die Aithiopier, wie auch in Daphnai bei
Pelusion gegen die Araber und Assyrer und in Marea gegen die
Libyer. Jetzt stehen Wachen der Perser an diesen Plätzen, wie
einst unter Psammetichos die ägyptischen standen . . .
Jene Ägypter nun hatten einmal drei Jahre lang die Grenze bei
Elephantine bewacht, aber es war niemand gekommen, um sie
abzulösen. Da berieten sie sich und faßten schließlich gemeinsam
den Entschluß, von Psammetich abzufallen und nach Aithiopien
zu ziehen. Als aber Psammetich dies erfuhr, setzte er ihnen nach,
und als er sie eingeholt hatte, drang er in sie mit vielen Worten
und bat sie, sie möchten umkehren und nicht die Götter ihrer
Väter sowie ihre Kinder und Frauen verlassen. Als der Pharao so
zu ihnen gesprochen hatte, soll einer von ihnen auf sein Schamglied gewiesen und ihm erwidert haben: Wo dies sei, da würden
sie auch Kinder und Weiber haben.
Als sie nach Aithiopien kamen, boten sie ihre Dienste dem König
der Aithiopier an. Dieser belohnte sie damit, daß er sie damit
beauftragte, einige Stämme, mit denen er in Streit gekommen
war, zu vertreiben und deren Land einzunehmen. Und seit jener
Zeit, da sich Ägypter unter den Aithiopiern niederließen, haben
diese ägyptische Lebensgewohnheiten angenommen und wurden
gesitteter.« II, 29.3c
Die Insel Elephantine beim ersten Nilkatarakt nahe dem Stau-

damm von Assuan erhielt ihren Namen, weil dort die Nubier ihren Tribut in Form von Elfenbein ablieferten oder es gegen ägyptische Produkte umtauschten.

Der ägyptische König, der auf die eindeutige Geste eines der geflüchteten Grenzkrieger anscheinend nichts zu erwidern wußte, war Psammetich II. Er regierte von 593 bis 588 v. Chr.

Wie die Perser in Syriens Wüste mit Hilfe von Weinkrügen Trink-
wasserdepots anlegten ...

»Als Kambyses den Thron bestiegen hatte, unternahm er den Kriegszug gegen Ägypten. Dabei trug sich folgendes zu:

Unter den Söldnern des Ägypterkönigs Amasis war ein Mann aus Halikarnassos, der hieß Phanes, war klug und ein tapferer Krieger. Dieser Phanes zürnte dem Amasis aus irgendeinem Grunde, ging auf ein Schiff und entwich aus Ägypten. Er hatte vor, sich zu Kambyses zu begeben und mit ihm zu reden ... und entfloh nach Persien.

Kambyses rüstete gerade zum Kriege gegen Ägypten, war aber in Verlegenheit, weil er nicht wußte, wie er durch die Wüste kommen sollte. Phanes erzählte ihm, wie es um Amasis stand, und beschrieb ihm auch, welchen Weg er einschlagen müsse. Er riet ihm, er solle zum König der Araber schicken und diesen um sicheren Durchzug bitten. Denn nur durch Arabien führt der Zugang nach Ägypten.

Jene Strecke aber, an die drei Tagesreisen weit, ist eine wasserlose Wüste. Hier will ich über etwas berichten, was noch keiner von denen, die mit dem Schiff nach Ägypten fahren, bemerkt hat. Aus ganz Griechenland und zudem auch aus Phoinikien wird in Tonkrügen Wein nach Ägypten eingeführt, zweimal im Jahr, und doch bekommt man dort sozusagen keinen einzigen leeren Weinkrug zu sehen. Wo in aller Welt bleiben denn die Gefäße?, wird jeder fragen. Ich will es verraten: Jeder Gemeindevorsteher ist verpflichtet, in seinem Orte alle Krüge einzusammeln und nach Memphis abzuliefern. Von Memphis werden sie dann mit Wasser gefüllt nach jener wasserlosen Strecke in Syrien geschafft. So kommt alle Tonware, die Jahr für Jahr nach Ägypten eingeführt und dort geleert wird, nach Syrien.

Und Astyages träumte, seine Tochter ließe so viel Wasser, daß ganz Asien
überflutet wurde (s. S. 70).

Den Weg dort nach Ägypten, den die Perser auf diese Weise aus-
reichend mit Wasser versorgen, haben sie geschaffen, nachdem sie
Ägypten erobert hatten. Vor dem Feldzug aber, als man in der
Wüste noch kein Wasser vorfand, schickte Kambyses auf Rat des
Fremden aus Halikarnassos Boten zu dem arabischen König. Dieser gab der Bitte um sicheren Durchzug statt.
Nachdem der König von Arabien mit den Boten des Kambyses
den Vertrag geschlossen hatte, dachte er sich folgendes aus: Er ließ
Schläuche, die aus Kamelhaut gemacht waren, mit Wasser füllen
und alle seine Kamele damit beladen. Darauf zog er mit den Tieren in die Wüste und erwartete dort das Heer des Kambyses. So
jedenfalls berichtet die Überlieferung, die mir die glaubwürdigste
zu sein scheint. Doch will ich auch die weniger glaubwürdige nicht
verschweigen, da sie ebenfalls erzählt wird. Sie lautet so:
Es gibt in Arabien einen großen Fluß namens Korys, der in das
Rote Meer mündet. Von diesem Fluß aus soll der arabische König
das Wasser durch ein Schlauchrohr, das er aus Häuten von Rindern und anderen Tieren hatte zusammennähen lassen, bis in jene
Wüste geleitet haben. In der Wüste aber habe er Zisternen graben
lassen, die das Wasser aufnahmen und trinkbar erhielten. Der
Weg vom Fluß bis in die Wüste beträgt zwölf Tagesreisen. Und
der König soll das Wasser in drei Röhren zu drei verschiedenen
Stellen geleitet haben.« III, 4–9
Phoinikien war zu jener Zeit eines der größten Weinexportländer.
Die Ägypter verwendeten schon lange vor Kambyses II. Tongefä-
ße als Trinkwasserdepots. Ausgrabungen bei Dachle – Abu Ballas
– brachten 1917 ein aus mehreren hundert Krügen bestehendes
Wasserreservoir zutage. Auch Herodots Bericht über die Pipeline
aus Tierhäuten scheint auf Realitäten zu beruhen. Zumindest
ist deren Gebrauch aus Westasien bekannt. Zwischen Medien und
Parthien soll sogar eine 58 Kilometer lange unterirdische Leitung
bestanden haben.

*Welche Demütigungen der Assyrerkönig Kambyses dem besiegten
Pharao Psammenitos zufügte ...*

»Am zehnten Tage nach der Eroberung der Stadt Memphis hieß
Kambyses den ägyptischen König Psammenitos, der nur sechs
Monate geherrscht hatte, mit anderen vornehmen Ägyptern draußen vor das Tor zu gehen und Platz zu nehmen. Er wollte ihm
durch ein entehrendes Schauspiel Schimpf antun und zugleich seine

Standhaftigkeit auf die Probe stellen. Die Tochter des Königs mußte einen Sklavenkittel anziehen und mit dem Krug draußen Wasser holen. Mit ihr zusammen schickte er auch andere Jungfrauen aus den angesehensten Familien hinaus, im gleichen Aufzug wie die Königstochter. Als die Mädchen unter Schreien und Wehklagen an ihren Vätern vorbeigingen, schrien und klagten auch diese, als sie ihre Kinder so entehrt sahen. Allein Psammenitos senkte bei dem Anblick lediglich die Augen zur Erde.

Als die Wasserträgerinnen vorüber waren, schickte Kambyses auch den Sohn des Königs mit zweitausend anderen jungen Ägyptern vor das Tor, den Hals mit einem Strick umschnürt und den Mund verstopft. Sie wurden zur Bestrafung geführt, als Vergeltung für die Mytilenaier, die »– als Parlamentäre des Kambyses –« in Memphis mit ihrem Schiff von den Ägyptern umgebracht worden waren. Denn der Gerichtshof des Königs hatte entschieden, daß für jeden Mann zehn vornehme Ägypter den Tod erleiden sollten. Als Psammenitos die Geiseln daherkommen sah und erfuhr, daß sein Sohn zum Tode geführt wurde, tat er dasselbe wie vorher beim Anblick seiner Tochter, während die anderen Ägypter neben ihm laut klagten und jammerten.

Als auch diese vorübergegangen waren, kam zufällig ein alter Mann aus der früheren Tafelrunde des Psammenitos daher, der sein Hab und Gut verloren hatte und bei den Soldaten betteln gehen mußte, und ging an Psammenitos und den anderen vor dem Tor sitzenden Ägyptern vorüber. Als der König ihn erblickte, weinte er laut, rief den alten Freund beim Namen und schlug sich an die Stirn.

Wächter, die dabeistanden, berichteten Kambyses, wie Psammenitos jeweils reagiert hatte. Kambyses wunderte sich über dessen Verhalten und schickte einen Boten, der ihn folgendes fragte:

›Psammenitos! Mein Herr Kambyses möchte wissen, warum du weder geschrien noch geklagt hast, als du deine Tochter erniedrigt und deinen Sohn auf dem Weg zum Tode sahst, aber den Bettler geehrt hast, der doch, wie man weiß, gar nicht mit dir verwandt ist?‹

Psammenitos ließ antworten:

›Sohn des Kyros! Die Leiden meines Hauses sind zu groß, als daß ich über sie hätte weinen können. Aber die Not des Freundes, der von seinen reichen Besitztümern verjagt und an der Schwelle des Alters zum Bettler wurde, ist der Tränen wert.‹

Diese Worte, die der Bote ausrichtete, erschienen dem Kambyses als wahr und gut. Wie die Ägypter erzählen, weinte Kroisos, der den Zug des Kambyses nach Ägypten begleitete. Und es weinten auch die Perser, die dabeistanden. Sogar Kambyses selbst habe Mitleid empfunden und sogleich befohlen, den Sohn des Königs nicht zu töten und den König vom Tor, wo er saß, zu holen und zu ihm zu führen.

Die Boten jedoch fanden den Sohn nicht mehr am Leben, denn er war als erster enthauptet worden. Den Psammenitos aber hießen sie aufstehen und brachten ihn zu Kambyses. Es geschah ihm kein Leid, und er lebte fortan bei ihm.« III, 14.15

Dem Sohn des Amasis, Psammetich III., war nur eine kurze Regierungszeit vergönnt. Nach dem Tode seines Vaters kam er im November oder Dezember 526 v. Chr. auf den Thron Ägyptens, um diesen schon wieder im Juni 525 v. Chr. nach dem siegreichen Einmarsch des Perserkönigs Kambyses II. zu verlieren.

Auf welch abscheuliche Weise die Krieger des Kambyses sich auf dem Feldzug gen Aithiopien ernährten . . .

»Nachdem die Kundschafter in Aithiopien alles besichtigt hatten, kehrten sie zurück nach Ägypten. König Kambyses entbrannte in heftigem Zorn, als er ihren Bericht vernahm, und brach sogleich mit seinem Heer gegen die Aithiopier auf. Er tat dies, ohne für die Verpflegung seiner Krieger gesorgt zu haben und ohne sich darüber im klaren zu sein, daß er einen Zug an die äußersten Grenzen der Erde beginne. Rasend, wie er war, und verwirrten Geistes, trat er auf die Nachricht der Kundschafter ohne Säumen und mit all seinem Fußvolk den Kriegszug an. Nur den Griechen befahl er, zurückzubleiben.

Als er nach Theben kam, teilte er das Heer. Etwa fünfzigtausend Mann erhielten den Befehl, die Ammonier zu unterwerfen, in die Sklaverei zu verkaufen und das Orakel des Zeus zu verbrennen. Er selber zog mit dem Rest weiter gegen die Aithiopier.

Das Heer hatte noch nicht den fünften Teil des Weges zurückgelegt, da war schon aller Proviant, den es mit sich führte, aufgebraucht. Darauf begannen die Krieger die Zugtiere zu schlachten und aufzuessen, bis es auch kein Vieh mehr gab. Hätte nun Kambyses, als er dies erfuhr, seinen Irrtum eingesehen und sein Heer zurückgeführt, so wäre er trotz des anfänglichen Fehlers ein kluger Mann gewesen. Aber er kehrte sich nicht daran und zog immer weiter des Weges.

Solange die Soldaten noch etwas Grünes am Boden fanden, fristeten sie ihr Leben mit Kräutern und Wurzeln. Als sie aber in die Sandwüste kamen, verfielen sie auf einen grauenhaften Ausweg: Je zehn wählten einen unter ihnen durch das Los aus, töteten und verzehrten ihn.

Als Kambyses dies vernahm, fürchtete er, seine Krieger würden sich alle gegenseitig auffressen. Jetzt endlich gab er den Zug gegen die Aithiopier auf, kehrte um und kam wieder nach Theben, nachdem er einen großen Teil seines Heeres verloren hatte. Von Theben aber zog er nach Memphis hinab und entließ die Griechen zu Schiff nach Hause. Einen solchen Ausgang nahm der Zug gegen die Aithiopier.

Was aber die Krieger betrifft, die von Theben aus unter Führung durch Landeskundige gegen die Ammonier aufgebrochen waren, so weiß man nur, daß sie Oasis erreicht haben. Diese Stadt, die, wie man sagt, von Samiern bewohnt wird, ist von Theben aus in siebentägigem Marsch durch die Wüste zu erreichen. Der Name jenes Landes lautet in unsere Sprache übertragen ›Insel der Seligen‹. Bis dorthin soll das Heer des Kambyses gekommen sein.

Über dessen weiteres Schicksal allerdings weiß – außer den Ammoniern selbst und denen, die es von diesen gehört haben – kein Mensch mehr etwas zu berichten. Denn sie sind weder bis nach Ammon gekommen noch je wieder heimgekehrt. Aber auch die Ammonier wissen nur dies zu melden: Als die Krieger von jener Stadt Oasis aus durch die Sandwüste gegen sie vorrückten und etwa bis zur Mitte des Weges gekommen seien, hätte sich zur Zeit, da sie das Frühmahl nahmen, der Südwind mit unmäßiger Heftigkeit erhoben und sie unter den Sandhaufen, die er vor sich hertrieb, begraben. Und so seien sie für immer verschwunden.«
III, 25.26

Die Ammonier bewohnten die jetzige Oase Siwah in der nördlichen Libyschen Wüste. Dort befand sich ein berühmter Orakeltempel des Ammon, den die Griechen mit Zeus gleichsetzten.

Mit der Stadt Oasis ist wahrscheinlich die zwischen dem Niltal und Siwah liegende kleinere Oase El wah el Keblieh gemeint, offenbar eine Handelsniederlassung von Samos.

Der katastrophale Mißerfolg der kriegerischen Expedition des Kambyses nach Äthiopien, wie Herodot es beschreibt, ist umstritten. Kambsyes scheint seine Herrschaft dort zumindest bis zum Wadi Halfa ausgedehnt zu haben, jenem Teil also, den die Ägypter als den ihren betrachteten. Strabon und Diodoros sagen sogar, Kambyses habe Äthiopien erobert und die Stadt Meroë gegründet. Aber auch Herodot selbst widerspricht seiner eigenen Darstellung, indem er an anderer Stelle – III, 97 – berichtet, daß »die Aithiopier, die an Ägypten grenzen, von Kambyses auf seinem Zug gegen die langlebigen Aithiopier unterworfen wurden«. Allerdings zählt er sie zu denen, die an Persien »zwar keine Steuern entrichten, aber Geschenke geben«.

Bei dem Sandsturm, der das persische Heer auf dem Marsch nach Ammon unter sich begrub, handelt es sich wahrscheinlich um den sehr gefährlichen Wüstenwind Gibli.

Wie König Kambyses sich an der Mumie des Pharaos Amasis verging ...

»Von Memphis zog Kambyses nach Saïs, in der Absicht, das zu tun, was er dann auch wirklich getan hat. Sobald er nämlich im Palast des Amasis angekommen war, hieß er die Leiche jenes Königs aus ihrer Grabkammer herausholen. Und als dies geschehen war, befahl er, sie zu geißeln, ihr die Haare auszuraufen, sie zu durchstechen und auf jede Art zu mißhandeln. Als man das bis zur Erschöpfung getan hatte, denn die Leiche, weil sie ja balsamiert war, widerstand und zerfiel nicht, befahl Kambyses, sie zu verbrennen. Das war frevelhaft und gottlos zugleich. Denn bei den Persern gilt das Feuer als etwas Göttliches. Leichen zu verbrennen ist zudem bei beiden Völkern überhaupt nicht üblich, bei den Persern aus dem angegebenen Grunde. Es gilt für unzulässig, einem Gotte einen toten Menschen zu übergeben. Bei den Ägyptern wiederum wird das Feuer als ein lebendes Tier angesehen, das alles frißt, was es nur erreichen kann, um wenn es vollgefressen ist, zusammen mit seinen Opfern zu sterben. Tieren aber dürfen die Ägypter einen Verstorbenen ebenfalls nicht zum Fraße überlassen. Denn darum balsamieren sie ihn ja ein, damit er nicht im Grabe von den Würmern verzehrt werde. So verstieß, was Kambyses angeordnet hatte, gegen beider Völker Sitte.

Die Ägypter freilich behaupten, der Mann, dessen Mumie so mißhandelt wurde, sei gar nicht Amasis gewesen, sondern ein anderer Mann aus ihrem Volke, von gleicher Gestalt. Diesen hätten die Perser gestäupt und gemeint, dem Amasis Schande anzutun. Denn Amasis sei schon durch ein Orakel davon unterrichtet gewesen, was ihm nach seinem Tode widerfahren sollte. Und so habe er, um das Unheil abzuwenden, seine Vorkehrungen getroffen und jenen anderen Menschen, der dann die Geißelung erlitt, in seiner Grabkammer ganz nahe dem Eingang beisetzen lassen. Seinen eigenen

Leichnam hingegen ließ er von seinem Sohne weit hinten in die Kammer stellen. Ich meine aber, jene Anordnung hat Amasis niemals gegeben, sondern das ist nur eitles Prahlen der Ägypter.« III, 16

Der Frevel, den Kambyses an der Mumie des Amasis begangen haben soll, ist, wie auch andere ihm zugeschriebene Grausamkeiten, ganz offenbar eine Erfindung der ägyptischen Priester, die gegen den Perserkönig tiefen Groll hegten und diesen noch lange nach seinem Tode mit ihrem Haß verfolgt zu haben scheinen. Kambyses hatte nämlich die Einkünfte der Tempel, die früher die Steuereinnahmen weit zu übersteigen pflegten, durch radikale Maßnahmen erheblich reduziert. Ein auf einem Papyros erhalten gebliebener Erlaß des Königs zeigt eine Kürzung um die Hälfte an.

Was geschah, als die persischen Gesandten am makedonischen Hof Frauen verlangten . . .

»Als die von Megabazos, dem Feldherrn des Perserkönigs Dareios, überwundenen Stämme Thrakiens nach Asien fortgeführt waren, schickte dieser eine Gesandtschaft nach Makedonien, bestehend aus den sieben angesehensten Persern im Heere. Sie sollten vom Makedonenkönig Amyntas Erde und Wasser, also die Unterwerfung unter Dareios, fordern.

Als die Gesandten angekommen waren und Amyntas vorgeführt wurden, forderten sie Erde und Wasser für König Dareios. Amyntas war dazu bereit und lud sie zu einem Gastmahl ein. Ein prächtiges Festessen wurde angerichtet, und man nahm die Perser freundschaftlich auf. Nach dem Mahle aber, beim Trinken, erklärten die Perser:

›Freund und König! Bei uns in Persien ist es Brauch, daß an einem großen Gastmahl sich auch unsere Kebsweiber und Ehefrauen mit zur Tafel setzen. Hast du uns freundlich aufgenommen und herrlich bewirtet, willst du auch König Dareios Erde und Wasser geben, so folge nun auch unserem Brauch.‹

Darauf antwortete Amyntas: ›Bei uns, ihr Perser, ist das nicht Sitte, sondern Männer und Frauen sind getrennt. Jedoch weil ihr, unsere Gebieter, es wünscht, so sei euch auch das noch gewährt.‹

Sprach's und gebot, die Frauen zu rufen. Diese kamen und setzten sich in einer Reihe den Persern gegenüber. Als die Perser die schönen Frauen sahen, sagten sie zu Amyntas, was er da getan habe, sei gar nicht klug. Die Frauen wären besser überhaupt nicht gekommen, wenn sie nicht an ihrer, der Perser Seite säßen, sondern ihnen gegenüber, so daß ihnen die Augen weh täten.

Notgedrungen befahl Amyntas den Frauen, sie sollten sich zu ihnen setzen. Die Frauen gehorchten. Aber die Perser, die bereits zu viel Wein getrunken hatten, fingen sofort an, den Frauen nach den Brüsten zu greifen, und einige versuchten sogar, sie zu küssen. Amyntas sah dem Treiben mit großem Ärger zu, hielt aber an sich, denn er hatte zu große Furcht vor den Persern. Sein Sohn Alexandros aber, der ebenfalls zugegen war und alles mit ansah, konnte es, noch jung und unerfahren im Leben, nicht länger ertragen. ›Vater‹, sagte er empört zu Amyntas. ›Denk an dein Alter. Geh und leg dich zur Ruhe, verweile nicht länger hier beim Trinken. Ich werde bleiben und den Gästen alles anbieten, was sich gehört.‹

Amyntos, der sehr wohl spürte, daß sein Sohn etwas im Schilde führte, antwortete: ›Mein Sohn, ich verstehe deine Worte genau. Du bist voller Zorn und willst mich fortschicken, um dann irgend etwas Unüberlegtes zu tun. Ich bitte dich, unternimm ja nichts gegen diese Männer. Mach uns nicht unglücklich, sieh geduldig zu. Was mich betrifft, so hast du recht. Deinem Rat, wegzugehen, will ich gern folgen.‹

Als Amyntas das Festmahl verlassen hatte, sprach Alexandros zu den Persern: ›Gastfreunde! Mit diesen Frauen mögt ihr tun, ganz wie es euch gefällt. Ihr könnt mit allen von ihnen schlafen oder nur mit einigen, ganz wie ihr wollt. Ihr braucht nur zu befehlen. Und da jetzt Schlafenszeit ist und ihr, wie ich meine, vom vielen Wein berauscht seid, so laßt doch, wenn es euch beliebt, die Weiber sich baden gehen. Wenn sie sich gewaschen haben, sollt ihr sie wiederhaben.‹ Damit waren die Perser zufrieden.

Die Frauen gingen hinaus, und Alexandros schickte sie zurück in ihre Gemächer. Mit ihren Gewändern aber ließ er eine gleiche Anzahl glattwangiger Jünglinge bekleiden und streckte ihnen Dolche zu. Die Verkleideten führte er wieder hinein zu den Persern und sagte:

›Perser! Ist das nicht vollendete Gastlichkeit, wie wir euch bewirten? Alles, was wir hatten und was wir auftreiben konnten, haben wir euch vorgesetzt. Und zuletzt haben wir auch noch das uns Teuerste von allem, unsere eigenen Mütter und Schwestern, euch willig hingegeben, damit ihr erkennt, daß wir euch jede euch zukommende Ehre erweisen und ihr auch dem König, der euch hergeschickt hat, berichten könnt, daß der Hellene, sein Statthal-

In Ägypten aber lassen die Frauen ihr Wasser im Stehen, die Männer hingegen im Sitzen (s. S. 194).

ter in Makedonien, euch wohl empfangen hat mit Gastmahl und Ruhelager.‹

Nach diesen Worten ließ er neben jedem Perser einen als Frau verkleideten Jüngling Platz nehmen. Und als die Perser sie anrühren wollten, wurden sie von ihnen erstochen.

So kamen die sieben Perser um und mit ihnen ihr ganzes Gefolge. Denn die Gesandten waren begleitet von Wagen, Dienern und all ihrem Gerät. Dies alles verschwand mit ihnen zugleich. Nicht lange danach, als die Perser eifrig forschten, wo diese Männer geblieben wären, verstand Alexandros es gut, sie zu beschwichtigen, indem er viel Geld gab und seine eigene Schwester Gygaia obendrein. Damit bestach er den Perser Bubares, den Anführer des Kommandos, das die Vermißten suchen sollte. Auf diese Weise kam die Mordtat nie ans Tageslicht.« V, 17–21

Eine makedonische Sage, die die eigenen Leute mit Lorbeer schmückt. Einen solchen Affront hätten sich die Perser nie gefallen oder die Angelegenheit im Sande verlaufen lassen, handelte es sich doch um sieben der Vornehmsten ihrer Reichsaristokratie, die zudem offiziell als Gesandte einer fremden Großmacht gekommen waren. Außerdem, wo hätte man je gehört, daß die Perserinnen solche Privilegien, wie hier geschildert, genossen. In ihrem Lande herrschte Polygamie, und das Frauendasein war eingeengt von orientalischen Haremsbräuchen.

Eines allerdings stimmt: Makedonier wie Perser waren harte Säufer.

Alexandros I. – etwa 498 bis etwa 450 v. Chr. – hat sicherlich mit seinen Geschenken, inklusive der eigenen Schwester, die im Harem eines persischen Würdenträgers landete, die Beherrscher der damaligen Welt bestechen wollen. Das ist historisch, wie auch die Tributzahlungen, die er leisten mußte. Aber er tat es nicht, um den Massenmord an den Gesandten nebst deren Begleitung zu vertuschen. Er wollte sich dadurch vielmehr Einfluß am persischen Hof verschaffen.

Welche Folgen es hatte, als die Skythen mitten in der Schlacht gegen Dareios plötzlich einen Hasen jagten ...

Vergeblich hatte Dareios nach seinem Einfall ins Skythenland – 513 v. Chr. – versucht, die Bewohner zu stellen, um sie in einer Schlacht besiegen zu können. Statt dessen verstanden es die berittenen Skythen, die weder Städte noch feste Wohnsitze kannten, die Perser kreuz und quer in dem riesigen Land umherzulocken und sie zu einer endlosen und zermürbenden Verfolgungsjagd zu verleiten. Eines Tages endlich, als »die Not im Heere des Dareios bereits groß war«, schien sich die solange vergeblich gesuchte Auseinandersetzung plötzlich doch noch zu bieten. Was aber geschah? »Mit Fußvolk und Reiterei stellte sich das Heer der Skythen den Persern. Während aber die Skythen in Schlachtordnung dastanden, sprang plötzlich ein Hase auf und lief kreuz und quer mitten durch ihre Reihen. Und jeder, der ihn sah, begann ihn zu verfolgen. Im Nu waren alle hinter ihm her, und es entstand ein wirres Durcheinander und lautes Geschrei.

König Dareios erkundigte sich, warum denn die Feinde solchen Lärm aufführten. Als man ihm sagte, sie liefen einem Hasen nach, um ihn zu fangen, sagte er zu seinen Vertrauten:

›Diese Menschen fürchten uns kaum. Ich begreife nun, wie es um unsere Sache steht. Wer gibt uns einen guten Rat, wie unser Rückzug jetzt ohne Verluste vor sich gehen soll?‹

Darauf erklärte Gobryas, der Vertraute des Königs: ›Ich hatte schon vorher gehört, wie schwer diesem Volk beizukommen sei. Jetzt, seit ich in ihrem Lande bin, sehe ich es noch deutlicher: Sie halten uns zum besten! Darum rate ich, bei Anbruch der Nacht abzuziehen und die schwächlichsten Krieger zurückzulassen. Zuvor sollten wir Lagerfeuer anstecken, wie gewohnt, und alle Esel anbinden.‹ Nachdem die Feuer entzündet waren, ging es in Eilmärschen zur Donau. Die zurückgelassenen Esel aber schrien, als die Masse der Krieger fort war, noch lauter als sonst. Die Skythen jedoch, die das Geschrei hörten, glaubten fest, die Perser seien noch da.« IV, 134.135

Dareios erging es mit den Skythen wie später Napoleon mit den Russen. Er mußte – bereits im Jahre 512 v. Chr. – unter großen Verlusten seines Heeres unverrichteter Sache den Rückzug nach Asien antreten.

Warum den Athenerinnen verboten wurde, das dorische Gewand zu tragen, und sie sich nur noch ionisch kleiden durften . . .

Eine kriegerische Expedition, die von Athen aus nach der Insel Aigina unternommen wurde, um die Statuen zweier aus attischem Olivenholz geschnitzter Fruchtbarkeitsgöttinnen gewaltsam zu entführen, war kläglich gescheitert:

»Nur ein einziger Mann – heißt es – habe sich retten können und sei nach Attika zurückgekehrt.«

Aber auch damit sollte das Unglück noch nicht zu Ende gewesen sein. Denn:

»Nicht einmal dieser eine ist nach der Überlieferung der Athener mit dem Leben davongekommen, sondern hat es auf folgende Weise verloren:

Als er nämlich nach Athen kam und das Unglück verkündete, entrüsteten sich die Frauen der gegen Aigina ausgezogenen Männer darüber, daß er allein von allen gerettet worden sei. Sie umringten den Mann und stachen mit den Spangen ihrer Gewänder auf ihn ein, wobei jede ihn fragte, wo denn ihr eigener Mann geblieben sei.

So kam auch dieser Mann, der einzige Überlebende, zu Tode.

Diese Tat der Weiber aber kam den Athenern noch schlimmer vor als die Niederlage. Und da sie nicht wußten, wie sie die Frauen anders bestrafen sollten, so geboten sie ihnen, das ionische Gewand anzunehmen. Bis dahin hatten die athenischen Frauen dorische Tracht getragen, die der korinthischen sehr ähnlich ist.

Fortan mußten sie den Rock aus Leinen anlegen, damit sie keine Spangen mehr benötigten.« V, 87

So absurd es klingen mag: Ihrem Mord mit Hilfe der Nadeln verdankten die Athenerinnen eine neue, viel schickere Kleidung – als Strafe! Was sie bis dahin anhatten – die dorische Tracht –, war simpel, primitiv und ohne jedwede modische Allüren. Woraus sie bestand? Aus einem großen rechteckigen Tuch aus Wolle, das man auf dem bloßen Körper trug. Das war alles, denn Unterkleidung war unbekannt, ausgenommen gelegentlich ein lederner Riemen, der als Büstenhalter dienen sollte. Das Tuch wurde nur umgelegt – nicht angezogen – und durch Fibeln oder Spangen, den Sicherheitsnadeln der Antike, auf beiden Schultern zusammengehalten. In der Mitte band man sich einen Gürtel um.

Im Gegensatz dazu kannte die ionische Mode ein langes oder kurzes, zumeist auch mit Ärmeln versehenes Leinenhemd. Dieses war zusammengenäht und erforderte daher keine Nadeln. Über diesem Chiton genannten Kleid wurde ein großes Umschlagtuch oder ein Mantel getragen, verziert oft mit eingewebten Motiven.

»... Über Hellas aber kam zur Zeit des Dareios, Sohnes des Hystapes, und des Xerxes, Sohnes des Dareios, und des Artaxerxes, Sohnes des Xerxes, innerhalb dreier Menschenalter also, mehr Unglück als in den zwanzig Menschenaltern vor der Zeit des Dareios ...« VI, 98

Mit diesen Worten kündigt Herodot den Höhepunkt der gewaltigen Auseinandersetzung zwischen Asien und Europa, den Beginn der Perserkriege gegen Hellas an.

Von Hippias, der beim Niesen vor der Marathonschlacht einen Zahn verlor ...

490 v. Chr. rüstete Dareios I. eine gewaltige Heeresmacht und schickte sie unter dem Kommando der Feldherrn Datis und Artaphernes aus, um Athen zu unterwerfen. Ihnen stand ein kundiger Grieche zur Seite, Hippias, Sohn und Nachfolger des Tyrannen Peisistratos von Athen. Den bereits alten Herrn hatte es, nachdem er und seine Sippe von Kleisthenes aus Athen verjagt worden waren, an die Seite der Perser getrieben. Mit ihrer Hilfe hoffte er, sich die Herrschaft über seine Vaterstadt zurückzuerobern.

»Hippias aber, der Sohn des Peisistratos, hatte, als er die Perser nach Marathon führte, in der Nacht vorher ein Traumgesicht. Ihm war, als schlafe er mit seiner eigenen Mutter.

Diesen Traum deutete er so, daß er nach Athen zurückkehren, die Herrschaft wiedergewinnen und hochbetagt in seiner Heimat sterben würde.

Am Tage nach diesem Traumgesicht ließ er erst die Gefangenen aus Eretria auf eine Insel der Styreer schaffen. Dann führte er die Schiffe an die Küste von Marathon, wies ihnen einen Ankerplatz an und stellte nach der Landung die Barbaren zur Schlacht auf. Während er damit beschäftigt war, überkam ihn ein Niesen und ein Husten, weit heftiger als sonst. Und da ihm als altem Mann die Zähne schon locker saßen, geschah es, daß ihm durch die starke Erschütterung ein Zahn herausfiel und in den Sand flog. Er gab sich viel Mühe, ihn wiederzufinden. So emsig er aber auch suchte, der Zahn kam nicht wieder zum Vorschein. Da seufzte Hippias und sagte zu den Umstehenden:

›Dies Land ist nicht unser, und es wird uns auch nicht gelingen, es einzunehmen. Denn das Teil, das mir davon zugedacht war, das hat nun der Zahn.‹ So, meinte er, habe sich sein Traumgesicht erfüllt.« VI, 107

Der Versuch des Dareios, Athen zu erobern, endete kläglich mit der verlorenen Schlacht von Marathon. Damit waren auch des Hippias hochgesteckte Pläne begraben – wie sein Zahn.

Das Niesen galt im Altertum als besondere Vorbedeutung, und das Verlieren eines Zahnes gar zeigte Tod oder Unglück an.

Welche Strafen Xerxes verhängte, als ein Sturm die Brücken über den Hellespont zerstört hatte ...

Dareios starb 486 v. Chr. Erbe des Thrones wurde sein Sohn Xerxes. Nachdem er in einem Feldzug gegen die aufständischen Ägypter die persische Herrschaft am Nil wieder gefestigt hatte, ging er daran, die Pläne seines Vaters zur Unterwerfung Griechenlands zu verwirklichen. An der Spitze eines riesigen Heeres, zusammengestellt aus allen Kontingenten seines Großreiches, brach er auf gen Europa.

»Von Sardes rüstete sich Xerxes, um nach Abydos weiterzuziehen. Denn man hatte inzwischen Brücken über den Hellespont geschlagen, die Asien und Europa miteinander verbanden. Die eine bauten die Phoiniker mit weißem Flachs, die Ägypter die andere mit Papyrosbast. Die Entfernung zwischen Abydos und dem gegenüberliegenden Ufer beträgt sieben Stadien.

Als aber die Durchfahrt gerade überbrückt war, kam ein gewaltiger Sturm auf, der alles zerschlug und zerriß. Da Xerxes das erfuhr, ward er sehr zornig und befahl, den Hellespont durch dreihundert Schläge mit der Geißel zu züchtigen und im offenen Meer ein Paar Fußketten zu versenken. Ja, ich habe sogar gehört, er habe zugleich auch Henker geschickt, um dem Hellespont Brandmale aufzudrücken. Sicher ist, daß er anordnete, die das Meer Peitschenden sollten bei ihren Schlägen die barbarischen und frevelhaften Worte sagen: ›Du bitteres Wasser! Diese Züchtigung verhängt unser Herr über dich, weil du dich wider ihn vergangen hast, ohne daß er dir ein Unrecht tat. Xerxes, unser König, wird über dich hinschreiten, ob du willst oder nicht. Recht geschieht dir, daß kein Mensch dir Opfer bringt, dir schmutzigem, salzigem Strom!‹ So gebot Xerxes, das Meer zu strafen. Und die Männer, die den Brückenbau geleitet hatten, ließ er köpfen.« VII, 33–35

Die engste Stelle der Dardanellen, im Altertum Hellespont geheißen, wird von fast allen antiken Autoren mit sieben, höchstens acht Stadien angegeben, was – 1 Stadion = 180 Meter – 1260 bis 1440 Meter Entfernung von Ufer zu Ufer bedeutet. Heute mißt sie etwa 1900 Meter, also mehr als 10 Stadien. Der Unterschied mag sich daraus ergeben, daß die Strömung inzwischen die Küste ausgewaschen hat.

Wie die riesige persische Heeresmacht mit Hilfe einer neuerrichteten Feldsteinmauer gezählt ward ...

»Doriskos ist ein Küstengebiet und eine weite Ebene in Thrakien ... Diese Gegend hielt Xerxes für geeignet, um sein Heer zu ordnen und zu zählen. Und so tat er dies auch ...

Wie groß die Zahl der Krieger gewesen ist, die jedes einzelne Volk zu dieser Musterung bestellt hat, kann ich nicht genau angeben. Darüber wird nirgends etwas berichtet. Als Gesamtstärke des Landheeres aber ergab sich die Zahl von einer Million und siebenhunderttausend Mann.

Bei dem Zählen ging man so zu Werke: Man versammelte zehntausend Mann an einem Platz, drängte sie so eng wie möglich zusammen und zog um sie herum einen Kreis. Dann ließ man die Leute abziehen und führte über der markierten Linie auf dem Boden eine Feldsteinmauer auf. Sie war so hoch, daß sie einem Manne bis an den Nabel reichte. In diesen Mauerring wurden wieder und wieder andere hineingetrieben, so lange, bis das ganze Heer auf solche Weise durchgezählt war. Und nach der Zählung wurde es nach Völkern geordnet.« VII, 59.60

In VII, 184 rechnet Herodot noch die Reiterei, die Flottenbesatzung und die vielerlei Verbündeten dazu und kommt so auf rund zweieinhalb Millionen Kriegsvolk, beim Troß und bei der Besatzung der Transportschiffe noch einmal ebensoviel, nicht mitgerechnet die Masse der Eunuchen, Köchinnen und Huren! Diese Angaben dürfen nicht als Ergebnis exakter Zählungen angesehen werden. »Millionen« stehen für »unübersehbar viele«. Sie sollen die ungeheure militärische Überlegenheit einer feindlichen Großmacht demonstrieren, die im Begriff steht, einige ihr gegenüber zwergenhaft kleine griechische Staaten zu vernichten.

Schätzungen moderner Gelehrter beziffern die Stärke des Perserheeres auf etwa 300 000 Mann.

Wie Themistokles bestochen wurde und es dadurch zur Seeschlacht bei Artemision kam ...

»Die Griechen waren mit ihrer Flotte nach Kap Artemision« an der Nordostspitze der Insel Euboia »gekommen. Als sie dort jedoch die große Zahl feindlicher Schiffe sahen, die bei Aphetai vor Anker gegangen waren, und wie alles von Kriegsvolk wimmelte – und es demnach mit der Seekriegführung der Barbaren ganz anders stand, als sie vermutet hatten –, da verzagten sie. Voller Furcht faßten sie den Beschluß, von Artemision mit ihren Schiffen in die Binnengewässer von Hellas zu flüchten.

Als die Euboier von dieser Absicht erfuhren, baten sie den Eurybiades«, den spartanischen Oberbefehlshaber der Flotte, »noch ein kleines Weilchen zu warten, bis sie ihre Kinder und ihr Gesinde in Sicherheit gebracht hätten. Da dieser es abschlug, wandten sie sich an Themistokles, den Feldherrn der Athener, und bewogen ihn, durch eine Geldsumme von dreißig Talenten, die Griechen zum Bleiben und zu einer Seeschlacht vor Euboia zu überreden.

Themistokles schaffte tatsächlich, was man von ihm erhofft hatte. Und zwar folgendermaßen:

Dem Eurybiades gab er von dem Geld fünf Talente ab, tat aber so, als gebe er sie aus seiner eigenen Tasche. Damit hatte er diesen gewonnen. Danach war von den anderen Anführern nur noch einer, der sich dagegen sträubte – der Korinther Adeimantos, Okytos' Sohn. Der erklärte, er werde nicht bei Artemision bleiben, sondern wegfahren. Beschwörend rief Themistokles ihm zu: ›Du wirst uns nicht im Stich lassen, denn ich verspreche dir reichere Geschenke, als dir der Mederkönig dafür geben würde, wenn du Verrat an deinen Kameraden übtest.‹

Sprach's und schickte ihm drei Talente Silber auf sein Schiff.

So waren denn diese beiden Anführer durch Geschenke bestochen und umgestimmt, und die Euboier hatten erreicht, was sie wünschten. Themistokles selbst aber machte dabei den größten Gewinn. Denn er behielt das übrige Geld für sich, ohne den beiden anderen, die nur je einen Teil erhalten hatten, davon etwas zu verraten. Jene glaubten vielmehr, das Geld sei zu diesem Zwecke aus Athen gekommen.

So blieb die griechische Flotte bei Euboia und lieferte den Persern eine Seeschlacht ...« VIII, 4–6

Die Schlacht dauerte drei Tage und endete unentschieden.

Themistokles, der große Feldherr und Staatsmann Athens, geboren um 525 v. Chr., hatte den Ausbau des Hafens von Piräus zum befestigten Kriegshafen in Angriff genommen und überhaupt die attische Seemacht begründet. Eine starke Ausstrahlung und Überzeugungskraft muß von ihm ausgegangen sein. Denn wie sonst wäre es ihm gelungen, die Athener zum Verzicht auf die Einkünfte aus den Silberminen von Laurion zu bewegen, die er dringend zum Bau von 100 Trieren – Dreiruderern – benötigte.

Mit dieser erstaunlichen Rüstungsleistung schuf er die Voraussetzungen für den Sieg bei Salamis im Jahre 480 v. Chr.

Herodot hat die hier erzählte Geschichte über Themistokles, dem später in Athen ein Prozeß gemacht wurde, einschließlich der Höhe der Bestechungsgelder aus Gerichtsakten. Von der Größe der Bestechungssumme gewinnt man erst dann ein ungefähres Bild, wenn man die Talente in Goldmark umsetzt. Da ergeben sich Beträge, die sich in unseren immer mehr an Wert schwindenden Währungen kaum noch ausdrücken lassen. Denn Themistokles erhielt von den Euboiern umgerechnet sage und schreibe 141 450 Goldmark. Dem Eurybiades gab er davon fünf Talente, mithin 23 575 Goldmark ab, dem Korinther Adeimantos, der als letzter zum Bleiben bewegt werden mußte, drei Talente, also 14 145 Goldmark. Er behielt den Löwenanteil für sich – 103 730 Goldmark.

Über diese Bestechungsaffäre schrieb auch Plutarch. Dennoch ist es möglich, daß sie dem Themistokles in dem Prozeß, der ihm 466 v. Chr. wegen angeblichen Hochverrats gemacht wurde, nur von böswilligen Gegnern untergeschoben worden ist. Auf alle Fälle mußte Themistokles, dem Athen so viel verdankte, zu seinen ehemaligen Feinden, den Persern, fliehen, wo er große Ehren und eine einträgliche Satrapie erhielt und 459 v. Chr. starb.

Von Skyllias, dem ersten Froschmann ...

Noch bevor es vor Artemision zur Seeschlacht zwischen den beiden Flotten kommt, erhalten die Griechen durch einen Überläufer Kunde von einem Umzingelungsmanöver durch Teile der persischen Flotte und erfahren auch Einzelheiten über die schweren Schäden, die ein Sturm den Schiffen der Barbaren bei Kap Sepias zugefügt hat:

»Während auf den vor Aphetai liegenden Schiffen Musterung abgehalten wurde, faßte ein gewisser Skyllias aus Skione, der sich bei der persischen Flotte befand, den Entschluß – was er vorher bereits geplant, aber noch nicht hatte ausführen können –, zu den Griechen überzulaufen. Er war der beste Taucher seiner Zeit und hatte schon bei dem Schiffbruch am Pelion« – an der Ostküste Thessaliens – »den Persern einen großen Teil ihrer Schätze geborgen, vieles aber auch sich selbst angeeignet.

Auf welche Weise jedoch Skyllias es schaffte, zu den Griechen zu kommen, kann ich nicht genau sagen. Denn das, was man darüber berichtet, scheint mir kaum glaubhaft. Es heißt nämlich, er sei bei Aphetai ins Meer getaucht und erst in Artemision wieder an die Oberfläche gekommen. Dabei hätte er eine Strecke von ungefähr achtzig Stadien unter Wasser zurücklegen müssen. Auch sonst erzählt man von diesem Manne Geschichten, die erlogen scheinen. Einiges allerdings entspricht auch der Wahrheit. Was nun diesen Fall betrifft, so bin ich der Meinung, daß er auf einem Boot nach Artemision gefahren ist.« VIII, 8

Herodot bezweifelt die Rekordleistung des geflüchteten Tauchers mit Recht. Wenn die von ihm gemachten Angaben stimmten, hätte jener unter Wasser eine Strecke von fünfzehn Kilometern zurücklegen müssen! Auch damals scheint man bereits Seemannsgarn gesponnen zu haben.

Über Skyllias waren indes noch andere rühmende Erzählungen im Umlauf. So soll er während eines Sturmes die Anker der persischen Schiffe gelöst und damit der Perserflotte Riesenschäden zugefügt haben – eine Tat, die es mit Bravourleistungen moderner Froschmänner aufnehmen kann!

Wie Xerxes seine Verluste bei den Thermopylen durch eine raffinierte Leichenschau kaschierte ...

Der Kampf der Spartiaten unter Leonidas' Führung, die im Juli 480 v. Chr., nur von siebenhundert Thespiern unterstützt, den Engpaß der Thermopylen gegen die persische Übermacht zu verteidigen suchten, ist als eines der berühmtesten Beispiele aufopfernden Heldenmutes in die Geschichte eingegangen und sprichwörtlich geworden. Weniger bekannt wurde, was sich danach auf persischer Seite abgespielt haben soll.

Nach der gewonnenen Schlacht versuchte Xerxes, die hohen Verluste seiner Truppen zu vertuschen. Für die Besatzungen der Flotte inszenierte er zu diesem Zweck eine in der Kriegsgeschichte wohl einmalige, raffiniert vorbereitete Totenschau:

»Von Thermopylai schickte Xerxes einen Herold zur Flotte, die vor Histiaia lag. Zuvor aber hatte er mit den Toten folgendes vornehmen lassen:

Von allen Kriegern, die aus seinem eigenen Heere bei Thermopylai gefallen waren – ihre Zahl betrug wohl an die zwanzigtausend – ließ er nur etwa tausend liegen. Für die übrigen ordnete er an, sie in Gruben zu bestatten. Auf die Gräber aber wurde Laub geworfen und Erde gehäuft, damit die Männer von der Flotte sie nicht zu Gesicht bekämen.

Als der Herold des Königs in Histiaia eintraf, rief er alles Volk von den Schiffen zusammen und sprach zu ihnen:

›Bundesgenossen! König Xerxes gibt jedem von euch, der will, Urlaub, seinen Platz zu verlassen und herüberzukommen, um sich anzuschauen, wie er den Krieg gegen jene törichten Menschen führt, die wähnten, die Macht des Königs überwinden zu können.‹

Als der Herold das verkündet hatte, waren nicht genügend Fahrzeuge da – so viele drängten sich zur Besichtigung der Leichen. Sie fuhren hinüber, schritten durch die Reihen der Toten und betrachteten sie. Alle glaubten, die Gefallenen, die da lagen, seien nur Lakedaimonier und Thespier. Auch die Heloten hielten sie dafür. Es blieb jedoch keinem der Herübergekommenen verborgen, was Xerxes mit seinen eigenen Toten gemacht hatte. War es doch in der Tat lächerlich: Von den Persern sah man nur tausend Mann daliegen, die Griechen aber waren alle an einem Ort zusammen bestattet – viertausend an der Zahl.

Dieser Tag verging mit der Totenschau. Am folgenden Tage kehrten die Flottenmannschaften nach Histiaia zu ihren Schiffen zurück, das Landheer brach mit Xerxes zum Weitermarsch auf.« VIII, 24.25

Viertausend gefallene Griechen? Das ist unmöglich, denn viertausendzweihundert waren zu Anfang insgesamt nur zum Kampf angetreten – dreitausendeinhundert Peloponnesier, vierhundert Thebaner und siebenhundert Thespier. Nach zwei Tagen aber ließen alle, die Thespier ausgenommen, Leonidas mit seinen Spartaten im Stich, ohne große Verluste erlitten zu haben. Zurück blieben dreihundert Lakedaimonier und siebenhundert Thespier. Die allerdings wurden bis auf den letzten Mann von den Persern niedergemacht. Woher aber sollen dann die übrigen angeblich dreitausend Gefallenen stammen?

Der Irrtum erklärt sich wahrscheinlich so: Außer der berühmt gewordenen Gedenktafel »Wanderer, kommst du nach Sparta …« wurden an den Thermopylen noch zwei andere Inschriften verewigt. Eine davon lautet: »Drei Millionen Feinde bekämpften an dieser Stelle viertausend Mann peloponnesisches Volk«, eine nicht ganz gerechtfertigte Würdigung auch der frühzeitig abgezogenen Griechen. Die Zahl der viertausend Kämpfer mag sich mit der Zeit auf die Gefallenen übertragen haben.

Wie es gegen den Willen vieler Griechen schließlich doch zur Seeschlacht bei Salamis kam ...

In der Meerenge bei Salamis schlugen Ende September 480 v. Chr. die Griechen mit ihren beweglichen kleinen Schiffen die großen Schlachtschiffe der Perser und gewannen damit eine der berühmtesten und bedeutendsten Seeschlachten der Antike. Was sich bei den vielbewunderten und mit großem Pathos gelobten Siegern kurz vor Beginn der gewaltigen Auseinandersetzung in Wirklichkeit abspielte, schildert Herodot so:

»Die griechischen Feldherrn in Salamis stritten sich mit vielen Reden hin und her, denn sie wußten noch nicht, daß der Feind sie mit seinen Schiffen bereits ringsum eingeschlossen hatte. Sie glaubten, er sei noch dort, wo sie ihn bei Tage hatten liegen sehen.

Während sie noch haderten, erschien Aristeides, der Sohn des Lysimachos, ein Athener, der von Aigina herübergekommen war. Er ging zum Kriegsrat und rief den Themistokles zu sich heraus. Der war keineswegs sein Freund, sondern sein ärgster Gegner. Aber das vergaß er zu diesem Zeitpunkt angesichts der großen Not der Stunde. Denn er hatte schon davon gehört, daß die Peloponnesier durchaus fortsegeln wollten nach dem Isthmos.

Als nun Themistokles heraustrat, sagte Aristeides zu ihm:

›Ich will dir nur sagen, daß es einerlei ist, ob die Peloponnesier von ihrer Abfahrt schwatzen oder nicht. Ich habe mit meinen eigenen Augen gesehen: Die Korinther und Eurybiades können nicht mehr fort von hier, auch wenn sie es noch so gern wollten. Denn wir sind rings von den Feinden umzingelt. Geh hinein und sage es ihnen.‹

Themistokles antwortete: ›Dein Rat ist vortrefflich, deine Nachricht gut. Was ich selber mir gewünscht habe, das hast du bereits mit eigenen Augen gesehen und kommst, es zu melden. Denn wis-

Als die Nacht gekommen war, führte Kandaules seinen Vertrauten Gyges in das Schlafgemach, und dieser schaute zu, wie die Königin sich auszog (s. S. 93).

se, was die Perser da getan haben, das ist mein Werk. Die Griechen wollten sich ja nicht aus freien Stücken zur Schlacht stellen. Deshalb mußte ich sie wider ihren Willen dazu bringen. Du aber, der die gute Nachricht gebracht hast, sollst sie ihnen auch selbst verkünden. Denn wenn ich es sage, werden sie meinen, ich hätte es erfunden, und mir nicht folgen und denken, es sei nicht wahr. Geh also du selbst zu ihnen und melde, wie es steht. Glauben sie deinen Worten, um so besser. Wollen sie es aber nicht glauben, so kann es uns gleich sein, denn davonlaufen können sie nicht mehr, wenn wir, wie du sagst, von allen Seiten eingeschlossen sind.‹

Da ging Aristeides zu ihnen hinein und erzählte, daß er eben von Aigina käme und nur noch mit knapper Not den feindlichen Schlachtschiffen entkommen sei. Die ganze hellenische Flotte sei von den Schiffen des Xerxes umzingelt. Er riet ihnen, sich zu rüsten, um sich der Feinde zu erwehren. Darauf ging er wieder hinaus.

Drinnen begann der Streit und der Zank von neuem. Denn die meisten der Feldherrn glaubten der Meldung des Aristeides nicht. Aber während sie noch zweifelten, traf ein Dreiruderer mit Männern aus Tenos ein, der zu ihnen überging. Dieses Schiff brachte die Bestätigung.

Jetzt endlich, weil sie an der Nachricht der Tenier nicht mehr zweifeln konnten, machten sich die Hellenen zur Schlacht bereit. Und als der Morgen graute, riefen sie alles Kriegsvolk von den Schiffen zusammen. Themistokles hielt eine Ansprache und schloß mit dem Befehl, die Schiffe zu besteigen.

Just in dem Augenblick aber, da sie an Bord gingen, kam das Schiff zurück, das wegen der Aiakiden nach Aigina gefahren war. Dann stach die ganze griechische Flotte in See. Sofort, noch während sie hinausfuhren, griffen die Barbaren an.

Schon wollten die Griechen rückwärts rudern und die Schiffe aufs Land setzen, da stieß Ameinias, ein Athener aus Pallene, der vorausgefahren war, mit einem feindlichen Schiff zusammen. Die beiden Fahrzeuge saßen so fest ineinander, daß sie nicht wieder loskommen konnten. Als die anderen Griechen das sahen, eilten sie dem Ameinias zu Hilfe, und der Kampf begann.

So erzählen die Athener den Anfang der Schlacht. Die Aigineten indes sagen, das Schiff, das nach den Aiakiden geschickt worden sei, habe den Anfang gemacht.

Ein dritter Bericht wiederum stellt es noch anders dar. Den Griechen sei, so sagt er, eine Frau erschienen. Die habe mit lauter Stimme, so daß das ganze Heer es hören konnte, die Männer

gescholten und zum Kampfe angefeuert. Ihre Rede habe mit den schmähenden Worten begonnen:
›Ihr Feiglinge! Wie weit wollt ihr denn noch rückwärts rudern!‹«
VIII, 78–84
Aristeides, dessen Aussage schließlich dem Gehader der griechischen Feldherrn ein Ende setzte, war ein erfahrener Stratege. Als solcher hatte er schon 490 v. Chr. in der Schlacht von Marathon mitgewirkt.
Aiakiden waren Standbilder griechischer Helden aus der Frühzeit. Sie wurden von der Insel Aigina geholt, um im Kampf als »Maskottchen« zu dienen.
Tenos war eine kleine, bei Delos liegende und von Ioniern bewohnte Insel, die unter persischer Herrschaft stand.

Wie von den griechischen Salamis-Befehlshabern sich jeder für den besten hielt ...

Nach dem Seesieg bei Salamis »weihten die Griechen den Göttern die Erstlingsgaben, teilten die Beute sodann unter sich und schickten die besten Stücke nach Delphi.
Als sie die Beute verteilt hatten, fuhren die Griechen nach Isthmos, um dort demjenigen unter ihnen den Ehrenpreis zu verleihen, der sich in diesem Kriege als der Würdigste erwiesen hatte. Die Feldherrn sollten am Altar des Poseidon durch Stimmsteinchen den auswählen, der den ersten, und den, der den zweiten Preis erhalten solle. Da aber jeder von ihnen sich selber das Hauptverdienst am Siege zuschrieb, kam es, daß jeder an erster Stelle für seine eigene Person stimmte. Nur beim zweiten Preis fielen die meisten Stimmen auf Themistokles. So hatten die Bewerber um den ersten Preis nur je eine Stimme, aber für den zweiten Preis bekam Themistokles eine große Mehrheit.
Aus Mißgunst gegeneinander wollten die Griechen die Sache nicht erledigen, sondern fuhren in ihre Heimat zurück, ohne eine Entscheidung gefällt zu haben. Trotzdem wurde Themistokles in ganz Hellas gepriesen und kam in den Ruf des klügsten und weisesten unter allen Griechen.
Weil er aber trotz seines Sieges nicht von denen, die selbst in der Seeschlacht bei Salamis gekämpft hatten, geehrt worden war, reiste er gleich nachher nach Sparta, um sich dort Ehre einzuheimsen. Die Spartaner nahmen ihn würdig auf und erwiesen ihm große Hochachtung. Zwar verliehen sie dem Eurybiades den Ehrenpreis

der Tapferkeit, nämlich einen Olivenkranz. Den Preis der Klugheit und Geschicklichkeit, ebenfalls einen Olivenkranz, aber gaben sie dem Themistokles und beschenkten ihn mit dem schönsten Wagen, der in Sparta zu finden war. Und nachdem sie ihm viel Lob gespendet, mußten ihm dreihundert auserlesene Spartiaten, die sogenannten Ritter, das Geleit geben bis an die Grenze. Themistokles ist der einzige Mensch, soviel wir wissen, dem die Spartiaten je das Geleit gegeben haben.« VIII, 121.123.124

In Wirklichkeit war Themistokles zum ersten Sieger erkoren worden, denn das Eigenlob der Herren Generäle, von denen jeder sich selbst für den besten hielt, dürfte nicht zählen. Plutarch schreibt sogar, daß alle Heerführer ihm den zweiten Platz zugebilligt hätten.

Auf welche Weise König Xerxes auf der Rückfahrt nach Asien aus schwerer Seenot gerettet wurde ...

»Sobald die Perser, aus Thrakien kommend, an den Hellespont kamen, setzten sie in Eile auf Schiffen über die Meerenge. Denn sie fanden die Brücken nicht mehr vor; ein Sturm hatte sie zerstört. Weil sie aber dort bleiben mußten und mehr zu essen fanden als unterwegs, so daß sie sich, ohne Maß zu halten, damit vollfüllten, und weil sie obendrein auch anderes Trinkwasser bekamen als bisher, starben noch viele von dem Rest des Heeres. Die übrigen kamen mit Xerxes wohlbehalten nach Sardes.

Es gibt auch noch eine andere Erzählung über diesen Rückzug.

Als Xerxes von Athen bis nach Eion am Strymon-Fluß in Thrakien gelangt war, wollte er nicht weiter zu Lande ziehen, sondern übergab das Heer dem Hydarnes. Er selbst bestieg ein phoinikisches Schiff, um direkt nach Asien zu fahren.

Während der Fahrt erhob sich plötzlich ein starker Wind, der hohe Wellen trieb. Der König litt unter dem Sturm um so mehr, als das Schiff überfüllt war und sich eine Menge von Persern, die Xerxes begleiteten, auf Deck befand. Da ward dem König bange, und er schrie den Steuermann an und wollte wissen, ob es noch eine Rettung für sie gebe. Worauf dieser antwortete:

›Herr, es gibt keine Rettung, falls nicht das Schiff erleichtert wird von den vielen Menschen auf Deck.‹

Als der König dies vernommen hatte, so wird erzählt, rief er:
›Männer aus Persien! Jetzt könnt ihr beweisen, ob ihr euren König wirklich liebt. Denn in eurer Hand allein, so scheint es, liegt meine Rettung.‹

So sprach er. Und als er das gesagt hatte, fielen die Perser dem Xerxes zu Füßen und sprangen dann über Bord ins Meer. Dadurch wurde das Schiff leicht und gelangte glücklich nach Asien.

Sobald der König jedoch an Land gegangen war, tat er folgendes: Er beschenkte den Steuermann zuerst mit einem goldenen Kranz – weil er des Königs Leben gerettet habe. Danach ließ er ihm den Kopf abschlagen – weil durch seinen Rat so viele Perser ums Leben gekommen seien.

So lautet die andere Erzählung von der Rückfahrt des Königs. Doch halte ich sie für unglaubwürdig, zumal, was das Schicksal der Perser betrifft. Denn angenommen, der Steuermann hätte das wirklich zu Xerxes gesagt, so wird mir unter zehntausend auch nicht einer widersprechen, wenn ich behaupte, der König wäre dann doch sicherlich so vorgegangen: Er hätte die Männer, die sich an Deck befanden, die ja Perser waren, und zwar die vornehmsten, ins Schiff hinuntergeschickt und dafür von den phoinikischen Ruderknechten die gleiche Zahl ins Meer werfen lassen.« VIII, 117–119

So ganz aus der Luft gegriffen, wie Herodot meint, dürfte die Geschichte von der Errettung des Xerxes aus Seenot gar nicht sein. Sie mag nur der Denkweise eines Griechen widersprochen haben. Denn der Großkönig pflegte, wie wir aus alten Inschriften, auch der von Behistûn, wissen, seine bewährtesten Feldherrn und Granden nur als »bandaka«, d. h. Sklaven, zu bezeichnen. Es ist daher sehr wohl denkbar, daß es ihm wichtiger war, erfahrene phönizische Seeleute zu behalten, und dafür lieber ein paar seiner jeder Seefahrt unkundigen Noblen ins Wasser springen zu lassen.

Vom tapferen Sophanes, der stets mit einem Anker in die Schlacht zog ...

479 v. Chr. – dem Jahr nach dem Seesieg von Salamis – gelingt es den Griechen unter dem Spartaner Pausanias, die persische Heeresmacht bei Plataiai in Boiotien entscheidend zu schlagen. Als nach der Schlacht das Lob der Tapfersten angestimmt wird, findet dabei auch ein Krieger Erwähnung, der auf eine wahrhaft ungewöhnliche Art zu kämpfen pflegte:

»Sophanes, der sich unter den Athenern am rühmlichsten hervortat, stammte aus dem attischen Gau Dekeleia. Über ihn sind zwei Überlieferungen im Umlauf.

Nach der einen Erzählung trug er stets einen eisernen Anker bei sich, den er mit eherner Kette am Gürtel seines Panzers befestigt hatte. Sobald er in die Schlacht kam und sich den Feinden näherte, warf er diesen auf die Erde, damit die Gegner, wenn sie vorstürmten, ihn nicht von seinem Platz fortreißen konnten. Ergriffen die Gegner aber die Flucht, so nahm er den Anker wieder auf und verfolgte sie.

So lautet die eine Erzählung. Nach der anderen aber, die mit dieser nicht in Einklang zu bringen ist, soll er auf seinem Schilde, den er beständig drehte und niemals stillhielt, einen Anker nur als Wappen geführt haben und keinen eisernen am Panzergürtel.«
IX, 74.75

Die Heldentaten des Sophanes entstammen den Skolien, Trinkliedern, die zu Ehren des berühmten Kriegers gesungen wurden.

Von der Üppigkeit persischer Tafelfreuden und der Ärmlichkeit eines griechischen Mahls ...

In der Schlacht von Plataiai fand auch der von Xerxes als Oberbefehlshaber eingesetzte Mardonios den Tod.

»König Xerxes hatte, so erzählt man, bei der Flucht aus Hellas seine gesamte Feldausrüstung dem Mardonios zurückgelassen. Als Pausanias das Zelt des Mardonios besichtigte und all die goldenen und silbernen Geräte und die bunten Teppiche sah, befahl er den zurückgebliebenen Bäckern und Köchen, ihm ein Mahl anzurichten, genauso, wie sie es für Mardonios zu bereiten pflegten. Diese taten, was er ihnen geboten hatte, und Pausanias sah nun, wie goldene und silberne gepolsterte Ruhelager und goldene und silberne Tische aufgestellt wurden und man ein üppiges Festessen zubereitete.

Erstaunt über all die Kostbarkeiten und herrlichen Dinge, die er vor sich ausgebreitet sah, ließ Pausanias seine Diener herbeirufen und befahl ihnen, scherzeshalber, eine heimische Mahlzeit herzurichten. Als man diese fertig hatte, war der Unterschied zwischen beiden so groß, daß Pausanias lachen mußte. Er ließ die Feldherrn kommen, wies auf die so verschiedene Anrichtung und Zubereitung des Mahles hin und sagte:

›Griechen! Schaut her, weshalb ich euch rufen ließ. Ich wollte euch die Torheit des Perserhäuptlings zeigen, der so üppig lebt und doch kam, um uns, die wir so ärmlich leben, zu berauben.‹« IX, 82

Drastischer hätte man den Kontrast zwischen Glanz und Üppigkeit eines persischen Gastmahls im Gegensatz zur Einfachheit und Kargheit einer griechischen Mahlzeit nicht demonstrieren können. Nicht nur waren die Festlandsgriechen zu jener Zeit noch viel zu arm, um sich kostbare Tischgeräte überhaupt leisten zu können. Auch ihre Kost war – wie heute noch – äußerst primitiv. Der einfache Mann aß hauptsächlich Brot mit Zukost. An Fleisch gab es eigentlich nur das, was der einzelne als Anteil an einem Opfer erhielt. Was die Kolonialgriechen über das Essen ihrer Landsleute in der alten Heimat hielten, beleuchtet ein bezeichnender Ausspruch. Ein Mann aus Sybaris, dem in Sparta die berüchtigte, aus geronnenem Blut hergestellte Schwarze Suppe vorgesetzt wurde, äußerte: Jetzt verstehe er es, warum die Spartaner so gern in der Schlacht ihr Leben ließen – nur um dieser Kost zu entgehen!

Von Scheingräbern, die Griechen aus Scham nach der Plataiai-Schlacht errichteten ...

»Nachdem die Griechen bei Plataiai die Beute unter sich verteilt hatten, bestatteten sie auch ihre Toten, jede Stadt die ihrigen gesondert. Die Lakedaimonier errichteten drei Gräber. In dem einen begruben sie die Jünglinge, im zweiten die anderen Spartiaten und im dritten die Heloten. Auch die Tegeaten beerdigten die ihrigen getrennt von den anderen, alle in einem Grabe zusammen. Und ebenso machten es auch die Athener mit ihren Gefallenen, außerdem die Megareer und die Phleiasier mit ihren von der Reiterei erschlagenen Männern. Alle diese Grabmäler enthielten wirklich Leichname.

Aber die übrigen Grabmäler, die man bei Plataiai sieht, sind, wie mir erzählt worden ist, nur leere Erdhaufen. Sie wurden aus Scham von jenen Städten nachträglich aufgeschüttet, die an der Schlacht bei Plataiai nicht teilgenommen hatten, um die Nachwelt zu täuschen. Es gibt dort ein sogenanntes Grab der Aigineten, das, wie ich höre, erst zehn Jahre später von Kleades, dem Sohne des Autodikos aus Plataiai, angelegt worden ist. Er tat es auf Bitten der Aigineten, deren Gastfreund er war.« IX, 85

Sieg bei Plataiai, das bedeutete – anders als bei Marathon, wo Athener allein den Lorbeer erfochten – pangriechischen Triumph. Verständlich, daß jede Stadt dort ihren Gedenkplatz haben wollte. Die Aigineten, die bei Herodot so schlecht wegkommen, waren allgemein geachtet und gerühmt wegen ihrer Tapferkeit. Nach der

Salamis-Schlacht, zu der sie achtzig Trieren stellten, hatten sie dafür den ersten Preis zugesprochen bekommen. Sie lebten jedoch in ständigem Zwist und Eifersuchtsstreit mit Athen. Möglicherweise hat Herodot, der mit den Athener Alkmaioniden sehr gut stand, von dieser Seite die abträgliche Geschichte erfahren und übernommen. Denn teilgenommen an der Schlacht, das schreibt er selbst, hatte Aigina mit fünfhundert Mann.

Daß ein Kenotaph erst Jahre nach einer Schlacht zum Gedenken der Gefallenen gesetzt wurde, war nichts Ungewöhnliches. Nur dort, wo die Toten in Massen das Schlachtfeld bedeckten, wurde ihnen gleich ein Grabmal errichtet. Die Leichname derer aber, die zu Beginn eines Gefechtes oder gar am Abend zuvor vereinzelt gefallen waren, wurden in der Hitze der eigentlichen Schlacht weit über das Feld verstreut, und man konnte ihnen erst später Grabmäler oder Gedenksteine errichten.

Informationen über Technik, Ingenieurkünste und Bauwesen sind in der frühen antiken Literatur äußerst selten. Abgesehen von wenigen Inschriften in Mesopotamien und Ägypten, die den Namen des Bauherrn eines Palastes, Tempels oder Grabmals nennen oder allenfalls noch Jahr und Grund der Errichtung, blieb dokumentarisch kaum etwas erhalten. Herodot war der erste, dem wir eine zum Teil sogar detailliert genaue Beschreibung einiger der größten und imposantesten Bauten und technischen Pionierleistungen der Alten Welt verdanken.

Was der Riesenbau der Cheopspyramide an Menschen und Material verschlang ...

»König Cheops erlegte dem Land Ägypten allerlei Drangsal auf. Zunächst schloß er alle Tempel und verbot alle Opfer und Feste. Dann zwang er das gesamte Volk, ihm Frondienst zu leisten. Die einen mußten Steine aus den Brüchen im arabischen Gebirge bis zum Nil schleppen. Und nachdem die Steine auf Schiffen über den Strom geschafft worden waren, mußten andere bereitstehen und sie weiterschleppen bis zum sogenannten libyschen Gebirge.
Jeweils hunderttausend Menschen waren es, die daran arbeiteten. Allein für den Bau der Straße, auf der sie die Steine heranschleiften, dauerte die Bedrückung des Volkes zehn Jahre lang. Denn das bereits war ein Werk, das ich nicht viel geringer schätze als die Pyramide selbst. Ist doch diese Straße fünf Stadien lang, zehn Klafter breit und an der höchsten Stelle acht Klafter hoch. Dazu besteht sie ganz aus geglätteten Steinen mit eingehauenem Bildwerk.
Zehn Jahre vergingen also, bis diese Straße und die unterirdischen Kammern auf der Anhöhe, auf der die Pyramiden stehen, fertig waren. Die unterirdischen Räume legte er als seine Begräbnisstelle auf einer Insel an, nachdem er einen Kanal des Nils in den Berg hineingeleitet hatte.
.Für den Bau der Pyramide selbst, so heißt es, habe man zwanzig Jahre benötigt. Jede ihrer vier Seiten ist achthundert Fuß lang, und ebenso groß ist ihre Höhe. Sie besteht aus geglätteten Steinen, die aufs genaueste aneinandergefügt sind, und keiner dieser Steine mißt weniger als dreißig Fuß.

Gebaut ward diese Pyramide gleichsam wie eine Treppe oder in Stufen oder Absätzen, wie andere es nennen. War das treppenförmige Monument errichtet, schaffte man die übrigen Steine mit Hilfe von Hebewerkzeugen, die aus kurzen Hölzern gefertigt waren, in die Höhe. Zunächst wurde ein Stein vom Boden auf die erste Stufenreihe gehoben. Dort legte man ihn in ein anderes Hebezeug, das auf dem ersten Absatz stand, und zog ihn weiter auf die folgende Stufe empor. Es gab so viele Hebewerke wie Stufenreihen, falls man nicht dieselbe Hebevorrichtung, die ja leicht zu bewegen war, von Stufe zu Stufe bis hinauf nach oben verwendete. Mir ist nämlich von beiden Methoden berichtet worden, weshalb ich auch beides anführe.

Bei dieser Arbeitsweise wurde die Spitze zuerst fertig, dann ging es abwärts bis zur untersten Stufe.

An der Pyramide steht in ägyptischer Schrift verzeichnet, wieviel Geld man für Rettiche, Zwiebeln und Knoblauch für die Bauleute ausgegeben hat. Wenn ich mich recht erinnere, sagte der Dolmetscher, als er mir die Inschrift vorlas, es seien tausendundsechshundert Talente ausgegeben worden. Und wenn das stimmt, welche Unsummen müssen da erst für das eiserne Werkzeug der Arbeiter, für ihre Nahrung und Kleidung ausgegeben worden sein! Denn zwanzig Jahre dauerte doch bereits allein der Bau der Pyramide, und die Zeit, die sie für das Brechen und Herbeischaffen der Steine wie auch die Fertigstellung der unterirdischen Gruft benötigten, dürfte meines Erachtens auch nicht gerade kurz gewesen sein.« II, 124.125

Schattenhaft nur ragt die Gestalt des Cheops wie die des Chefren und des Mykerinos aus dem Nebel fernster Vergangenheit. Wären nicht die gewaltigen Bauten ihrer Pyramiden und einige Statuen, wir würden kaum noch eine Ahnung von jener Zeit der 4. Dynastie – ca. 2550 bis 2450 v. Chr. – haben, die zu den größten der ägyptischen Geschichte zählt. Ob die Berichte, die Pharao Cheops zum Tyrannen, Ausbeuter und Religionsfrevler stempeln, begründet waren, ist zweifelhaft. Wahrscheinlicher schon ist es, daß er, wie später auch von Kambyses II. berichtet, die Einkünfte der Priesterkaste gekürzt oder deren Einfluß zurückgedrängt hatte. Denn unter Cheops wurde die Errichtung einer ungeheuren Ruhestätte erstmals zur wichtigsten Aufgabe des ganzen Staates. Die höchste und zugleich älteste aller Pyramiden bei Gizeh legt ein beredtes Zeugnis von der Macht und der Größe dieses Herrschers ab.

Ihre Höhe betrug ursprünglich 146 Meter, heute sind es noch 137

Meter. Die Verwitterung war schon zu Herodots Zeiten fortge-
schritten, nachdem man den schützenden Außenmantel aus Assua-
ner Granit für andere Bauten längst abzutragen begonnen hatte.
Die Basis mißt 225 Meter im Quadrat. 2,3 Millionen Kalkstein-
blöcke, jeder etwa zweieinhalb Tonnen schwer, wurden allein für
den Kern verbaut. Man gewann sie in Steinbrüchen am Ostufer
des Nils, und wenn das Hochwasser die Ebene weithin überschwemmt hatte, flößte man sie bis an den Hang der Pyramidenhü-
gel. Um sie möglichst nahe heranbringen zu können, war ein
besonderer Kanal geschaffen worden. Von dort wurden die Blöcke
dann auf einer als Damm gebauten Steinrampe nach oben trans-
portiert. Der Damm wurde später zu einem überdachten Gang,
der zum Totentempel des Pharaos hinaufführte. Reste davon stehen noch heute beim Dorf Kafr.
Eine Inschrift des Inhalts, wie der Fremdenführer sie vorgelesen
haben soll, blieb unbekannt.

*Vom ägyptischen Wunderwerk des Labyrinths, das alle Bauten in
Hellas zusammen übertrifft ...*

»Ein wenig oberhalb des Moiris-Sees, nicht weit von einer sogenannten ›Stadt der Krokodile‹, wurde das Labyrinth erbaut. Ich
habe es noch mit eigenen Augen gesehen und muß gestehen, es
fehlen mir die Worte, um es richtig beschreiben zu können! Selbst
wenn man alles zusammenzählte, was die Griechen an Mauerbau-
ten und an Bauwerken je errichtet haben, so würde sich herausstel-
len, daß in all dem noch nicht so viel Arbeit und so viel Geld
steckt wie in diesem einen Labyrinth! Und dabei sind doch sowohl
der Tempel in Ephesos als auch der Tempel in Samos Bauwerke,
die sich sehen lassen können. Auch die Pyramiden waren schon
über die Maße groß, und jede einzelne von ihnen wog viele riesige
hellenische Bauten auf. Aber das Labyrinth übertrifft auch noch
die Pyramiden.
Es hat zwölf Höfe, jeder mit einem Dach überdeckt, deren Tore
einander gegenüberliegen, sechs gen Norden, sechs gen Süden, die
alle untereinander verbunden sind. Von außen umschließt sie alle
ein und dieselbe Mauer. Zwei Arten von Kammern gibt es in dem
riesigen Gebäude, unterirdische und darüber oberirdische. Zusammen sind es dreitausend, je tausendfünfhundert an der Zahl.
Durch die oberen Räume bin ich selber gegangen und kann daher
aus eigener Anschauung berichten. Von den Kammern unter der

Erde konnte ich mir nur erzählen lassen. Denn die ägyptischen Aufseher weigerten sich entschieden, sie mir zu zeigen. Wie sie mir erklärten, befänden sich dort unten die Särge der Könige, die das Labyrinth gebaut haben, und auch die Särge der heiligen Krokodile. Daher kann ich von den unteren Gemächern nur sagen, was ich gehört habe.

Die oberen aber, die ich besichtigen durfte, sind ein geradezu übermenschliches Werk! Denn wenn man durch die Räumlichkeiten wandert und sich in dieser Flucht von Kreuz- und Querwegen mit all der bunten Pracht umschaut, erblickt man tausend Wunder. Da geht es aus dem Hofe in die Kammern, aus den Kammern in die Hallen und aus den Hallen wieder in andere Säle und aus diesen wieder in andere Höfe. Und die Decken über all diesen Räumen bestehen aus Stein ebenso wie die Wände, und diese sind zudem noch geschmückt mit eingehauenem Bildwerk, und jeden Hof umgeben Säulen aus weißem, sorgfältig gefügtem Marmor. Wo das Labyrinth aufhört, an seiner Ecke, erhebt sich vierzig Klafter hoch eine Pyramide mit eingemeißelten Figuren. Unterirdisch führt ein Gang ins Innere dieser Pyramide.

So gewaltig und bestaunenswert das Labyrinth auch ist, noch größere Bewunderung aber erregt der sogenannte See des Moiris, an dessen Ufer es liegt. Dieser See hat einen Umfang von dreitausendsechshundert Stadien, was ebensoviel bedeutet wie die Küstenlänge von Ägypten. Er ersteckt sich von Norden nach Süden und mißt an seiner tiefsten Stelle fünfzig Klafter.

Daß er von Menschenhand angelegt und künstlich gegraben wurde, ist deutlich zu erkennen. Denn ungefähr in seiner Mitte stehen zwei Pyramiden. Beide ragen fünfzig Klafter hoch aus dem Wasser hervor und reichen ebenso tief hinein. Und hoch oben befindet sich auf den Pyramiden ein Kolossalbild aus Stein, eine auf einem Thron sitzende Figur.

Das Wasser in dem See entspringt keiner Quelle, denn die Gegend dort ist erschreckend wasserarm. Man leitet es aus dem Nil durch einen Kanal hinein. Sechs Monate fließt es in den See hinein und sechs Monate wieder zurück in den Nil. Wenn es ausfließt, bringt der See Tag für Tag dem königlichen Schatze ein Talent Silber aus den Fischen ein, wenn es einfließt, sind es nur zwanzig Minen. Die Einheimischen wollen wissen, daß der See unter der Erde einen Abfluß nach der libyschen Syrte habe. Er soll am Gebirge über Memphis entlang westwärts ins Binnenland hineinführen.

Was mich auch interessierte, war zu erfahren, wo die beim Ausheben des Seebeckens angefallene Erde geblieben sei. Da ich nirgendwo Aufschüttungen entdecken konnte, fragte ich die in der Nähe wohnenden Leute und erhielt eine mir durchaus glaubwürdige Auskunft. Wußte ich doch aus Erzählungen, daß auch in der assyrischen Stadt Ninive einst dergleichen geschehen war.

Dort hatten Diebe den Plan gefaßt, die großen, in unterirdischen Kammern wohl verwahrten Schätze des Königs Sardanapallos zu rauben. Sie begannen, von ihrem Haus aus einen Gang zu graben, der genau auf die Königsburg zu verlief. Den Grabeschutt aus der Grube trugen sie nachts in den Tigris, der dort vorüberfließt, bis sie ihr Ziel erreichten. Ähnlich so erzählte man mir, hätte man es auch beim Graben jenes Sees in Ägypten gemacht, nur daß die Erde nicht bei Nacht, sondern bei Tage fortgeschafft ward. Die Ägypter schütteten sie in den Nil, der sie mit sich wegtrug. So soll der See ausgegraben worden sein.« II, 148–150

Das »Labyrinth«, das mit seinem Gewirr von Hallen und Gängen an das vom sagenhaften König Minos errichtete kretische Bauwerk erinnerte, galt als eines der Sieben Weltwunder und war in der Antike das berühmte Reiseziel vieler Griechen und Römer. Es stand noch, als Strabon 24. v. Chr. das Nilland bereiste. Heute ist es völlig vom Erdboden verschwunden. Was blieb, sind einige von Flinders Petrie 1888 in der Nähe des heutigen Medinet el Fayum, dem Ort der einstigen Krokodilstadt, entdeckte Fundamentreste. Sie bedecken, schrieb er, eine Fläche, »groß genug, um alle Tempel von Karnak und Luxor aufzunehmen«, nämlich etwa 300 mal 250 Meter. »Es ist eine faszinierende Tatsache«, schrieb Strabon begeistert, »daß jede Innendecke aus einem einzigen Stein besteht, und daß die Gänge ebenso mit einzelnen Steinblöcken von ungewöhnlicher Größe bedeckt sind, indem weder Holz noch ein anderes Material verwendet wurde.« Der Riesenbau geht – wie Inschriften erkennen lassen – auf Amenemhet III. – 1847 bis 1802 v. Chr. regierend – zurück, einen Pharao der 12. Dynastie, und scheint sowohl dem Kult als auch der Verwaltung gedient zu haben.

Strabon berichtet im übrigen auch von einer am Ende des Labyrinthes gelegenen Pyramide mit einer Seitenlänge von 118 Metern. Reste davon sind noch heute bei dem Ort Howara zu sehen.

Der von Herodot so bestaunte riesige See existiert nicht mehr. Er war nicht künstlich ausgehoben. Das vom Nil durch einen Kanal zugeleitete Wasser floß vielmehr in die etwa 100 Kilometer südlich des Deltas gelegene, als Fayum bekannte große Bodensenke. Sie ist an die 60 Kilometer lang wie breit. Herodots Zahlenangaben sind trotzdem viel zu hoch gegriffen. Das Ufer dürfte nie 639

Kilometer lang gewesen sein. Moderne Schätzungen rechnen mit
knapp 200 Kilometer, da lange Dammbauten das Wasser von großen Teilen der Senke fernhielten.
Heute allerdings füllt die am niedrigsten gelegenen Gegenden nur
noch der Birket el-Kurûm genannte See. Seine Oberfläche liegt
mehr als 40 Meter unter dem Meeresspiegel.
Bei den Kolossalbildern handelte es sich um Statuen Amenemhets
III. Ihre Fundamente blieben bis heute erhalten.

*Von Babylon – der berühmtesten und mächtigsten aller Städte
und ihren bewundernswerten Bauten . . .*

»Nachdem Kyros alle Völker des asiatischen Festlandes in seine
Gewalt gebracht hatte, griff er auch die Assyrer an. In Assyrien
gibt es viele gewaltige Städte. Die berühmteste und mächtigste
unter ihnen aber und nach der Zerstörung von Ninive auch die
Hauptstadt war Babylon.
Babylon liegt in einer großen Ebene und bildet ein Viereck, jede
Seite des Vierecks ist einhundertundzwanzig Stadien lang. Vier-
hundertundachtzig Stadien beträgt also der Umfang der Stadt. Sie
ist jedoch nicht nur eine sehr große Stadt, sondern so prächtig
gebaut wie keine andere von all denen, die wir kennen. Ringsher-
um läuft zunächst ein tiefer, breiter und wassergefüllter Graben.
Dahinter erhebt sich eine Mauer. Die ist fünfzig königliche Ellen
breit und zweihundert Ellen hoch. Die königliche Elle aber ist
noch um drei Fingerbreiten länger als die gewöhnliche.
Hierbei muß ich auch noch erzählen, wozu man die Erde aus dem
Graben verwendet hat und auf welche Art die Mauer hergerichtet
wurde. Gleich beim Ausschachten des Grabens formten die Babylonier die ausgehobene Erde zu Ziegeln, soviel sie davon brauchten,
und brannten sie in Öfen. Damit befestigten sie zunächst die Rän-
der des Grabens und bauten danach die Mauer aus. Als Mörtel
verwendeten sie dabei heißes Erdharz und stopften auf dreißig
Lagen Ziegel je eine Schicht Rohrgeflecht dazwischen. Oben auf
der Mauer errichteten sie an beiden Seiten einstöckige Türme, stets
zwei einander gegenüber. Zwischen den Türmen war so viel Platz,
daß oben ein Viergespann rings um die Stadt hätte fahren können. Tore hatte die Mauer insgesamt hundert. Sie waren ganz aus
Erz, desgleichen die Pfosten und Oberschwellen.
Acht Tagereisen von Babylon entfernt liegt eine andere Stadt, Is
genannt. Dort mündet ein nicht gerade großer Fluß, der ebenfalls

den Namen Is trägt, in den Euphrat. Dieser Is führt in seinem Wasser Klumpen von Erdharz mit sich. Und von dort holte man auch das Pech für den Mauerbau in Babylon.

Babylon ist zweigeteilt. Denn ein Strom, breit, tief und reißend, Euphrat genannt, fließt mitten hindurch. Die Vorsprünge der Mauer reichen an beiden Seiten bis an den Fluß. Wo sie an das Wasser stoßen, ziehen sich an beiden Ufern noch Mauerwälle aus gebrannten Ziegeln hin.

Die Stadt selbst, die fast ausschließlich nur Häuser mit drei und vier Stockwerken kennt, wird von Straßen durchzogen, die alle geradlinig verlaufen, die Hauptstraßen ebenso wie die Querstraßen, die zum Fluß hinab führen. Wo diese Straßen auf den Mauerwall am Flusse stoßen, sind kleine Tore angebracht. Auch diese sind aus Erz, und von ihnen führen außerhalb des Walles Treppen hinab bis an den Fluß. Die Außenmauern umgeben die Stadt schützend wie ein Panzer. Nach dem Stadtinnern zu verläuft jedoch außerdem noch eine zweite Mauer, nicht viel schwächer als die äußeren, nur geringer an Umfang.

In jedem der beiden Stadtteile war in der Mitte ein gewaltiges Bauwerk errichtet – die Königsburg mit großer, starker Ringmauer in dem einen, ein Tempel des Zeus Belos mit bronzenen Toren im anderen. Das Heiligtum stand noch bis zu meiner Zeit – ein Viereck, zwei Stadien lang und ebenso breit. In der Mitte dieses Heiligtums erhebt sich ein fest gebauter Turm, je ein Stadion lang und breit. Und auf diesem Turme steht ein zweiter Turm, und auf diesem ein dritter, und so fort. Insgesamt zählt man acht Türme übereinander! Alle diese Türme lassen sich auf einer Stiege, die außen um sie herumführt, erreichen. Wenn man bis zur Mitte hinaufgestiegen ist, findet man Gelegenheit zur Rast und Sitze zum Ausruhen.

Oben auf dem letzten Turm befindet sich ein großes Tempelhaus. In ihm steht ein breites Bett mit Polstern und davor ein goldener Tisch. Aber kein Götterbild ist in diesem Heiligtum aufgestellt, und nachts darf dort auch kein Mensch verweilen, ausgenommen ein Weib aus Babylon, das sich der Gott unter allen Frauen des Landes auserlesen hat. Jedenfalls behaupten es die Chaldaier, die Priester dieses Gottes. Jene Priester erzählen auch, was mir unglaubwürdig erscheinen will, der Gott komme persönlich in den Tempel und ruhe auf dem Bett, ähnlich wie im ägyptischen Theben, wo nach der Lehre der Ägypter im Hause des Zeus auch ein Weib zu schlafen pflegt. Wie es heißt, sollen diese beiden Frauen jedoch niemals Umgang mit sterblichen Männern haben. Das gleiche gilt auch in Patara in Lykien von der Seherin des Gottes, wenn dieser erscheint. Denn das Orakel besteht dort nicht zu jeder Jahreszeit. Ist dies jedoch der Fall, so wird die Seherin nachts mit ihm im Tempel eingeschlossen.« I, 178–182

»Das ist die große Babel«, preist König Nebukadnezar II. – 605 bis 562 v. Chr. – in der Bibel (Daniel 4, 27) die Stadt, die unter ihm ihre höchste Blüte erlebte. Babylon galt zu Recht als die prächtigste, prunkvollste und größte Metropole des Alten Orient. Daß Herodot, der die Stadt gegen 455 v. Chr. selbst besuchte, bei der Beschreibung ihrer Ausdehnung und ihrer gewaltigen Bauten zum Teil reichlich übertrieben hat, konnte einwandfrei erst auf Grund der von 1899 bis 1914 von der Deutschen Orient-Gesellschaft vorgenommenen Ausgrabungen unter Leitung Professor Robert Koldeweys nachgewiesen werden.

Babylon, tatsächlich als Viereck, und zwar als schräggestelltes, erbaut, hatte einen Umfang von acht Kilometern. Ein Drittel, die Neustadt, lag westlich des Euphrat und war über eine Brücke von der Altstadt aus zu erreichen. Nebukadnezar II. hatte zwar, um im Kriegsfall die umwohnende Bevölkerung aufnehmen zu können, weit um die Stadt noch eine zweite Befestigungsmauer aufführen lassen. Aber diese war keinesfalls – wie Herodot angibt – 480 Stadien, das sind 86,4 Kilometer, sondern nur 18 Kilometer lang. Die viel zu hohen Zahlen entstammen wohl den allzu begeisterten Schilderungen eines Fremdenführers. Denn Herodot, der in III, 159 selbst erwähnt, daß »Dareios Mauern schleifen und Stadttore abreißen« ließ, sah von den Anlagen mit eigenen Augen vermutlich nur noch Reste. Das gleiche dürfte auch für die von ihm beschriebene innere Doppelstadtmauer mit ihren angeblich hundert Toren gelten. »So hoch wie Berge« heißt es zwar in der Inschrift Nebukadnezars über die Höhe jener Befestigungsanlage. Aber Herodots Maßangabe von 200 Ellen – das wären 100 Meter – erscheint viel zu hoch. Daß auf der Mauer oben Platz für ein Viergespann gewesen sein soll, ist durchaus glaubhaft. Eine in Khorsabad in Assyrien freigelegte Mauer war 24 Meter breit, nur einen Meter schmaler als Herodots Angabe.

Die Spaten konnten auch die erwähnte Königsburg nachweisen. Sie lag in unmittelbarer Nähe des Ischtar-Tores und einer Prozessionsstraße mit farbigen Großreliefs von Stieren, Löwen und Schlangengreifen auf bunt glasierten Ziegeln. Neben dem »Tempel

Als Alkmaion die Schatzkammer verließ, konnte er kaum seine Stiefel schleppen, denn alles war mit Gold ausgestopft (s. S. 101).

des Zeus Belos«, mit dem nur das Heiligtum des Stadtgottes Marduk = Baal gemeint sein kann, erhob sich in der Stadtmitte, weithin sichtbar über das Land, stufenförmig angelegt, der berühmte »Turm zu Babel« – ein Wunder seiner Zeit. Von dem riesigen Bauwerk, das nur aus leichtvergänglichen, weil nicht sehr hart gebrannten Tonziegeln bestand, blieb nichts erhalten. Es hatte auch nichts geholfen, daß die erwähnten Rohrgeflechte eingebaut worden waren, um die Zerstörung durch Wasser zu verhindern. Aus Keilschrifttexten sowie klassischen Beschreibungen können wir aber wenigstens die wichtigsten Maße rekonstruieren, die jedoch zum Teil von denen Herodots abweichen. Die Höhe des »Turms« mit dem auf der obersten Plattform errichteten zweistöckigen Kulthaus betrug insgesamt 90 Meter. Von gleicher Seitenlänge war auch die Grundfläche. Wenn Herodot von zwei Stadien, das sind 360 Meter, spricht, so könnte damit die etwa 400 Meter lange Mauer gemeint sein, die den Stufenturm umschloß.

Wie Pharao Necho mit dem Bau des ersten »Suez-Kanals« begann ...

»Psammetichos regierte vierundfünfzig Jahre über Ägypten. Dann war Nekos, sein Sohn, König über Ägypten. Er begann als erster mit dem Bau jenes Kanals ins Rote Meer, den dann Dareios, der Perserkönig, weiterführte.
Die Länge dieses künstlichen Schiffahrtsweges beträgt vier Tagefahrten, und er wurde so breit gegraben, daß zwei Dreiruderer bequem nebeneinander darauf fahren können. Das Wasser wird ihm vom Nil aus zugeleitet. Der Kanal beginnt etwas oberhalb der Stadt Bubastis, zieht an der arabischen Stadt Patumos vorüber und mündet ins Rote Meer. Ausgeschachtet wurde zunächst der an Arabien grenzende Teil der ägyptischen Ebene. Südlich von dieser flachen Stecke liegt das nahe bei Memphis sich hinziehende Gebirge, in dem sich die Steinbrüche befinden. An diesem Gebirge entlang verläuft der Kanal über eine weite Strecke von Westen gen Osten. Dann wendet er sich von den Bergen weg nach Süden in eine durch das Gebirge führende Schlucht und folgt ihr bis hinab zum Arabischen Meerbusen. Auf dem kürzesten und geradesten Wege vom nördlichen Meer hinüber zum südlichen oder Roten Meer sind es genau tausend Stadien. Aber der Kanal ist um vieles länger als diese gerade Strecke, weil er viele Krümmungen hat.
Von den Ägyptern, die unter König Nekos daran gruben, gingen über hundertzwanzigtausend zugrunde. Mitten in den Schachtar-

beiten brach der ägyptische König, erschreckt durch einen Orakelspruch, das Werk ab. Was er baue, so hatte dieser gelautet, sei
zum Vorteil der Barbaren. Unter Barbaren verstehen die Ägypter
alle, die nicht ihre Sprache sprechen.« II, 158

Der Kanal, den Nekos, der von 609 bis 594 v. Chr. regierende
Pharao Necho der Bibel, erbauen ließ, begann bei der am rechten
Nilarm gelegenen Stadt Bubastis. Wo einst Patumos – Pithon im
2. Buch Mose, I.II genannt – lag, erhebt sich heute, westlich von
Ismailia, der Tell el-Maskutah. Unter diesem Schutthügel schlum-
mert das biblische Sukkoth im berühmten Land Gosen, wo das
Volk Israel an die vierhundert Jahre lebte, bevor Mose es nach
dem Gelobten Land zurückführte. In west-östlicher Richtung verlief die künstliche Wasserstraße durch das Wadi Tumilat – eine
natürliche Senke – weiter bis zu den Bitterseen, um dann, in etwa
dem Lauf des heutigen Suezkanals folgend, sich nach Süden zu
wenden.

Nekos kam nicht mehr dazu, das imponierende Pionierwerk fer-
tigzustellen. Er starb darüber. Perserkönig Dareios I. führte es
später jedoch nicht nur weiter, sondern vollendete es sogar. Er
selbst gab es in viersprachigen Inschriften – auf persisch, ägyptisch, babylonisch und elamitisch –, die südlich der Bitterseen entdeckt wurden, bekannt:

»So spricht Dareios: ›Ich habe befohlen, einen Kanal zu graben
von einem Flusse, Nil genannt, der in Ägypten fließt, bis zu dem
Meer, das von Persien aus beginnt. Danach wurde der Kanal wie
befohlen gegraben, und die Schiffe segelten durch ihn von Ägypten nach Persien, wie es mein Wille war ...‹«

*Von den drei größten Bauwerken in ganz Hellas, die auf Samos
liegen ...*

»Die Samier haben die drei größten Bauwerke geschaffen, die es
in ganz Hellas gibt.
Sie durchbohrten einen Berg von hundertfünfzig Klafter Höhe
und gruben einen Tunnel, der am Fuße des Berges beginnt und
nach beiden Seiten Mündungen hat. Dieser Tunnel ist sieben Stadien
lang und je acht Fuß hoch und breit. Seiner ganzen Länge nach
hat man durch ihn einen breiten Kanal gezogen, zwanzig Ellen
tief und drei Fuß breit, durch den das Wasser aus einer großen
Quelle in Brunnenröhren in die Stadt geleitet wird. Der Baumeister dieser Wasserleitung war Eupalinos, der Sohn des Naustro-
phos, aus Megara.

Das zweite bildet die Aufschüttung eines Dammes im Meer zum Schutz des Hafens. Er ist zwanzig Klafter tief und mehr als zwei Stadien lang.
Das dritte Werk ist der gewaltigste Tempelbau von allen, die ich kenne. Der erste Baumeister dieses Heiligtums war ein Eingeborener der Insel, Rhoikos, der Sohn des Phileas. Wegen dieser Werke habe ich mich bei den Samiern etwas länger aufgehalten.« III, 60
Auf Samos ist noch heute der von dem Ingenieur Eupalinos gebohrte Tunnel zu sehen. Man entdeckte ihn im Jahre 1882 im Berg Ampelos wieder. Der Durchstich ist etwas über 1000 Meter lang und 1,75 Meter hoch wie breit. Nicht ganz gelungen war bei ihm die Nivellierung. Die Bohrungen, die' von beiden Seiten zugleich vorangetrieben wurden, trafen in der Mitte des Berges nicht exakt zusammen. Die Decke des von Süden geschlagenen Stollens lag mehr als ein Meter unter der Sohle des Nordstollens und obendrein an die eineinhalb Meter seitlich davon. Im Tunnel fanden sich auch noch Bruchstücke der Tonröhren, durch die einst das Quellwasser geleitet wurde.
Reste der gewaltigen, unter dem Tyrannen Polykrates – 537 bis 522 v. Chr. – erbauten Mole, die vom westlichen Horn des Hafens ausging, waren über Jahrhunderte unter Wasser zu sehen. Sie wurde erst in jüngster Vergangenheit wiederhergestellt und schützt erneut den Hafen von Tigani, des heute wichtigsten Ortes der Insel.
Mit dem Tempel ist das berühmte Heraion gemeint. Die Grundmauern dieses der Göttin Hera geweihten Heiligtums kamen bei Ausgrabungen in den Jahren 1910 bis 1913 ans Tageslicht. Sie sind etwa 108 Meter lang und 52 Meter breit. Damit war dieses Bauwerk – Ägypten ausgenommen – zu Herodots Zeiten tatsächlich größer als irgendein anderer Kultbau am Mittelmeer bzw. in Hellas. Der Artemis-Tempel zu Ephesos, der es in seinen Ausmaßen noch übertreffen sollte, wurde erst später errichtet. Den Namen des als ersten Baumeister genannten Rhoikos fand man übrigens auf einer Vase des 6. Jahrhunderts v. Chr. Jener begann mit dem Heraion wahrscheinlich bereits ein halbes Jahrhundert, bevor es unter Polykrates fertiggestellt werden konnte.

Sophanes im Heer der Athener trug einen Anker am Gürtel, den er auswarf, wenn er bei einer Schlacht auf die Feinde losging (s. S. 145).

»In Asien gibt es eine von einem Gebirge rings umschlossene Ebene. Fünf Schluchten führen durch diese Berglandschaft. Sie gehörte vordem den Chorasmiern und liegt an den Grenzen eben dieser Chorasmier, der Hyrkanier, Parther, Sarangen und Thamanaier. Seitdem jedoch die Perser an der Macht sind, gehört sie deren König.

Von dem Gebirge strömt ein großer Fluß, Akes genannt. Der war früher in fünf durch die Schluchten fließende Arme geteilt und bewässerte die Gebiete der genannten Völker. Aber seitdem diese dem Perser unterstehen, hat sich das geändert. Denn der König ließ die Bergschluchten zubauen und in jeder eine Schleuse errichten. Damit konnte das Wasser des Flusses nicht mehr abfließen und verwandelte die Ebene in dem Gebirge in einen See.

Die Volksstämme, die zuvor das Wasser nutzten, kamen dadurch in eine bedauernswerte Lage. Zwar sendet ihnen der Gott zur Winterzeit Regen wie den anderen Menschen, aber im Sommer dürsten Hirse und Sesam, die sie anbauen, nach Wasser. Läßt man ihnen nun gar nichts von dem Wasser der Flußarme zukommen, so wandern sie mit ihren Weibern nach Persien, stellen sich an das Tor des Königspalastes und erheben ein lautes Klagegeschrei. Dann gibt der König den Befehl, die Schleuse zu öffnen, die in das Land führt, wo man Wasser am dringendsten benötigt. Ist dort genügend Wasser in die Erde geflossen, wird die Schleuse wieder geschlossen und eine andere geöffnet, die in das Land des Stammes führt, der es nach jenem am meisten braucht. Wie ich aber erfahren habe, läßt sich der König für das Öffnen der Schleusen große Summen zahlen, die noch zusätzlich zur Steuer aufgebracht werden müssen.« III, 117

Es ist ein vergebliches Bemühen, die beschriebene Hochebene zu lokalisieren. Offenbar sind hier auf Grund recht unpräziser Information aus persischen Quellen Beschreibungen verschiedener Landschaften vermischt.

Aller Wahrscheinlichkeit nach handelt es sich um Anlagen an dem Fluß Murghab in Zentralasien. Er entspringt in Afghanistan und fließt auf russischem Gebiet weiter, wo er zunächst die Oase Pendschdeh speist und dann, in viele Kanäle gelenkt, auch noch die Oase Merw am Rande der Wüste Karakum mit Wasser versorgt.

Die an ihm errichteten Staudämme und Kanäle, auch noch später

von islamischen Geographen beschrieben, blieben bis zum Einfall der Mongolen intakt.
Die Oase Merw taucht bereits in altpersischen Inschriften auf.

Über den ersten Fern-Schnellweg der Antike, den persische Könige einst bauten ...

»Mit der persischen Reichsstraße verhält es sich folgendermaßen: Überall auf dem Wege finden sich königliche Raststätten und die schönsten Herbergen, und die Straße führt stets nur durch bewohntes und sicheres Land.
Zwanzig solcher Stationen liegen auf lydischem und phrygischem Gebiet, das bedeutet eine Wegstrecke von vierundneunzigeinhalb Parasangen. Von Phrygien aus gelangt man an den Fluß Halys. An ihm liegt eine Furt, die man unbedingt beschreiten muß, um über den Fluß zu kommen. Dort steht ein großes Wachthaus. Jenseits des Halys führt der Weg durch Kappadokien bis zu den Grenzen Kilikiens in achtundzwanzig Rasten, das bedeutet hundertundvier Parasangen. An dieser Grenze kommst du durch zwei Pässe und an zwei Wachthäusern vorüber, dann bist du in Kilikien, wo du drei Raststätten oder fünfzehneinhalb Parasangen Weges hast.
Die Grenze zwischen Kilikien und Armenien bildet ein schiffbarer Strom, der Euphrat.
Durch Armenien sind es fünfzehn Halteorte, das bedeutet sechsundfünfzigeinhalb Parasangen. Auch dort steht ein Wachthaus. Weiter kommt man ins Land Matiëne mit vierunddreißig Raststätten oder hundertundsiebenunddreißig Parasangen. Durch dieses Land fließen vier schiffbare Ströme, die man nicht umgehen kann, sondern im Boot überqueren muß. Der erste ist der Tigris, danach kommt ein zweiter und ein dritter, die ebenfalls Tigris benannt sind, aber weder ein und derselbe Fluß sind noch aus demselben Lande kommen. Denn der eine fließt aus Armenien, der andere aus Matiene. Der vierte heißt Gyndes. Das ist derselbe, den Kyros einst in dreihundertsechzig Kanäle teilte.
Wenn man von diesem Armenien aus in das Land Matiene reist, braucht man vierunddreißig Tagereisen oder einhundertsiebenunddreißig Parasangen. Der Weg von dort nach Kissia beträgt elf Tagereisen, das sind zweiundvierzigeinhalb Parasangen, bis zum Flusse Choaspes, der ebenfalls schiffbar ist. An diesem Flusse liegt die Stadt Susa.

Die ganze Straße, angefangen von Sardes bis nach Susa, ist also einhundertelf Tagereisen weit. Und ebenso viele Raststätten und Herbergen für Fremde findet man an ihr.

Wenn diese Königstraße richtig nach Parasangen vermessen ist und eine Parasange dreißig Stadien beträgt – was wirklich der Fall ist, dann sind es von Sardes bis zum Königspalast in Susa vierhundertundfünfzig Parasangen, was dreizehntausendfünfhundert Stadien entspricht.

Männer, die an jedem Tage etwa hundertfünfzig Stadien zurücklegen, benötigen demnach genau neunzig Tage.« V, 52.53

Neunzig Tage benötigte ein zu Fuß Reisender oder eine marschierende Truppe. Die berittenen Kuriere der Perserkönige hingegen konnten mit Hilfe von Pferden, die auf den Relaisstationen bereitstanden, eine Botschaft in nur sieben Tagen von Sardes nach Susa überbringen. Da die Parasange 5549 Metern entspricht, hatte die persische Königstraße mithin eine Länge von 2397,6 Kilometern.

Später wurde der Schnellweg bis zur Küste weitergeführt. Wie Xenophon angibt, benötigte man von Sardes bis nach Ephesos drei Tage.

Mit dem zweiten und dritten Tigris sind der Große und der Kleine Zab gemeint, der vierte Fluß ist der Diala.

Von der Riesenschiffsbrücke, die König Xerxes mit siebenhundert Fahrzeugen über den Hellespont schlagen ließ . . .

Als der Hellespont gerade überbrückt war, zerstörte ein Unwetter alles. Xerxes ließ das Meer züchtigen, und den Aufsehern des Brückenbaus wurde der Kopf abgeschlagen. Dann bauten andere Meister neue Brücken, und zwar so:

»Sie ließen Fünfzigruderer und Dreiruderer heranfahren. Für die eine, nach der Seite des Schwarzen Meers hin gelegene Brücke waren es dreihundertundsechzig Schiffe, für die andere, nach dem Hellespont zu gerichtete dreihundertundvierzig. Dabei wurden jene Fahrzeuge schräg zum Schwarzen Meer ausgerichtet, diese in der Richtung des Stromes, um die Spannung der Tragtaue zu erhalten. Nachdem die Schiffe in eine Reihe gebracht waren, warfen sie Anker von gewaltiger Größe aus. An der einen Brücke nach dem Schwarzen Meer zu geschah es wegen der Winde, die von dort her wehen, auf der anderen, nach dem Aigaiischen Meere zu, des West- und des Südwindes wegen. Zwischen den verankerten Fünfzigruderern und Dreiruderern ließ man an drei Stellen eine Durchfahrt frei, damit kleinere Fahrzeuge ungehindert passieren konnten. Danach zogen sie die Taue hinüber und spannten sie vom Lande aus mit Hilfe hölzerner Winden. Für jede Brücke wurden dabei, im Gegensatz zum ersten Brückenbau, immer zwei Taue aus weißem Flachs und vier aus Papyrosbast zusammengebunden. Sie hatten die gleiche Stärke und waren solide gearbeitet. Nur waren die Taue aus Flachs verhältnismäßig schwerer, denn eine Elle davon wog ein Talent.

Nachdem die Brücken soweit hergestellt waren, schnitten sie aus großen Baumstämmen Bohlen, so lang, wie die Schiffe breit waren, legten sie wohlgeordnet nebeneinander über die ausgespannten Taue und befestigten sie. Dann wurden Bretter darüber gelegt, und auf diese schüttete man Erde und stampfte sie fest. Zuletzt errichteten sie auf beiden Seiten eine Schutzwand, damit die Saumtiere und die Pferde nicht scheuten, wenn sie plötzlich das Wasser unter sich sahen.« VII, 36

Die von den Brückenbauern gewählte Konstruktion und Anordnung – das Verankern der Schiffe in einer zwischen beiden Ufern schräg verlaufenden Richtung – zeigt, daß sie die Strömungsverhältnisse in den Dardanellen genau studiert und berücksichtigt hatten. Längs des Nordufers verläuft nämlich eine vom Marmarameer nach dem Ägäischen Meer führende starke Oberströmung, die immerhin 2,8 Stundenkilometer erreicht. Daher auch lagen die Schiffe schräg im Wasser, und man mußte, um ein Zusammenstoßen zu verhindern, auch die nicht in der Strömung befindlichen Schiffe in entsprechender Lage verankern.

Herodot war auch der »Vater der Erd- und Länderkunde«. In seinem Werk, dem gleichsam ältesten uns erhalten gebliebenen »Baedeker«, beschreibt er die ganze damals bekannte Welt. Kein Wunder, wenn das Bild höchst unvollkommen ist. Damals war die Welt noch klein und flach dazu wie eine Scheibe. Und die drei Erdteile – Asien, Libyen (womit Afrika gemeint ist) und Europa, mehr gab es nicht – umfloß, nicht anders als bereits drei Jahrhunderte zuvor bei Homer, der fabulöse Okeanos. Aber selbst im Wissen von jenen Kontinenten klafften noch riesige Lücken.

Dabei hatte sich der geographische Horizont in den zwei bis drei Jahrhunderten vor Herodot explosionsartig erweitert, vor allem, was die südlichen Gegenden unseres Planeten betrifft. Dazu hatte verschiedenes beigetragen: die von ionischen Städten Kleinasiens ausgehende Kolonisation im Mittelmeer- wie im Schwarzmeerraum ebenso wie die Fernfahrten phönizischer Handelsfrachter bis zu den Säulen des Herakles, die im Auftrage des Pharaos Necho erfolgte erste Umsegelung Afrikas wie die unter Dareios I. ausgesandte Expedition des Skylax, der vom Indus um Arabien herum erstmals bis zum heutigen Suez am Roten Meer segelte.

Um so erschreckender war die Unkenntnis über alles, was nördlich und nordwestlich von Griechenland lag – über Gestalt wie Größe Europas. Von dessen Flüssen und Gebirgen wußte man nichts, nicht einmal, »ob es im Osten und Norden von Meer umgeben ist«.

Zu der Zeit des Perikles in Hellas, dem Land, wo – so oft gepriesen – die Geburtsstunde des Abendlandes schlug, hatte der Enzyklopädist und Weltreisende Nummer eins jener Zeit, der selbst in Unteritalien lebte, geographisch noch keinen blassen Schimmer von Europa!

Von der Größe Europas, Asiens und Libyens sowie dem Okeanos, der die Erde rings umfließt . . .

»... Ich muß lachen, wenn ich sehe, wie viele Menschen schon Erdkarten gezeichnet haben und doch keiner die Gestalt der Erde richtig zu erklären weiß. Da zeichnen sie den Okeanos rings um die Erde fließend und die Erde kreisrund, wie mit dem Zirkel gedreht. Und Asien machen sie ebenso groß wie Europa.

Aus diesem Grunde will ich mit wenigen Worten darlegen, wie groß die beiden Erdteile sind und auch, wie man sie zeichnen muß.

In Asien wohnen die Perser bis ans Südliche Meer ... Ihnen folgen nach Norden hinauf bis zum Schwarzen Meer die Meder, Saspeirer und Kolcher ...

Westlich von diesen vier Völkern erstrecken sich zwei Halbinseln ins Meer, die ich beschreiben will. Die eine Halbinsel bildet, wie wir erfahren, Kleinasien. Die andere beginnt bei den Persern und breitet sich nach dem Roten Meer hin aus. Sie umfaßt nach Persien Assyrien und Arabien und endet, der herkömmlichen allgemeinen Ansicht nach, am Arabischen Meerbusen, bis zu dem König Dareios den Kanal vom Nil aus bauen ließ.

Von Persien bis nach Phoinikien dehnt sich das Land weit und flach. Von Phoinikien aber verläuft diese Halbinsel durch unser, das Mittelländische Meer, entlang am palästinensischen Syrien und bis Ägypten, wo sie aufhört ...

Dies sind die Teile Asiens, die, vom Lande der Perser aus gesehen, westwärts liegen. Das Land jenseits der Perser, Meder, Saspeiren und Kolcher hingegen, das gen Osten und Sonnenaufgang zu liegt, wird auf der einen Seite begrenzt vom Roten Meer, auf der Nordseite aber vom Kaspischen Meer und vom Flusse Arakes, der ostwärts fließt. Jener Teil Asiens wird bis zum Lande der Inder bewohnt. Aber von dort weiter nach Osten ist das Land öde, und niemand kann etwas Näheres über seine Beschaffenheit sagen. So also ist die Gestalt und die Größe Asiens.

Libyen aber gehört zu der zweiten jener beiden Halbinseln, denn es kommt gleich nach Ägypten. Bei Ägypten ist sie zwar nur schmal ... Jedoch jenseits dieser Enge wird das Land, das den Namen Libyen führt, sehr breit.

Ich wundere mich über diejenigen, die Libyen, Asien und Europa abgegrenzt und eingeteilt haben. Ihre Größe ist doch zu verschieden. An Länge übertrifft Europa die beiden anderen zusammen, und in der Breite, behaupte ich, können sie sich überhaupt nicht mit Europa messen. Denn Libyen ist ja ringsum vom Meer umflossen, außer dort, wo es an Asien grenzt. Dafür hat, soviel wir wissen, der ägyptische König Nekos als erster den Beweis erbracht.« IV, 36–42

Herodot mokiert sich über die herkömmliche Auffassung seiner Landsleute aus Kleinasien. Er hat dabei eine Karte vor Augen, in der die Erde rund wie ein Pfannkuchen dargestellt ist und umgeben von einem Ozean.

Schon von Anaximandros aus Milet war gegen 550 v. Chr. eine solche Weltkarte gezeichnet worden. Und so auch hatte sich der zur Zeit des Ionischen Aufstandes um 500 v. Chr. lebende Milesier Hekataios die Erde vorgestellt. Von ihm stammte eine längst verlorengegangene geographische Schrift, betitelt »Die Rundreise«. Aber bei der Kritik – vor allem an der Dreiteilung – bleibt es. Herodot selbst weiß keine andere, bessere Sicht über die Gestalt der Erde anzubieten. Dazu fehlen auch ihm noch die notwendigen Kenntnisse. Denn er stellt sich nicht nur Vorderasien, einschließlich Persien, Assyrien und Arabien und dazu Libyen, Afrika also – die »andere Halbinsel neben Kleinasien« – als eine geschlossene Landmasse mit ungegliederter Südküste vor. Für ihn ist auch Europa noch größer als Asien und Afrika zusammen (siehe Karte Seite 249 oben).

Wie Pharao Necho als erster den Beweis erbrachte, daß Afrika meerumflossen ist . . .

»Nachdem König Nekos mit dem Bau des Kanals aufgehört hatte, der den Nil mit dem Arabischen Meerbusen verbinden sollte, schickte er Phoiniker mit einer Flotte zu einer Erkundungsfahrt aus. Sie hatte den Auftrag erhalten, auf dem Rückweg durch die Säulen des Herakles zu segeln, um dann durch das Mittelländische Meer nach Ägypten zurückzukehren.
Die Phoiniker brachen vom Roten Meer auf und fuhren ins Südmeer. Immer, wenn der Sommer zu Ende ging, landeten sie, wo sie sich gerade befanden, an der Küste Libyens, bestellten das Land und blieben bis zur Ernte. Dann mähten sie das Korn und segelten weiter. Das machten sie zwei Jahre lang. Erst im dritten Jahr bogen sie um die Säulen des Herakles und gelangten wieder nach Ägypten.
Als sie von ihrer Fahrt berichteten, erzählten sie folgendes: Sie hätten, während sie Libyen umschifften, die Sonne auf einmal zur Rechten gehabt. Dies mag ihnen ein anderer glauben, ich tue es nicht. So ward dieser Erdteil zum erstenmal erforscht.
Später wollen auch die Karthager Libyen umsegelt haben, was aber nicht stimmt. Auch der Achaimenide Sataspes, des Teaspis Sohn, den man ausgesandt hatte, scheiterte. Er kehrte um und erfüllte nicht, was ihm seine Mutter auferlegt hatte, weil ihm Angst ward vor der Weite der Fahrt und der menschenleeren Einöde. Sataspes hatte nämlich der jungfräulichen Tochter des

Zopyros, des Sohnes des Megabyzos, Gewalt angetan. Als König Xerxes ihn dieser Missetat wegen an den Pfahl schlagen lassen wollte, bat seine Mutter, eine Schwester des Königs Dareios, für ihn um Gnade. Sie versprach Xerxes, ihrem Sohn selbst eine Strafe aufzuerlegen, schwerer als die Strafe des Königs: Er solle um Libyen segeln, und zwar so lange, bis er den Arabischen Meerbusen erreiche.

Xerxes erklärte sich damit einverstanden, und Sataspes ging nach Ägypten, wählte ein Schiff und Matrosen aus und segelte zu den Säulen des Herakles. Er passierte sie, fuhr an dem Vorgebirge Soloeis vorüber«, vermutlich dem Kap bei Tanger, »und nahm denn Kurs gen Süden. Viele Monate lang ging es über ein weites Meer. Aber da die Fahrt gar kein Ende zu nehmen schien, kehrte er um und landete eines Tages wieder in Ägypten. Als er zu König Xerxes in Persien kam, erzählte er von den Erlebnissen, die er unterwegs hatte. Weit in der Ferne seien sie an einem Volk von kleinen Menschen vorbeigefahren, die Kleider aus Palmenblättern trugen. Immer, wenn das Schiff sich dem Lande näherte, hätten diese Menschen ihre Städte verlassen und sich ins Gebirge geflüchtet. Sie«, die Matrosen, »seien hineingegangen, hätten aber nichts zerstört, sondern sich nur einige Tiere von den Herden genommen.

Als Grund aber, warum er nicht um ganz Libyen gesegelt sei, gab er an: Das Schiff hätte nicht weiterfahren können, da es auf Untiefen gelaufen sei. Der König aber glaubte ihm nicht und ließ ihn an den Pfahl schlagen, weil er die ihm auferlegte Aufgabe nicht zu Ende geführt hatte.« IV, 42.43

Die auf Betreiben des ägyptischen Königs Necho von phönizischen Seeleuten erstmals versuchte Umsegelung Afrikas gelang tatsächlich. Den Beweis dafür liefert gerade jene von den Seefahrern berichtete Beobachtung, der man, nicht anders als auch Herodot, lange Zeit keinen Glauben schenken wollte: Daß nämlich mit einem Mal die Sonne zur Rechten gestanden habe.

Das geschah tatsächlich, und zwar, als die Phönizier das Kap der Guten Hoffnung erreicht hatten. Da bei der Umsegelung ihr Schiffsbug zeitweise genau gen Westen gerichtet war, konnte die Sonne von Aufgang bis Untergang auch nur auf Steuerbord sichtbar sein. Das aber vermochte sich damals noch niemand vorzustellen.

Im Auftrage der Karthager war übrigens Afrika ebenfalls bereits einmal umsegelt worden, und zwar durch Admiral Hanno. Dieser hatte die umgekehrte Route eingeschlagen, nämlich auf der Hinfahrt über die Säulen des Herakles. Von diesem Unternehmen, das gegen 510 v. Chr. stattfand, hat Herodot offenbar nichts erfahren. Es gab darüber eine Beschreibung, die in griechischer Bearbeitung noch heute vorliegt.

Wie König Dareios die weit abgelegenen Teile Asiens erkunden ließ ...

»Die weit abgelegenen Teile Asiens sind aber durch König Dareios entdeckt und bekannt geworden. Dieser wünschte nämlich zu wissen, wo der Indos, ein Strom, in dem außer dem Nil als einzigem noch Krokodile leben, ins Meer fließe. Um das zu erforschen, sandte er auf Schiffen Männer aus, denen er vertrauen konnte, daß sie nur Wahres berichten würden.
Unter diesen Männern befand sich auch ein Grieche namens Skylax aus der Stadt Karyanda.
Von der Stadt Kaspatyros und dem Lande der Paktyer brachen sie auf und fuhren den Strom abwärts gen Osten und Sonnenaufgang bis hinunter ins Meer. Dann aber segelten sie auf dem Meer nach Westen zurück und kamen im dreißigsten Monat an jenen Ort, von dem aus die Phoiniker, wie ich schon erzählte, auf das Geheiß des ägyptischen Königs hin Libyen umschifft hatten.
Nach dieser Fahrt unterwarf Dareios die Inder seiner Herrschaft, und seine Schiffe befuhren fortan jenes Meer.
So also hat man herausgefunden, daß es sich mit Asien ähnlich verhält wie mit Libyen, nur daß man nicht kennt, was gegen Sonnenaufgang zu liegt.« IV, 44
Der Grieche Skylax – aus Karien im südwestlichen Kleinasien – unternahm gegen 508 v. Chr. im Auftrag des Dareios eine Entdeckungsreise, um die noch unbekannten Gegenden im Fernen Osten zu erkunden. Er fuhr von Kabul – griechisch Kaspatyros, heute die Hauptstadt Afghanistans – auf dem gleichnamigen Fluß abwärts, den er für den Oberlauf des Indus hielt, und auf diesem weiter zur Mündung. Auf diesem Wege, vom Tal des Kabulflusses, dem Gebiet der Paktyrer her, drang danach auch das Heer der Perser vor und eroberte die fruchtbare Indus-Ebene. Von der Mündung des Indus aus segelte Skylax alsdann, getrieben vom Monsunwind, über das Meer zurück nach Südarabien, von wo er über das Rote Meer schließlich das heutige Suez erreichte. Die Ergebnisse dieses kühnen Unternehmens faßte Skylax in einem sogenannten Periplus, einer Segelanweisung mit Angabe von Lage

und Entfernung der wichtigsten Küstenpunkte, Landeplätze und Häfen, zusammen. Der unter seinem Namen aus dem Mittelalter erhaltene Bericht wurde jedoch vermutlich erst viel später verfaßt. Daß Skylax nicht der erste war, der die Ost-West-Verbindung entdeckte, beweist unter anderem auch die Bibel:

Als die Königin von Saba König Salomo besuchte, brachte sie aus Südarabien neben anderen Geschenken auch indisches Sandelholz mit (2. Chronik 9, 10.11). Ein Handelsverkehr zwischen Indien und Südarabien muß, wie neuerdings Funde beweisen, bereits seit ältester Zeit bestanden haben. Auf den Bahrein-Inseln gefundene Artefakte entstammen der berühmten Induskultur von Mohendjodaro aus dem 2. Jahrtausend v. Chr.!

Weshalb und woher die Erde drei Frauennamen hat ...

»Ich habe nicht herausbekommen können, weshalb man der einen Erde dreierlei Namen gegeben hat, und zwar Frauennamen, und warum man zur Grenze zwischen Asien und Libyen den Nil Ägyptens und zwischen Europa und Asien den Phasis in der Kolchis bestimmt hat. Auch die Namen derer, die diese Grenzen festgesetzt haben, konnte ich nicht erfahren, auch nicht die Personen, nach denen die Erdteile benannt worden sind.

Libyen beispielsweise soll, wie die Mehrzahl der Hellenen annimmt, nach Libya, einem eingeborenen Weibe jenes Landes, benannt sein. Asien aber nach dem Weibe des Prometheus. Jedoch diesen Namen nehmen auch die Lyder für sich in Anspruch. Denn Asien sei nicht nach des Promotheus Frau Asia so getauft, behaupten sie, sondern nach Asiës, einem Sohn des Kotys und Enkel des Mannes, nach dem auch ein Stadtteil in Sardes Asiada heißt.

Von Europa hingegen weiß offenbar kein Mensch etwas Genaues, weder, ob es vom Meer umflossen ist, noch, woher es diesen Namen hat, noch kennt man den, der ihm den Namen gegeben hat, sofern wir nicht annehmen wollen, der Erdteil habe seinen Namen von dem Weibe namens Europe aus Tyros bekommen. Aber eben von diesem Weibe weiß man, daß es eine Asiatin war und nie in das Land gekommen ist, das man heute in Griechenland Europa nennt. Denn sie ist nur von Phoinikien nach Kreta und von Kreta nach Lykien gelangt. Doch genug davon! Wir wollen bei den herkömmlichen Namen bleiben!« IV, 45

Herodot denkt an die berühmte Sage, in der auch Zeus, der höchste Gott der Griechen, eine entscheidende Rolle spielt. Nach ihr lebte in Phönizien als Tochter des Königs Agenor eine Prinzessin namens Europe. Da Zeus sie erblickte, soll er in Liebe zu ihr entflammt sein. In einen Stier verwandelt, näherte er sich der Schönen am Strande und gewann deren Vertrauen. Als sie sich jedoch nichtsahnend auf seinem Rücken niederließ, stürzte er sich ins Meer und schwamm mit ihr hinüber nach Kreta. Dort zeugte er mit Europe vier Söhne, deren ältester den Namen Minos erhielt.

Von den äußersten Ländern der Erde und dem unbekannten Europa . . .

»Nach Osten ist das äußerste der bewohnten Länder Indien . . .
Nach Süden zu wiederum ist das äußerste bewohnte Land Arabien . . .
Im Südwesten bildet Aithiopien das äußerste Land . . . Das sind die äußersten Enden in Asien und Libyen . . .« III, 106.107.114.115
Nach diesen Feststellungen kommt Herodot, der an anderer Stelle – IV, 45 – erklärt, daß »bis heute niemand von Europa weiß, ob es vom Meer umflossen ist – weder im Osten noch im Norden«, auf den dritten Erdteil zu sprechen:
»Über die äußersten Länder in Europa, gen Westen hin also, kann ich nichts Genaues berichten.
Ich glaube nicht an den Eridanos, wie die Barbaren angeblich einen Fluß nennen, der ins Nordmeer mündet, aus dem der Bernstein kommen soll. Ich weiß auch von den Zinn-Inseln nichts, woher dieses Metall zu uns kommt. Denn allein schon der Name Eridanos erweist sich als griechisch und nicht als barbarisch und ist wohl von einem Dichter erfunden. Zudem habe ich trotz aller Bemühungen von keinem Augenzeugen etwas Näheres über jenes Nordmeer in Europa erfahren können. Daß von dem äußersten Lande jedoch Zinn und Bernstein kommen, unterliegt keinem Zweifel.
Gewiß ist auch, daß sich im Norden Europas weitaus das meiste Gold findet. Wie es allerdings gewonnen wird, vermag ich wiederum nicht zu sagen. Zwar geht die Sage, daß Arimaspen, einäugige Menschen, es aus der Hut der Greife rauben. Aber ich lasse mir nicht einreden, daß es Menschen gibt, die nur ein Auge haben und doch im übrigen so aussehen wie alle anderen . . .« III, 115.116

Die Tochter des Cheops, von ihrem eigenen Vater aus Geldnot ins Freudenhaus gebracht, ließ sich von jedem Besucher einen großen Stein schenken und daraus eine eigene Pyramide erbauen (s. S. 30).

Das war alles, was man zu Herodots Zeit von unserer Erde wußte. Weiter reichte der geographische Horizont noch nicht. Am
kläglichsten schneidet dabei Europa ab. Dabei hat Herodot nicht
nur in Griechenland, sondern auch in Thurioi in Unteritalien
gelebt. Wie läßt sich diese Unkenntnis erklären?

Sie ist begründet in der politischen Situation am westlichen Mittelmeer. 550 v. Chr. hatten Karthager und Etrusker sich verbündet, um ein weiteres Vordringen griechischer Händler und Kolonisten in das Westmeer zu verhindern. Ein Jahrzehnt später – nach
ihrem Seesieg bei Alalia 540 v. Chr. über einen starken Flotten-
verband griechischer Auswanderer – war der Machtkampf entschieden. Karthago beherrschte wie zuvor das westliche Mittelmeer
und kontrollierte den wichtigsten Schiffahrtsweg, der über das
heutige Gibraltar zum Silberland Tartessos und weiter zu den
Zinn-Inseln im Nordmeer führte.

Kein fremdes Schiff konnte mehr die Säulen des Herakles erreichen
oder gar passieren.

Vor der Gründung Karthagos hatten Jahrhunderte lang zwar die
Phönizier das Westmeer befahren. In der Bibel erinnert die
berühmte Klage des Propheten Hesekiel (27.3) über Tyros daran.
Aber auch die Phönizier hatten ihre Fahrtrouten und Kenntnisse
über die Küsten und Länder auf dem Wege dorthin als strenges
Handelsgeheimnis gehütet.

Bei einem Volk allerdings hätte Herodot höchst aufschlußreiche
und wissenswerte Informationen über das nördliche Europa ein-
holen können – und zwar von Thurioi aus: bei den Nachbarn der
großgriechischen Stadtkolonie, bei den Etruskern! Sie waren es,
die, archäologisch nachweisbar, von Mittel- und Norditalien aus
über die Alpen einen lebhaften Handel trieben, dessen Spuren in
Ungarn wie in Skandinavien entdeckt wurden.

Erst eineinhalb Jahrhunderte später sollten auch die Griechen endlich Näheres über den unbekannten Teil ihres eigenen Kontinents
erfahren. Von Massalia, dem heutigen Marseille, aus unternahm
gegen das Jahr 325 v. Chr. der Grieche Pytheas eine Entdeckungsreise nach dem europäischen Norden. Er kam dabei bis nach Bri-
tannien zu den Zinn-Inseln und zu dem geheimnisvollen Thule,
den Shetland- und Orkneyinseln. Was bis dahin ein streng gehüte-
tes Geheimnis der Phönizier und Karthager gewesen war,
beschrieb er in einem Buch, betitelt »Der Ozean«. Es blieb leider
nicht erhalten. Einer der Gründe und typisch zugleich für das
Schicksal so manches Neuen: Man schenkte seinen Angaben keinen
Glauben!

Ungeklärt bis heute blieb, um welchen Fluß es sich beim Eridanos gehandelt haben mag. Aischylos setzt ihn mit der Rhone gleich, Herodots Zeitgenosse Pherekydes mit dem Po. An den Mündungen beider Flüsse endete ein Zweig der vom Norden Europas kommenden sogenannten Bernstein-Straße.

Von dem Rätsel der Nilüberschwemmungen und den verschiedenen Versuchen, sie vernünftig zu erklären . . .

»Wenn der Nil anschwillt, überfluten seine Wasser nicht allein das Delta, sondern überschwemmen auch Teile der Landschaften, die man sonst zu Libyen und Arabien rechnet, und zwar auf beiden Ufern bis zu zwei Tagereisen weit, mitunter sogar noch mehr, manchmal allerdings auch weniger.

Über diese typischen Eigenschaften des Stromes indes habe ich weder von den Priestern noch von sonst jemandem etwas erfahren können. Dabei hätte ich gern von ihnen gewußt, wie es geschieht, daß der Nil von der Sommerwende an hundert Tage lang Hochwasser führt, nach Ablauf dieser Zeit wieder zurücktritt und die ganze Winterszeit hindurch bis zur nächsten Sommerwende den niedrigen Wasserstand beibehält. Hierüber konnte mir kein Ägypter Auskunft geben, was wohl die Ursache sei, daß der Nil sich so gänzlich anders verhalte als alle anderen Flüsse. Keiner von ihnen war imstande, mir die Frage zu beantworten. Außerdem wollte ich wissen, warum im Gegensatz zu anderen Flüssen gerade der Nil keinen erfrischenden Luftzug kenne.

Unter den Griechen dagegen haben einige, die durch ihr Wissen von sich reden machen wollten, ihre Ansicht über die Ursache der Nilüberschwemmungen geäußert. Von den drei verschiedenen Vermutungen, um die es sich dabei handelt, halte ich zwei keiner ausführlicher Erörtung für wert. Ich will sie daher nur kurz erwähnen.

Nach der einen sollen die regelmäßig auftretenden Sommerwinde die Ursache sein, daß der Fluß anschwillt, da sie den Nil daran hindern, ins Meer abzufließen. Diese Passatwinde aber sind schon öfter ausgeblieben, und trotzdem ist der Fluß gestiegen. Im übrigen müßte sich, wenn es tatsächlich an diesen Winden läge, auch bei allen anderen Flüssen, deren Lauf Winde entgegenwehen, etwas Ähnliches zutragen. Ja, die Auswirkungen müßten noch weit größer sein, weil die anderen Flüsse kleiner sind und eine viel schwächere Strömung aufweisen. Und es gibt eine ganze

Anzahl solcher Flüsse in Syrien wie in Libyen, bei denen nichts Derartiges eintritt wie beim Nil.

Noch unverständlicher als die erste und geradezu töricht ist die zweite Erklärung. Sie meint, am Nil komme es deshalb zu Überschwemmungen, weil dieser aus dem Okeanos entspringe und der Okeanos um die ganze Erde fließe.

Am meisten hat von den drei Deutungen die dritte für sich, obwohl sie doch die abwegigste ist, denn auch ihre Erklärung, der Nil steige infolge der Schneeschmelze, ist ganz verkehrt. Der Strom kommt doch aus Libyen, fließt mitten durch Aithiopien und dann durch Ägypten. Wie kann er denn aus Schnee entstehen, wenn er ausgerechnet aus den heißesten Ländern kommt und nach Gegenden fließt, die zum großen Teil kälter als jene sind? Nein, für jemand, der über solche Dinge zu urteilen vermag, ist der erste und entscheidende Beweis für die Unmöglichkeit, daß er aus Schnee entstehe, einmal die Tatsache der heißen Winde, die von jenen Gegenden her wehen. Zum andern sind jene Gegenden allzeit frei von Regen und Eis, während doch auf Schnee notwendig nach fünf Tagen Regen fallen muß. Es müßte, wenn es dort schneite, auch regnen. Drittens sind die Menschen dort von der Sonnenglut geschwärzt. Habichte und Schwalben halten sich dort das ganze Jahr hindurch auf, und die Kraniche ziehen auf der Flucht vor dem Winter im Skythenlande in jene Gegenden, um dort zu überwintern. Fiele auch nur der geringste Schnee in jenem Lande, das der Nil durchströmt und wo er entspringt, so könnte ohne Zweifel von alledem nichts geschehen.

Jener aber, der den Okeanos anführte, hat seine Erklärung ins Reich des Geheimnisvollen verlegt und dadurch jeder Überprüfung entzogen. Denn ich weiß nichts vom Okeanos als einem wirklich vorhandenen Flusse. Homer oder ein anderer der alten Dichter hat, so meine ich, den Namen Okeanos erfunden und in die Poesie eingeführt.

Da aber derjenige, der die Meinungen anderer verwirft, auch seine eigene Ansicht über eine so unerforschte Naturerscheinung darzulegen hat, so will ich sagen, was meines Erachtens die Ursache ist, daß der Nil im Sommer anschwillt:

Zur Winterszeit wird die Sonne von ihrer gewöhnlichen sommerlichen Bahn durch Nordwinde abgedrängt und wendet sich nach dem oberen Libyen. Damit ist, um es kurz zu sagen, alles erklärt. Denn das Land, das dem Sonnengott am nächsten ist und über welchem er steht, das muß natürlich am meisten nach Wasser lechzen, und alle Flüsse, die dort entspringen, müssen versiegen.

Ausführlicher erklärt, verhält es sich so: Wenn die Sonne über Oberlibyen steht, bewirkt sie folgendes: Weil die Luft in jenen Gegenden immer klar ist, der Boden durchwärmt und der Wind kühl, ist ihre Wirkung dieselbe wie bei uns zur Sommerszeit, wo sie mitten am Himmel steht. Sie zieht das Wasser nach oben an, wo die Winde es auffangen, es zerstreuen und verdunsten lassen. Und darum sind die Winde, die aus jenen Gegenden blasen, der Südwind und der Südwestwind, die regenreichsten von allen. Ich glaube, die Sonne läßt nicht alles Wasser, was sie jährlich aus dem Nil an sich zieht, von den Winden davontragen, sondern behält etwas davon auch bei sich. Nimmt die Strenge des Winters ab, so kehrt die Sonne zu uns in die Mitte des Himmels zurück und zieht dann gleichmäßig Wasser von allen Flüssen an. Waren sie bis dahin wasserreich, weil es viel regnete und die Gießbäche überschäumten, so werden die Flüsse im Sommer, wo die Regengüsse aufhören und die Sonne die Flüsse aufsaugt, wieder klein. Und der Nil, der kein Regenwasser empfängt und überdies von der Sonne aufgesogen wird, nimmt daher als einziger Fluß zu dieser Zeit weit mehr ab als im Sommer. Denn im Sommer zieht die Sonne seine Wasser so an wie das aller anderen Gewässer auch, im Winter aber ist der Nil allen ihren Strahlen ausgesetzt. So ist es meiner Meinung nach die Sonne, die die Überschwemmung des Nils bewirkt.

Die Sonne ist meiner Ansicht nach auch die Ursache, daß die Luft in Libyen so trocken ist. Sie durchglüht, wenn sie dort verweilt, das ganze Land. So kommt es, daß im oberen Libyen ewig Sommer herrscht. Angenommen aber einmal, die Ordnung der Jahreszeiten wär umgekehrt, und wo jetzt der Nordwind und der Winter herrschen, wären Südwind und der Mittag, und dort wiederum, wo jetzt der Südwind steht, stände der Nordwind, dann würde die Sonne, sobald Winter und Nordwind sie aus der Mitte des Himmels wegdrängen, über die oberen Teile Europas hinziehen, wie sie jetzt über den oberen Teil Libyens geht. Auf diesem Wege über ganz Europa hin würde ihre Wirkung auf den Istros« – die Donau – »meines Erachtens dann dieselbe sein wie bisher auf den Nil.

Daß aber vom Nil kein kühler Lufthauch ausgeht, das liegt daran, daß aus sehr heißen Gegenden überhaupt kein Wind zu wehen pflegt. Ein Luftstrom kommt gewöhnlich nur aus sehr kalten Gegenden.« II, 19–27

Vom Meer her wehende Winde, die das Nilwasser aufstauen, als Ursache des Hochwassers – diese Ansicht sollen Hekataios und auch Thales aus Milet vertreten haben. Die zweite Erklärung – der Nil komme aus dem Okeanos – war im Altertum weit verbreitet und wurde ebenfalls Hekataios zugeschrieben. Die dritte, die von dem Philosophen Anaxagoras (500 bis 428 v. Chr.) stammt, kommt der Wahrheit noch am nächsten. Aber Herodot hält das Vorkommen von Schnee im heißen Süden für absolut unmöglich. Und bei dieser Auffassung blieb es. Selbst als in den vierziger Jahren des vergangenen Jahrhunderts die Missionare J. H. Krapf, J. Rebmann und J. Erhardt aus Ostafrika von den schneebedeckten Gipfeln des Kilimandscharo und des Mount Kenya berichteten, wollte man ihnen lange Zeit nicht glauben.

Die Frage, die Gelehrte wieder und wieder beschäftigte, sollte erst im 20. Jahrhundert geklärt werden. Heute wissen wir: Der größte Teil des Nilwassers stammt von Regenfällen, die in Äthiopien niedergehen. Und zwar werden diese durch Winde herbeigetragen, die während der Regenzeit vom Golf von Guinea quer über ganz Afrika wehen.

Was alles über die Quellen des Nils in Erfahrung zu bringen war ...

»Was die Quellen des Nils betrifft, so machte sich keiner von all den Ägyptern, Libyern und Griechen, mit denen ich darüber gesprochen habe, anheischig, sie zu kennen, ausgenommen nur ein Mann aus der Stadt Saïs in Ägypten. Der war Schreiber im Schatzhaus eines Tempels. Aber auch dieser schien mir nur zu scherzen, als er behauptete, er wisse genau, wo sie liegen. Er erzählte mir nämlich folgendes:

Zwischen der Stadt Syene im Gebiet von Theben und der Stadt Elephantine stünden zwei Berge mit spitz zulaufenden Gipfeln. Der eine heiße Krophi, der andere Mophi. Mitten zwischen diesen Bergen strömten die Quellen des Nils aus unergründlicher Tiefe. Eine Hälfte des Wasser fließe nordwärts gegen Ägypten, die andere südwärts gen Aithiopien. Daß die Quellen ungeheuer tief seien, habe einst ein König von Ägypten, Psammetichos, selbst erprobt. Er habe ein viele tausend Klafter langes Tau hinabgelassen und sei doch auf keinen Grund gestoßen. Diese Worte des Schreibers erweisen, vorausgesetzt, sie sind wahr, meines Erachtens nur, daß es in jener Gegend starke Strudel und Strömungen gibt, so daß ein Senkblei nicht bis auf den Grund gelangen kann. Sonst konnte ich von keinem anderen etwas darüber erfahren.

Meine eigenen Forschungen habe ich jedoch soweit als möglich nach Süden ausgedehnt. Dabei bin ich selber bis zur Stadt Elephantine gekommen. Bis dort kann ich als Augenzeuge berichten, über alles andere, was danach kommt, indes nur vom Hörensagen.«

Herodot beschreibt den langen, beschwerlichen Weg, der abwechselnd zu Fuß und im Boot zurückgelegt werden muß, bis man schließlich »in eine große Stadt kommt, die Meroë heißt. Sie soll die Hauptstadt sämtlicher Aithiopier sein. Fährst du von dieser Stadt aus noch weiter, dann gelangst du in der gleichen Zeit, die man braucht, um von Elephantine bis Meroë zu kommen, zu den sogenannten ›Überläufern‹ ...

So kennt man den Nil, seinen Lauf in Ägypten nicht mitgerechnet, noch über hundert Tagereisen weit zu Wasser und zu Lande. Diese Entfernung kommt nämlich heraus, wenn man die Wege von Elephantine bis zu den ›Überläufern‹ zusammenrechnet. Der Nil fließt dabei von Westen und Sonnenuntergang her. Von seinem weiteren Lauf aber hat niemand sichere Kunde. Denn das Land ist infolge sehr großer Hitze eine unbewohnte und einsame Wüste.«
II, 28–31

Bis die Quellen des Nils entdeckt werden konnten, sollten nach Herodot noch fünfundzwanzig Jahrhunderte vergehen. Eine der Quellen – denn es sind mehrere –, und zwar die des Blauen Nils, erreichte der Portugiese Pedro Paez 1613. Aber die moderne Erforschung des gesamten Niloberlaufs begann erst, als 1837 Mohammed Ali nach der Eroberung des nördlichen und zentralen Sudans den Befehl zur Erkundung des Weißen Nils gab. Gegen 1890 endlich konnten alle wichtigen Fragen und Rätsel dieses zweitgrößten Flusses der Erde als gelöst gelten, der als Kagera im heutigen Uganda entspringt, dann den Viktoriasee durchströmt und den Albertsee passiert. Nach Aufnahme des Bahr el-Gahzal fließt er – nun Bahr el-Abiat, Weißer Nil, genannt – durch den Sudan, nimmt bei Khartum den doppelt so wasserreichen Blauen Nil auf und etwa 400 Kilometer stromabwärts als letzten Zufluß den Atbara.

Wie Nasamonen den Niloberlauf bei Pygmäen entdeckt haben wollen ...

»Leute aus Kyrene berichteten mir, sie hätten auf einer Fahrt zum Orakel des Ammon mit dem König der Ammonier Etearchos ein

Gespräch gehabt. Dabei sei unter anderem die Rede auch auf den Nil gekommen und darauf, daß niemand dessen Quellen kennt.

Da habe Etearchos erzählt, es seien einmal Männer aus dem Stamm der Nasamonen bei ihm gewesen. Dies ist eine libysche Völkerschaft, die an der Syrte und etwas östlich der Syrte wohnt. Die Nasamonen habe er gefragt, ob sie nähere Kunde über die öden Teile Libyens besäßen. Sie erklärten, es habe bei ihnen einmal wagemutige Söhne von Häuptlingen gegeben, die allerlei kühne Pläne faßten. Durch das Los hätten sie fünf bestimmt, die die Wüste Libyens durchstreifen sollten und in sie vordringen, weiter als alle anderen zuvor ... So zogen jene fünf jungen Leute, mit Wasser und Speisen wohl versehen, zuerst durch den bewohnten Landstrich und kamen dann in die Zone der wilden Tiere und schließlich in die Wüste, die sie in Richtung gen Abend durchwanderten. Und nachdem sie viele Tage lang nur eine weite Sandwüste passiert hatten, erblickten sie eines Tages plötzlich Bäume in einer Ebene. Als sie aber hingingen und von den Früchten der Bäume aßen, wurden sie von kleinen Menschen – kleiner als ein mittelgroßer Mann – überfallen. Die packten sie und schleppten sie fort. Es verstanden aber weder die Nasamonen die Sprache dieser kleinen Männer noch diese die Sprache der Nasamonen. Man führte sie durch ausgedehnte Sümpfe, bis sie endlich in eine Stadt gelangten. Deren Bewohner waren alle so klein an Wuchs wie ihre Führer und von schwarzer Farbe.

Nahe der Stadt aber floß ein großer Strom von Westen her gen Sonnenaufgang, in dem Krokodile lebten. Soviel von der Erzählung des Etearchos.« II, 32.

Die beschriebene Expedition scheint die Sahara in südwestlicher Richtung durchquert zu haben. Bei dem Strom, den die Nasamonen dann erreichten, wird es sich um den Niger gehandelt haben. Sümpfe sind charakteristisch für alle Flüsse in Zentralafrika und auch am Niger sehr zahlreich. Bei der Stadt hat man eine Zeitlang an Timbuktu gedacht. Wie inzwischen archäologisch festgestellt werden konnte, wurde dieser Ort jedoch erst gegen das Jahr 1000 n. Chr. gegründet. Geschichten über Pygmäen existieren seit Homer – er läßt sie an den Ufern des Okeanos leben und mit den Kranichen Krieg führen – und tauchen wiederholt bei Autoren der Antike auf. In der Neuzeit hielt man sie für ein Phantasieprodukt, bis es Du Chaillu und Schweinfurth auf ihren Forschungsreisen erstmals gelang, die Existenz dieser dunkelhäutigen Zwergmenschen sowohl nördlich als auch südlich des Äquators nachzuweisen. Diese Pygmäen – das griechische Wort bedeutet »Fäustlinge« –

waren übrigens in Ägyptens Altem Reich zur Zeit der 6. Dynastie als Hofzwerge sehr beliebt.

Krokodile, so glaubte man, gebe es nur im Nil. Daher auch hielt man den fernen, gen Osten fließenden Strom für ein Stück des Niloberlaufs. Selbst Alexander der Große verfiel eines Tages diesem Irrtum. Als er den Indus erreicht hatte und darin Krokodile erblickte, glaubte er, die Nilquellen entdeckt zu haben.

Etearchos ist wahrscheinlich der griechische Name für den äthiopischen Pharao Taharka.

Woraus sich schließen läßt, daß Nil und Donau in gleicher Richtung fließen ...

»In dem Flusse aber, der bei den kleinen Menschen vorbeiströmt, vermutete schon Etearchos den Nil. Und das muß man in der Tat annehmen. Denn der Nil kommt aus dem Innern Libyens, teilt es in zwei Hälften und fließt, wie ich vermute – indem ich das Unbekannte aus dem Bekannten herleite – in der gleichen Himmelsrichtung wie die Donau«, die bei Herodot Istros heißt.

»Die Donau nämlich entspringt im Land der Kelten, bei der Stadt Pyrene, und fließt mitten durch Europa. Die Kelten aber wohnen jenseits der Säulen des Herakles in der Nähe der Kynesier, die von allen Bewohnern Europas am weitesten gen Abend leben.

Nachdem die Donau ganz Europa durchquert hat, mündet sie zuletzt in den Pontos Euxeinos – das Schwarze Meer. Genau dort liegt Istria, eine Pflanzstadt von Milet. Der Lauf der Donau ist, weil er durch bewohnte Länder fließt, vielen bekannt.

Über die Quellen des Nils indes vermag niemand etwas zu sagen, weil der Teil von Libyen, den er durchströmt, unbewohnt und öde ist. Soweit es durch Nachfragen zu erkunden war, habe ich den Oberlauf des Nils beschrieben. Zuletzt kommt er nach Ägypten. Dieses jedoch liegt dem gebirgigen Kilikien ungefähr gegenüber. Und von dort kann ein rüstiger Wanderer geradenwegs in fünf Tagen die Stadt Sinope am Pontos Euxeinos erreichen, die der Mündung des Istros genau gegenüberliegt. Darum, so meine ich, hat der Nil, der ganz Libyen durchquert, einen ähnlichen Lauf wie die Donau.« II, 33,34

Daß es sich bei Herodots Annahme, der Nil habe seine Quellen in Westafrika, nicht nur um eine auf das Altertum beschränkte irrige Vermutung handelte, zeigte sich übrigens im vergangenen Jahrhundert. Als Livingstone den Lulaluba entdeckte, identifizierte man diesen Fluß mit dem Nil. Bei dieser Auffassung blieb es, bis Stanley später nachweisen konnte, daß es sich dabei um einen Oberlauf des Kongo handelt.

Die Information, die Kelten wohnten jenseits der Säulen des Herakles, weist auf eine Quelle der Phönizier hin, die vermutlich auf ihren Fahrten nach Tartessos zuerst mit jenem Volk in Kontakt gekommen sind. Pyrene war eine alte Hafenstadt am Fuße der Pyrenäen nahe der heutigen spanisch-französischen Grenze. Der auch von Livius als Portus Pyrenaei zitierte Ort gab den Pyrenäen ihren Namen und heißt heute Port Vendres. Die Ansicht, daß dort die Donau entspringe, vertrat später auch Aristoteles.

Da die Donau in Süddeutschland ihre Quellen hat, mag der Irrtum Herodots sich so erklären: Jener keltische Stamm, der Pyrene den Namen gab, wohnte ursprünglich im Donauquellgebiet und wanderte später westwärts bis zu den Pyrenäen.

Die Kynesier müssen untergegangen sein, denn sie tauchen später nie wieder auf. Ihre Wohnsitze plazierte Avienns an den Fluß Guadiana, der in den Golf von Cadiz mündet.

Die Mündung der Donau gibt Herodot falsch an. Istria, heute Constanta, liegt etwa 100 Kilometer südlich des Deltas, Sinope – heute Sinop beim Kap Ince in der Türkei – viel weiter östlich.

Von der Donau, dem größten aller Ströme, in den »Alpen« und »Karpaten« fließen . . .

»Die Donau ist der größte aller uns bekannten Ströme. Er bleibt sich an Größe sommers wie winters völlig gleich. Von Westen her ist er der erste unter den Flüssen im Skythenland, und der größte ist er, weil er viele andere Flüsse aufnimmt . . .

Aus dem Land oberhalb der Umbrer fließen der Karpis und auch der Alpis, beide nach Norden. Auch sie münden in die Donau, denn diese strömt ja durch ganz Europa. Sie entspringt im Lande der Kelten, die nach den Kynesiern von allen Völkern Europas am weitesten nach Westen zu wohnen. Erst am Ende ihres Laufes durch Europa erreicht sie die Grenze des Skythenlandes.

Durch die vielen anderen Flüsse, die der Donau ihre Gewässer zuführen, wird sie der größte aller Ströme. An eigenem Wasser übertrifft sie jedoch, vergleicht man die beiden, der Nil. Denn diesem fließt weder ein Fluß noch ein Bächlein zu, das seinen Wasserreichtum vermehren könnte.

Daß aber die Donau in Sommer- wie in Winterszeit immer gleich groß ist, das, meine ich, erklärt sich so: Im Winter hat sie ihre natürliche Größe und schwillt nur wenig an. Denn Regen fällt in jenen Landen zur Winterszeit nur spärlich, wohl aber viel Schnee. Kommt dann der Sommer, so schmelzen die gewaltigen Schneemassen, die während des Winters gefallen sind, und ergießen sich von allen Seiten in den Strom. Und außer jenen Schneewassern tragen häufige und heftige Regengüsse dazu bei, daß seine Wassermenge wieder anschwillt. Denn während des Sommers regnet es in jenem Lande. Nun zieht aber wiederum die Sonne gerade im Sommer mehr Wasser an als im Winter, und zwar in demselben Maße, wie auch die Zuflüsse der Donau im Sommer größer als im Winter sind. Und da sich auf diese Weise das eine durch das andere ausgleicht, so erscheint der Strom in immer gleicher Größe.« IV, 48–50

Erneut zeigt Herodot, wie wenig Ahnung er und seine Zeit von Europa hatten. Bereits das Gebiet nördlich der in der Mittelitalien wohnenden Umbrer ist ihm völlig fremd. Allen Ernstes hält er Karpis und Alpis, bei denen er sich um die Gebirge Karpaten und Alpen handelt, für Flüsse.

Die Zuflüsse des Nils, von denen der Ägypten nächstliegende, Atbara genannt, an die 225 Kilometer nördlich von Khartum einmündet, waren damals noch gänzlich unbekannt.

Tatsächlich treten Überschwemmungen im Unterlauf der Donau nicht auf. Herodots Erklärungen haben jedoch nichts mit den wirklichen Ursachen zu tun. Der Grund dafür liegt vielmehr in dem sogenannten Eisernen Tor in der Nähe von Belgrad, von dem Herodot nichts wußte. Jener Engpaß im Flußbett staut als natürliche Schleuse das mit der Schneeschmelze auftretende Hochwasser auf. Zu Überschwemmungen kommt es daher nur in den davor liegenden Ländern, vor allem in Ungarn.

Vom Land der Skythen und dem strengen Klima, das dort herrscht . . .

»Das Land der Skythen ist flach und eben, reich an Gras und wohlbewässert, und Flüsse strömen hindurch, nicht minder zahlreich wie die Kanäle in Ägypten. Ich will davon aber nur jene namentlich aufführen, die vom Meere aus mit Schiffen befahren werden können. Es sind dies der Istros« – die Donau – »mit fünf Mündungen, ferner der Tyres« – Dnjestr –, »der Hypanes« – der Südliche Bug –, »der Borysthenes« – Dnjepr –, »der Pantikapes« –

Inguljez –, »Hypakyris« – Kalantschak –, »Gerrhos« – Molotschnaja –, »und der Tanaïs« – Donez. IV, 47

»Alle Länder in Skythien und weiter nördlich sind im Winter sehr kalt. Acht Monate lang im Jahr herrscht ein Frost von unerträglicher Strenge. Gießt man in dieser Zeit Wasser aus, so wird die Erde nicht schmutzig, wohl aber, wenn man ein Feuer anzündet. Dann frieren das Meer und der ganze Kimmerische Bosporos« – die Straße von Kertsch – »zu, und die Skythen ziehen in Scharen über das Eis und fahren mit ihren Wagen hinüber bis zum Lande der Sinder.

So dauert der Winter ununterbrochen acht Monate lang, und während der übrigen vier Monate ist es dort nicht warm. Es herrscht überhaupt eine ganz andere Witterung als in anderen Ländern. Denn während der Zeit, da es regnen sollte, fällt so wenig Regen, daß es kaum der Rede wert ist. Im Sommer aber regnet es in einem fort. Und zu den Zeiten, da anderswo Gewitter niedergehen, fehlen sie dort. Im Sommer hingegen gibt es sehr heftige. Kommt im Winter doch einmal ein Gewitter, so staunt man darüber wie über ein Wunderzeichen. Und ebenso wird ein Erdbeben in Skythien, mag es im Sommer oder im Winter sich ereignen, als göttliches Zeichen angesehen.« IV, 28

»In das Land, das nordwärts vom Skythenland liegt, könne man, erzählen sie, überhaupt nicht hineinsehen und auch nicht hineingehen, weil so viele Federn umherflögen. Erde und Luft seien ganz voller Federn, so daß man nichts zu sehen vermag.« IV, 7

»Was die Skythen von jenen Federn sagen, von denen die Luft nördlich ihres Landes so voll sein soll, daß man weder hineinsehen noch es durchwandern kann, das erkläre ich mir folgendermaßen: Nördlich vom Skythenland schneit es ununterbrochen, allerdings im Sommer weniger als im Winter. Wer einmal einen dichten Schneefall erlebt hat, der versteht mich. Der Schnee sieht wie Federn aus. Wegen der strengen Kälte ist auch der nördliche Teil dieses Erdteils unbewohnt. Wenn die Skythen und ihre Nachbarn also von Federn sprechen, dann verstehen sie darunter den Schnee. Das ist es, was wir von diesen entferntesten Gegenden wissen.« IV, 31

Was Herodot zunächst richtig beschreibt, ist das Kontinentalklima Rußlands mit seinen strengen und langen Wintern. Ein Fehler ist ihm offenbar unterlaufen, als er danach von vier Monaten, die nicht warm sind, spricht, wo statt dessen ›sehr heiß‹ stehen müßte. Von drückender Sommerhitze dieser Gegenden sprechen auch Aristoteles und Strabon.

Die Sinder, die Handel betrieben, wohnten auf der zwischen Schwarzem und Asowschen Meer gelegenen Halbinsel Taman und an der kaukasischen Küste bis zum Orte Sinde, modern Anapa. Sie sind ein zurückgebliebener Teil jener Völkerschaften, die gegen Ende des 2. Jahrtausends vor unserer Zeitrechnung gen Osten zogen und sich im Tal des Indus niederließen, das daher auch den Namen »Sind« erhielt.

Von Babyloniens Kanälen, seinen üppigen Getreideernten und den Wespen in der Palmenfrucht ...

»Im Lande der Assyrer regnet es nur wenig, und dies wenige reicht nur aus, um die Wurzeln der Saat zu nähren. Zum Wachstum aber und zur Reife kommt das Getreide erst durch Bewässerung aus dem Strom. Doch da der Strom nicht wie in Ägypten von selber über die Ufer tritt und die Äcker überschwemmt, so muß das Wasser heraufgebracht werden mit Menschenhand und Hebewerken. Das ganze Land um Babylon ist ebenso wie Ägypten durchschnitten von Gräben und Kanälen. Der größte Kanal ist schiffbar, er läuft vom Euphrat gen Südosten bis zu einem anderen Strom, dem Tigris, an dem die Stadt Ninive lag.
Kein Land von allen, die wir kennen, ist zum Anbau von Getreide so geeignet wie Babylonien. Fruchtbäume dagegen gedeihen dort gar nicht, weder die Feige noch die Olive, auch nicht der Wein. Aber für das Getreide ist es so gut geeignet, daß es in der Regel bis an zweihundert Körner hervorbringt und, wenn es sich einmal selber übertrifft, sogar bis zu dreihundert. Die Blätter der Weizen- und Gerstenhalme werden dort gleich vier Finger breit. Wie groß die Hirse- und Sesamstauden werden, ist mir wohlbekannt. Aber ich schweige lieber davon. Denn ich weiß, daß Leuten, die nicht in Babylon gewesen sind, auch das schon sehr unglaublich erscheinen wird, was ich von den Feldfrüchten erzählt habe ...« I, 193
Der Kanal, der »Königliche« genannt, den Nebukadnezar II. ausbessern ließ, verlief, beginnend oberhalb von Babylon, südöstlich bis hinüber zum Tigris.
Wie üppig die Ernten in Babylonien gewesen sein müssen, läßt ein Vergleich mit einer Angabe aus der Bibel erkennen. Als höchste Erträge bei guten Ernten galten in Galiläa, folgt man dem Gleichnis Jesu in Matthäus 13, 23, sechzig- bis hundertfache Frucht.

Herodot verdient es, auch als »Vater der Ethnographie« gepriesen zu werden. Pate bei der Völkerbeschreibung standen anfänglich sehr reale, praktische Bedürfnisse der auf den Inseln und an der kleinasiatischen Küste ansässigen Kolonialgriechen: Für deren auf Ex- und Importe angewiesene Handelsschiffahrt waren neben der Kenntnis der Seewege und Küstenländer Informationen über fremde Völker, deren Lebensweise und Bedürfnisse von größter Wichtigkeit. Was Landsleute vor ihm, »Logographen« genannt, bereits begonnen hatten, indem sie zum Teil wahllos allerlei diesbezügliche Nachrichten sammelten, setzte Herodot auf seinen Erkundungsfahrten systematisch fort. Zudem ging er – und das bedeutete etwas grundsätzlich Neues – auch daran, die Geschichte der Völkerschaften und Stämme, deren Ursprünge und Sagen zu erforschen. Seine auf eigenen Beobachtungen fußenden Berichte haben sich im Licht moderner völkerkundlicher Erkenntnisse zumeist als durchaus korrekt und exakt erwiesen. Anders verhält es sich dort, wo Herodot – wie bei den Schilderungen über Lebensweise und Gebräuche von Menschen, die »die entferntesten Länder der Erde« bewohnen – nur vom Hörensagen erzählt, oder wie bei den merkwürdigen Sitten einiger indischer Stämme auf unsichere persische Quellen angewiesen war.

Da lief durch die Reihen der Skythen, die sich dem Heer der Perser gestellt hatten, plötzlich ein Hase, und jeder, der ihn sah, machte Jagd auf ihn (s. S. 132).

Ungefähr um das Jahr 440 v. Chr. – soweit sind sich die Gelehrten heute einig – weilte Herodot in Ägypten. Das Nilland, das, wie er selbst schreibt, »mehr Merkwürdigkeiten als irgendein anderes Land« auf der Welt aufwies, hat ihn ungemein fasziniert. Was er dort erkunden konnte, wurde zu einer Dokumentation von unschätzbarem Wert. Sie umfaßt eigene Augenzeugenberichte wie auch Geschichten, die nur auf Hörensagen beruhen. Wie exakt und zuverlässig dabei alle Dinge beschrieben wurden, die er persönlich gesehen hat, konnte wiederholt durch Ausgrabungen bestätigt werden.

Herodots Bericht blieb, bis im vergangenen Jahrhundert die Geburtsstunde der Ägyptologie schlug, die wichtigste Quelle über das alte Ägypten.

Wie Pharao Psammetichos herausfand, welches das älteste Volk auf Erden sei ...

»Früher, vor der Regierung des Psammetichos, meinten die Ägypter, sie seien das allerälteste Volk auf Erden. Seitdem aber König Psammetichos nachgeforscht hatte, welches Volk wirklich das älteste ist, meinen sie, die Phryger seien noch älter als sie, sie aber älter als die anderen.

Als Psammetichos bei seinen Nachforschungen nämlich nicht ins klare gekommen war, welche Menschen dem Ursprung nach die ersten gewesen seien, dachte er sich eines Tages folgendes aus:

Er gab einem Hirten zwei neugeborene Kinder von beliebigen Eltern und befahl ihm, wie er sie bei seiner Herde aufzuziehen habe: Niemand sollte vor ihnen ein Wort sprechen, ganz für sich allein sollten sie in einer einsamen Hütte liegen. Zu bestimmten Zeiten sollte er Ziegen zu ihnen führen, sie mit deren Milch sättigen und für alles sonst Nötige sorgen.

Psammetichos veranlaßte dies, weil er wissen wollte, was für ein Wort die Kinder, wenn die Zeit des Lallens vorbei wäre, wohl zuerst würden hören lassen. Und so geschah es auch.

Zwei Jahre hatte der Hirte, wie ihm befohlen, die Kinder versorgt und betreut, da begab es sich eines Tages, daß diese, als er die Tür öffnete und zu ihnen in die Hütte trat, auf ihn zueilten, ihm die Hände entgegenstreckten und riefen: ›Bekos!‹

Als der Hirt dies zum ersten Male hörte, schwieg er noch darüber. Da aber das Wort dann jedesmal von neuem ertönte, wenn er kam und die Kinder versorgte, meldete er es seinem Herrn und führte sie ihm auf dessen Verlangen vor. Da hörte Psammetichos selbst das Wort und ließ nachforschen, bei welchem Volke ›Bekos‹ vorkäme. Man fand heraus, daß die Phryger so das Brot benennen.

Nun erst und auf diesen Beweis hin schlossen die Ägypter und gaben es auch zu, daß die Phryger noch älter seien als sie. Ich habe die Geschichte so von den Priestern des Hephaistos in Memphis gehört. Die Hellenen freilich schmücken diese Begebenheit mit vielen törichten Zusätzen aus und behaupten, Psammetichos habe die Kinder zu einigen Weibern in Pflege gegeben, denen er zuvor die Zungen herausschneiden ließ.« II, 2

Bei dem von Herodot erwähnten Pharao handelt es sich um Psammetich II. Bekos ist tatsächlich ein phrygisches Wort, das man auf Inschriften gefunden hat, Hephaistos der ägyptische Gott Ptah.

Die Ägypter waren der festen Überzeugung, sie seien das älteste Volk auf Erden und damit auch das edelste. Geschichtlich ist Ägypten für uns seit der 1. Dynastie um 2800 v. Chr. faßbar. Aber die ältesten Spuren von Menschen am Mittel- und Unterlauf des Nils stammen schon aus der Zeit, da der Austrocknungsprozeß der Sahara begann. Und das liegt sechs Jahrtausende zurück. Wie und wann sich diese Menschen zusammenfanden und durch wen sie zu einem Volk geeinigt wurden, blieb unbekannt. Die Phryger allerdings können es, wie wir heute wissen, mit den Ägyptern an Alter nicht aufnehmen, denn Spuren dieses Volkes, das vom Osten nach Kleinasien einwanderte, tauchten erst um 1500 v. Chr. auf. Das von Herodot beschriebene Experiment des Pharaos Psammetich II. soll im übrigen noch viel später zwei Potentaten zur Nachahmung gereizt haben: den Staufenkaiser Friedrich II. (1212–1250) und den schottischen König James IV. (1488–1513). Was dabei herauskam? Es soll in diesen Fällen der Nachweis gelungen sein, daß die Sprache des Paradieses Hebräisch war.

Von den Ägyptern, die als erste die zwölf Monate eingeführt sowie Tempel erbaut haben . . .

»Was die Geschichte der Menschheit betrifft, so hat man mir, und zwar übereinstimmend, folgendes berichtet:

Die Ägypter haben als erste die Länge des Jahres festgestellt und es in zwölf Monate aufgeteilt. Sie sagen, die Gestirne hätten sie daraufgebracht. Ihre Art der Berechnung ist, wie mir scheint, klüger als die der Griechen, denn diese sind gezwungen, in jedem dritten Jahr einen Schaltmonat einzufügen. Die Ägypter hingegen zählen zwölf Monate zu je 30 Tagen und fügen alljährlich noch fünf Tage hinzu. Auf diese Weise fallen Kalenderjahr und natürliches Jahr immer zusammen. Auch die Nennung von zwölf Göttern geht, so behaupten sie, auf die Ägypter zurück. Von ihnen hätten es die Griechen übernommen.

Die Ägypter seien ebenfalls die ersten gewesen, die den Göttern Altäre, Bilder und Tempel errichtet und Figuren in Stein gemeißelt hätten. Daß es wirklich so war, davon haben sie mich in vielen Fällen durch tatsächliche Beweise überzeugen können.« II, 4

Der Kalender ist im Nilland bereits im 3. Jahrtausend v. Chr. bezeugt. Er wurde, wie man auf Grund astronomischer Rückrechnungen festlegen konnte, wahrscheinlich 2769 v. Chr. eingeführt, und zwar am 17. Juni. An diesem Tage erschien der Sirius – ägyptisch Sothis genannt – alljährlich zum ersten Male wieder in der Morgendämmerung. Da sein Sichtbarwerden am Horizont ziemlich genau mit dem Beginn des Nilhochwassers zusammenfiel, bestimmte man ihn zum ersten Tag des Jahres. Dieses hatte drei Jahreszeiten – Überschwemmung, Aussaat und Ernte genannt. Jede von ihnen dauerte vier mal dreißig Tage.

Mit dem Kalender verdankt die Menschheit den Ägyptern ein Erbe, von dem wir noch heute zehren, ohne uns dessen bewußt zu werden. Denn auch unser Kalender geht auf jenen zurück. Der Julianische Kalender, 46 v. Chr. von Julius Cäsar eingeführt, ist der altägyptische, verbessert nur durch die 238 v. Chr. bereits von Ptolemäus III. angeordnete Einführung eines Schaltjahres. 1582 erhielt der Julianische Kalender, den die Christen von den Römern übernahmen, durch Papst Gregor XIII. – von da an Gregorianischer genannt – seine heutige Form.

Bei den Griechen umfaßte das Jahr zwölf Mondmonate: sechs zu 30 Tagen und sechs zu 29 Tagen. Um das so aufgegliederte Jahr mit dem Sonnenjahr in Übereinstimmung bringen zu können, mußte man einen Schaltmonat einfügen.

Kommen sie auf der Fahrt zum Fest nach Bubastis an einer Stadt vorbei, so beginnen einige Frauen zu tanzen, andere wiederum stehen auf und entblößen sich (s. S. 195).

»Ich will nun ausführlicher über Ägypten berichten, weil es mehr wunderbare Dinge und staunenswürdige Werke aufweist als alle anderen Länder. Aus diesem Grunde werde ich es genauer beschreiben.

Wie der Himmel bei ihnen von besonderer Art ist und wie ihr Strom eine andere Natur hat als die übrigen Flüsse, so sind auch fast alle Sitten und Gebräuche der Ägypter denen der anderen Völker entgegengesetzt.

Bei ihnen sitzen die Weiber auf dem Markt und handeln, die Männer aber bleiben zu Hause und weben. Und schlägt man anderswo den Einschlag des Gewebes von unten nach oben, so tun es die Ägypter von oben nach unten. Lasten tragen die Männer auf den Köpfen, die Weiber auf den Schultern.

Harn lassen die Weiber im Stehen, die Männer hingegen im Sitzen. Die Notdurft des Leibes verrichten sie in den Häusern, die Speise aber nehmen sie draußen auf den Straßen zu sich. Als Grund dafür geben sie an, man müsse im verborgenen tun, was unziemlich, aber notwendig sei, in der Öffentlichkeit aber, was nicht unziemlich sei.

Den Priesterdienst versehen nie Weiber, weder bei einem Gotte noch bei einer Göttin, sondern nur Männer, bei Göttinnen ebenso wie bei Göttern. Für den Unterhalt der Eltern brauchen die Söhne nicht zu sorgen, wenn sie es ablehnen. Gezwungen dazu aber sind stets die Töchter, auch wenn sie es nicht wollen.

Anderswo lassen die Priester der Götter ihr Haupthaar lang wachsen, in Ägypten scheren sie es ab. Bei anderen Völkern ist es Brauch, daß bei Trauer die nächsten Angehörigen sich das Haar schneiden, die Ägypter hingegen lassen bei Todesfällen das Haar an Haupt und Kinn wachsen, wo sie sonst glatt geschoren sind.

Andere Menschen leben abgesondert von ihren Tieren, die Ägypter leben mit ihren Tieren zusammen. Den Brotteig kneten sie mit den Füßen, den Lehm dagegen mit den Händen, mit denen sie auch den Kot des Viehs vom Boden aufsammeln.

Das männliche Schamglied lassen andere, wie es von der Natur geschaffen ist. Die Ägypter aber und diejenigen, die es von ihnen übernommen haben, beschneiden es.

Gottesfürchtig sind sie über die Maßen, mehr als alle anderen Menschen. Dabei beachten sie folgende Bräuche: Sie trinken nur aus ehernen Gefäßen, die sie jeden Tag scheuern, und das tun alle ohne Ausnahme. Sie tragen Kleider aus Leinen, die immer frisch gewaschen sind, worauf sie besonders achten. Auch das Schamglied beschneiden sie nur der Reinlichkeit wegen, weil sie Reinlichkeit höher schätzen als Schönheit.

Die Priester scheren sich einen um den andern Tag den ganzen Körper, damit sich bei ihnen, die den Göttern dienen, weder Läuse noch sonst Ungeziefer einnisten können ... Zweimal am Tage und zweimal in der Nacht baden sie in kaltem Wasser, und darüber hinaus üben sie noch zahlreiche andere fromme Bräuche. Sie genießen freilich auch nicht wenige Vorteile. Von ihrem eigenen Vermögen verbrauchen sie nichts. Sie bekommen heiliges Brot, das man für sie bäckt, und Rind- und Gänsefleisch bekommen sie reichlich jeden Tag. Auch Rebenwein wird ihnen geliefert. Nur Fische dürfen sie nicht essen.«

Auf einigen ägyptischen Monumenten sieht man Frauen, die Marktgeschäfte erledigen, und Männer, die weben. Aber das sind die Ausnahmen. Daß die Griechen und die Ägypter das Webschiffchen in verschiedenen Richtungen durch die Kettenfäden schossen, hat seinen guten Grund: Die Webstühle der Hellenen standen aufrecht und wurden daher von unten nach oben bedient. Die Ägypter aber hatten auch horizontal stehende Webstühle, die es erforderten, den Einschlag von oben nach unten zu machen. Im übrigen webten auch die Juden in dieser Weise. Der Rock, den Jesus zur Kreuzigung trug, war »von obenan gewirkt, durch und durch« (Johannes 19, 23).

Die Mitteilung, daß die Ägypter ihre Notdurft im Hause verrichteten, gibt leicht ein falsches Bild. Herodot vergaß, den Grund dafür anzugeben: In ägyptischen Häusern existierten nämlich bereits Toiletten! Solche hygienischen Anlagen waren den Griechen der damaligen Zeit noch unbekannt. Im griechischen Mutterland hockte man sich zur Notdurft noch unbekümmert auf die – ungepflasterte – Straße.

Der Ägypter aus guter Familie nahm seine Mahlzeiten nicht auf der Straße ein, sondern im Haus. Herodot sah das einfache Volk draußen essen. Er scheint in keinen besseren Häusern verkehrt zu haben.

Herodots Aussage, daß Frauen generell nicht die Priesterwürde ausüben durften, ist falsch. Er selbst erwähnt Ägypterinnen im Dienst der Gottheit im Ammon-Tempel zu Theben. Auf Wandbildern sind Frauen auch im Priestergefolge bei Prozessionen zu sehen.

Eine altägyptische Opferformel führt die Geschenke an, die die

Gläubigen im Tempel darzubringen hatten: »Brot, Bier, Stiere, Gänse, Wein, Milch und alles andere, wovon die Göttlichen leben«, und damit auch die Priester.

Wie die Ägypter mit Brechmitteln und Darmspülungen für ihre Gesundheit sorgen . . .

»Die Ägypter, die im bebauten Teil des Landes leben, pflegen von allen Völkern am meisten die Erinnerung an die Vergangenheit. Sie sind die weitaus geschichtskundigsten Menschen, die ich auf meinen Reisen kennengelernt habe.
Ihre Lebensweise ist folgende: Allmonatlich nehmen sie an drei Tagen hintereinander Abführmittel zu sich und sorgen durch Brechmittel und Darmspülungen für ihre Gesundheit. Sie tun das, weil sie der Ansicht sind, daß alle Krankheiten von den Speisen herrühren, die man genießt.
Kein anderes Volk sonst ist, abgesehen von den Libyern, so gesund wie das ägyptische. Das liegt, so meine ich, wohl am Klima, da in Ägypten der Wechsel der Jahreszeiten fehlt. Denn Veränderungen bringen ja dem Menschen die meisten Krankheiten, zumal die Veränderungen der Jahreszeiten.
Brot backen die Ägypter aus Dinkelweizen, Bier stellen sie aus Gerste her. Weinstöcke gibt es im Lande nicht. Fische werden an der Sonne gedörrt und roh gegessen oder eingesalzen. Wachteln, Enten und kleinere Vögel ißt man roh, nachdem man sie zuvor eingepökelt hat. Alle anderen Vögel- oder Fischarten außer denen, die als heilig gelten, verzehren die Ägypter gebraten oder gekocht.« II, 77
Brechmittel, Abführmittel und Klistiere, so kann man noch heute auf Papyrusrollen medizinischen Inhalts nachlesen, wurden dreimal wöchentlich morgens oder abends verwendet. Daß der Wechsel der Jahreszeiten und Temperaturen die Hauptursachen für Krankheiten sind, das meinte auch Hippokrates, der Vater der medizinischen Wissenschaft und Zeitgenosse Herodots. Eine Krankheit kann sich in dem trockenen und wenig wechselhaften ägyptischen Klima tatsächlich schlecht entfalten: die Lungentuberkulose. Deshalb auch ging bis in jüngste Vergangenheit Lungenkranke, die sich das leisten konnten, am liebsten nach Ägypten.
Nur das einfache Volk aß Brot, das aus Dura, einer Hirseart, gebacken war. Alle übrigen Ägypter kannten nur Weizenbrot.
Die im westlichen Delta gelegenen Weinanbaugebiete Ägyptens

hat Herodot offenbar nicht besucht, noch ist ihm etwas davon zu Ohren gekommen. Allerdings trank man im Nilland am liebsten Importweine aus Griechenland und vor allem Phönizien, die besser und billiger waren als die einheimischen Weinsorten.

Wo Frauen auf der Fahrt zum Fest sich entblößen ...

»In Bubastis feiert man die Feste folgendermaßen: Eine große Menge Volkes, Männer und Frauen, kommen in Booten angefahren. Manche Frauen haben Klappern, mit denen sie rasseln, manche Männer spielen während der Fahrt die Flöte, und die übrigen Männer und Frauen singen dazu und klatschen in die Hände. Kommen sie an einer Stadt vorbei, so steuern sie die Boote nahe ans Ufer. Einige Frauen rasseln weiter mit den Klappern, andere verspotten die Frauen jener Stadt mit Zurufen, wieder andere tanzen und wiederum andere stehen auf und entblößen sich. Das wiederholen sie vor jeder Stadt, die sie passieren.
In Bubastis angelangt, beginnt das Fest mit großen Opfern. Und Wein verbrauchen sie bei dieser Gelegenheit weit mehr als sonst im ganzen Jahr.« II, 60
In Bubastis am Nil-Delta wurde – daher der Name – die katzenköpfige Göttin Bast verehrt. Aber ein solch turbulentes Fest ist sonst von dort nicht überliefert, wohl aber aus Dendera nördlich von Theben, wo die Göttin Hathor verehrt wurde.

Daß es in Ägypten für alle Krankheiten Ärzte gibt, die Spezialisten sind ...

»Die Heilkunst ist in Ägypten mehrfach aufgeteilt. Jeder Arzt ist immer nur für eine einzige Krankheit zuständig und versteht sie zu heilen, nie für mehrere. Es gibt daher sehr viele Ärzte im Lande, und zwar Spezialisten für die Augen wie für den Kopf, für die Zähne, für den Bauch wie für die inneren Krankheiten.« II, 84
Seit dem Alten Reich, seit dem 3. Jahrtausend v. Chr., hatte es in Ägypten eine hochentwickelte ärztliche Wissenschaft gegeben und Spezialisten für die verschiedensten Krankheiten. Aus der 4. Dynastie, der Zeit des Cheops, Chefren und Mykerinos, blieb eine Stele erhalten, die der Fähigkeit des Hofarztes Iry gedenkt. Die Hieroglypheninschriften besagen, daß er der Chef aller Hofärzte gewesen sei und zudem selbst alle möglichen Spezialgebiete

perfekt beherrscht haben muß. »Augenarzt des Palastes, Arzt des Leibes, Hüter des königlichen Darmausganges«, pries man ihn wörtlich. Aus einer viel späteren Zeit hören wir auch von Herodot selbst, daß Pharao Amasis einen Augenspezialisten an den persischen Hof gesandt habe (siehe Seite 112).

Von der Einbalsamierung Toter – erster, zweiter und dritter Klasse ...

»Totentrauer und Bestattung begeht man in folgender Weise:
Stirbt in einem Hause eine angesehene Person, so bestreichen alle dort wohnenden Frauen sogleich den Kopf und das Gesicht mit Kot. Sie lassen den Toten daheim liegen und laufen wehklagend, sich schlagend, das Gewand aufgeschürzt, die Brüste entblößt durch die Straßen der Stadt. Alle Frauen der Verwandtschaft folgen ihnen. Aber auch die Männer stimmen, den Oberkörper entblößt wie die Frauen, in die Wehklage ein und schlagen sich. Erst nachdem dies geschehen ist, tragen sie die Leiche des Verstorbenen fort, um sie einbalsamieren zu lassen.
Dafür gibt es eine besondere Klasse von Leuten, die sich auf diese Kunst verstehen und sie berufsmäßig ausüben. Sie legen denen, die ihnen die Leiche bringen, bestimmte Musterbilder von Toten, aus Holz gefertigt und menschenähnlich bemalt, zur Auswahl vor. Nach wem die erste Art der Einbalsamierung benannt wird, scheue ich mich aus religiösen Gründen zu sagen. Eine andere Art, die sie nach jener vorzeigen, ist schon einfacher und wohlfeiler, am billigsten ist die dritte. Schließlich fragen sie, auf welche der drei Arten die Leiche behandelt werden soll. Nachdem der Preis vereinbart ist, gehen die Verwandten wieder nach Hause, während in der Werkstatt die Einbalsamierung beginnt.
Bei der teuersten und vornehmsten Art verfahren sie wie folgt: Zuerst holen sie mit einem gebogenen Eisen einen Teil des Gehirns durch die Nasenlöcher heraus. Den Rest lösen sie mit Hilfe gewisser Flüssigkeiten auf, die sie in den Schädel gießen. Darauf machen sie mit einem scharfen aithiopischen Stein einen Einschnitt in die Weiche, entleeren geschwind die ganze Bauchhöhle und spülen sie erst mit Palmwein und dann noch einmal mit zerriebenen Spezereien aus. Darauf füllen sie den Leib mit unvermischten zerstoßenen Myrrhen, mit Kassia und anderen wohlriechenden Spezereien, wobei nur Weihrauch ausgenommen ist, und nähen ihn wieder zu. Wenn dies geschehen ist, legen sie die Leiche in

Natronsalz, siebzig Tage lang. Länger darf das Beizen nicht dauern. Ist die Zeit verstrichen, so waschen sie den Toten und umwickeln ihn ganz und gar mit Binden aus feiner Leinwand, die sie zuvor mit Mastix-Gummi bestreichen, der in Ägypten meistens anstelle von Leim gebraucht wird. Nun holen die Angehörigen die Leiche wieder ab, legen sie in einen hölzernen Sarg von Menschengestalt, den sie haben zimmern lassen, und verschließen ihn. Der eingesargte Tote kommt in eine Grabkammer, wo man ihn aufrecht an die Wand stellt. Dies ist die teuerste Art.

Wenn wegen der hohen Kosten die mittlere Art gewünscht wird, gehen die Einbalsamierer so vor: Sie füllen Klistierspritzen mit dem Harz des Zedernbaums und füllen es in den Leib des Toten ein, jedoch ohne ihn aufzuschneiden und auszuleeren. Sie spritzen es durch den After hinein und verschließen ihn. Dann legen sie die Leiche die vorgeschriebenen Tage in Natron ein. Am letzten Tage läßt man das vorher eingeführte Zedernharz wieder ausfließen. Dies aber hat solche Kraft, daß Magen und Eingeweide aufgelöst und mit herausgespült werden. Das Fleisch wird vom Natron zersetzt, so daß von der Leiche nichts als Haut und Knochen übrigbleiben. Nach dieser Prozedur wird sie zurückgegeben, ohne noch etwas Weiteres mit ihr zu tun.

Die dritte Art endlich ist nur für die Ärmeren. Dabei spülen sie lediglich den Bauch mit Rettichöl aus, legen die Leiche siebzig Tage ein und lassen sie dann wieder abholen.

Die Frauen angesehener Männer übrigens werden nicht sofort nach ihrem Tode zum Einbalsamieren gebracht. Das gleiche geschieht, wenn es sich um schöne Frauen oder solche aus besserem Hause handelt. Sie alle werden den Balsamierern drei bis vier Tage später übergeben. Das geschieht, damit die Leute sich nicht an den Körpern der Frauen vergehen. Denn es soll einmal einer ertappt worden sein, der die noch frische Leiche eines Weibes schändete. Ein Zunftgenosse hatte ihn angezeigt, worauf er bestraft wurde.« II, 85–89

Diodoros – ein aus Sizilien stammender Autor des 1. Jahrhunderts v. Chr. –, der noch eine vollständigere Schilderung der Einbalsamierungsmethoden hinterließ, ermittelte sogar, wie teuer die verschiedenen Klassen waren: Einbalsamierung erster Klasse kostete die stattliche Summe von einem Talent. Das entspricht immerhin etwa 4730 Goldmark. Um zweiter Klasse einbalsamiert zu werden, waren 20 Minen – ungefähr 1572 Goldmark – aufzubringen. Die Kosten für die dritte Klasse waren nicht nennenswert hoch. Außer den beschriebenen drei gab es aber auch noch verschiedene

Zwischenklassen, so daß sich jeder seinem Säckel entsprechend aussuchen konnte, auf welche Weise er gern für die Ewigkeit »eingelegt« zu werden wünschte. Die teuerste Einbalsamierung entsprach genau derjenigen, die der Unterweltgott Anubis, auch Schutzgott der Einbalsamierer, dem Osiris hatte zukommen lassen.

Der Beginn der Trauerfeierlichkeiten ist in Ägypten bis in unsere Tage bei der Landbevölkerung unverändert geblieben: das Klagegeheul der Weiber, das Beschmieren von Gesicht und Kopf mit Lehm und Kot.

Der Papyrus Rhind bestätigt, daß der Leichnam 70 Tage in Natronsalz liegen mußte. Und die Archäologen konnten bei Mumienuntersuchungen einwandfrei feststellen, daß die Einbalsamierung bei jungen, schönen und hochgestellten Frauen tatsächlich in vielen Fällen hinausgezögert worden war.

Auf welche Weise sich die Ägypter der Mückenplage erwehren ...

»... Gegen die Mücken, die es in unübersehbaren Schwärmen gibt, schützen sie sich auf unterschiedliche Weise. Die Ägypter, die oberhalb der Niederungen wohnen, steigen auf ihre Türme und sind da während des Schlafes nicht belästigt. Denn die Mücken können wegen der Winde nicht so hoch fliegen. Die Bewohner des Sumpflandes helfen sich auf andere Weise. Jedermann besitzt dort ein Zugnetz, mit dem er tagsüber Fischfang treibt. Das spannt er vor Anbruch der Nacht rings um die Lagerstatt, auf der er ruht, schlüpft hinein und schläft darunter. Denn wenn man sich nur in einen Mantel oder ein Tuch hüllt, dann nützt das nichts, weil die Mücken ohne weiteres auch durch den Stoff stechen. Aber durch die Maschen des Netzes zu schlüpfen, versuchen sie erst gar nicht.«
II, 95

Mit den »Türmen« meint Herodot turmartig erhöhte Obergeschosse, auf deren Dach man zu schlafen pflegte. Sehr wahrscheinlich hat Herodot ein, wenn auch noch primitives Moskitonetz für ein umfunktioniertes Fischernetz gehalten.

Von unreinen und heiligen Tieren sowie einbalsamierten Krokodilen ...

Voller Interesse hat Herodot erforscht, wie die Ägypter es mit ihren Tieren halten, welche bei ihnen als heilig gelten, welche als

unrein und wie sich diese Einstellung auf deren Behandlung aus-
wirkt, vor allem auch, nachdem sie gestorben sind. Mehrmals
kommt er auf dieses Thema zurück und ist sichtlich bemüht, seinen
Landsleuten einen möglichst kompletten Überblick zu geben, in
dem neben den Haustieren auch die wilden Tiere nicht fehlen. Die
Aufzählung reicht bei den Bewohnern des Nils vom Flußpferd
hinunter sogar bis zu den sogenannten Schuppenfischen.

»Das Schwein halten die Ägypter für ein unreines Tier. Hat
jemand im Vorübergehen ein Schwein auch nur berührt, so eilt er
sofort zum Fluß und spült sich darin mit seinen Kleidern ab. Und
die Schweinehirten in Ägypten dürfen, obwohl sie Eingeborene
sind, kein Heiligtum des Landes betreten. Auch will ihnen keiner
seine Tochter zur Frau geben oder eine von ihren Töchtern heiraten. Daher gehen sie auch nur untereinander die Ehe ein.« II, 47

»Stirbt in einem Hause eine Katze von selbst, so scheren sich die
Bewohner nur die Brauen, stirbt aber ein Hund, so scheren sie den
ganzen Leib und das Haupt.
Tote Katzen werden nach Bubastis gebracht, dort einbalsamiert
und in heiligen Grabkammern beigesetzt. Die Hunde bestattet
man in der eigenen Stadt in geweihten Särgen. Und ebenso wie
die Hunde werden auch die Ichneumons begraben. Spitzmäuse
aber und Sperber schaffen sie in die Stadt Buto, die Ibisse wiederum nach Hermopolis ...« II, 67

»In einigen Gauen Ägyptens hält das Volk die Krokodile für heilige Tiere, in anderen wiederum werden sie wie Feinde verfolgt.
Als besonders heilig gelten sie bei den Bewohnern von Theben
und am Moiris-See. Dort hält man je ein auserwähltes Krokodil,
das so zahm gemacht ist, daß man es mit der Hand berühren
kann. Es wird mit Ohrgehängen aus Glas und Gold geschmückt
und bekommt Ringe um die Vorderfüße gelegt. Auch werden ihm
besondere Speisen und Opfer geweiht, und man pflegt es aufs
beste, solange es lebt. Stirbt es, so wird der Kadaver einbalsamiert
und in heiligen Gräbern beigesetzt. In der Gegend von Elephantine
jedoch gelten Krokodile nicht als heilig, sondern werden von den
Leuten sogar gegessen.« II, 69

»Flußpferde werden im Gau Papremis als heilig verehrt, im übrigen Ägypten nicht.
Auch Fischottern kommen in dem Strom vor; man hält sie für heilig, und auch dem sogenannten Schuppenfisch und dem Aal
schreibt man Heiligkeit zu. Diese Fische sind, so sagt man, dem
Nil selber heilig, dazu unter den Vögeln noch die Fuchsgänse.
In der Gegend von Theben leben auch heilige Schlangen, die kei-

nem Menschen etwas zuleide tun. Sie sind nur klein und haben am Kopf zwei Hörner. Sterben sie, dann begräbt man sie im Heiligtum des Zeus. Dieser Gottheit sollen sie heilig sein.« II 71.72.74

Die Schweine galten als unrein, wurden aber bei besonderen Festen, wie denen zu Ehren des Dionysos, der mit Osiris gleichzusetzen ist, geopfert und gegessen. Wenn Herodot behauptet, alle toten Katzen seien in Bubastis und alle toten Hunde in Kynopolis, der ihnen geweihten Stadt, beigesetzt worden, so irrt er. Man hat mumifizierte Katzen, Hunde und vor allem auch Schakale, die dem Gott der Unterwelt Anubis heilig waren, auch an anderen Orten gefunden. In Hermopolis entdeckte man tatsächlich mumifizierte Ibisse.

Die den Krokodilen geweihte Stadt Krokodilopolis lag im Fayum, nahe dem berühmten Labyrinth (siehe Seite 153), in dessen heiligen Gräbern sie beigesetzt wurden, nachdem man sie einbalsamiert hatte. Man fand auch sehr gut erhaltene Krokodilmumien in den Gräbern von Theben. Die Ausschmückung eines zahmen Krokodils im Heiligtum von Krokodilopolis, wie sie Herodot beschreibt, ist authentisch. Es gab dafür streng einzuhaltende rituelle Bestimmungen, vor allem, an welchen Tagen das Tier besonders herausgeputzt werden mußte. Es ist verständlich, daß die Bewohner der Nilinsel Elephantine die gefährlichen Tiere fürchteten, verfolgten und sogar verspeisten. Krokodilfleisch bedeutet noch heute für die Eingeborenen des Sudan eine ganz besondere Delikatesse.

Das Nilpferd war den Ägyptern teils heilig – so in Theben, sowohl als Symbol der Göttin Thoëris als auch der Fruchtbarkeit und Mütterlichkeit –, teils verhaßt als Vielfraß, der die Äcker und Pflanzungen der Landbevölkerung verwüstete. Diese vertrieben und jagten die plumpen Dickhäuter, wie viele Abbildungen zeigen.

Ottern gab es nie im Nil. Wahrscheinlich sind Ichneumons, Schleichkatzen, gemeint.

Der Schuppenfisch, von Herodot Lepidotos genannt, ist heute ausgestorben.

Die heiligen Schlangen sind alles andere als harmlose, menschenfreundliche Tiere. Es handelt sich nämlich um die hochgefährliche Vipera cerastes, die Hornviper, deren Mumien man tatsächlich in Theben aufgefunden hat.

Da überfielen in der Nacht Mäuse das Feldlager der Assyrer und zerfraßen all deren Waffen (s. S. 119).

».. . Reine Stiere und Stierkälber werden von allen Ägyptern geopfert, Kühe hingegen dürfen sie nicht schlachten. Sie sind der Isis heilig. Denn das Standbild der Isis stellt ein Weib mit Kuhhörnern dar, ähnlich wie die Griechen die Io abbilden. Und in ganz Ägypten verehrt man die Kühe unter allen Haustieren am höchsten. Das ist auch der Grund, weshalb keine ägyptische Frau oder ein ägyptischer Mann einen Griechen auf den Mund küssen wird oder dessen Messer, Bratspieß oder Kessel gebraucht. Ja, sie würden noch nicht einmal einen Bissen vom Fleische eines reinen Stieres kosten, das mit einem griechischen Messer geschnitten worden ist.« II, 41

Wie heute den Indern, war die Kuh allen Ägyptern heilig und unantastbar. Sie galt als lebendes Symbol der Göttinnen Isis und Hathor, die oft als Kuh oder mit Kuhhörnern geschmückt dargestellt und überall in Ägypten verehrt wurden.

Wie Ägypter ihren toten Vater zu Geld machten ...

»Auf Mykerinos, so erzählten die Priester, sei Asychis als Ägyptens König gefolgt. Er hat die gen Sonnenaufgang liegende Vorhalle am Tempel des Hephaistos errichtet ... Zur Zeit seiner Regierung soll eine große Geldnot geherrscht haben, und deshalb wurde in Ägypten ein Gesetz erlassen, daß nur, wer die Mumie seines Vaters zum Pfand gebe, Geld geliehen bekomme. Ein zweites Gesetz bestimmte außerdem, daß der Gläubiger die Familiengruft seines Schuldners besitzen solle. Dem Schuldner aber, der dieses Pfand vergeben habe, sei folgende Strafe auferlegt worden, falls er seine Schuld nicht bezahlte: Weder ihm selbst solle nach seinem Tode ein Begräbnis gestattet werden, noch dürfe er irgendeinen verstorbenen Angehörigen begraben.« II, 136

Was an der Geschichte stimmt? Daß mit Schepseskaf – so hieß in Wirklichkeit der Nachfolger des Mykerinos – um 2460 v. Chr. die glanzvolle 4. Dynastie zu Ende ging und Ägypten wirtschaftlich darniederlag. Schepseskaf ließ tatsächlich zu Memphis am Tempel des Ptah – des Hephaistos der Griechen – Bauten aufführen. Er konnte aber nicht, wie er es geplant hatte, gemäß dem Vorbild seiner großen Vorgänger sich eine Steinpyramide als Totenmal errichten lassen, sondern nur eine Ziegelmastaba.

Von all den Merkwürdigkeiten, die Kambyses über die »langlebigen« Aithiopier erfuhr . . .

»Der Perserkönig Kambyses plante, als er Ägypten erobert hatte, drei weitere Kriegszüge: gegen die Karthager, die Bewohner der Oase Siwah und gegen die langlebigen Aithiopier, die am südlichen Meer Libyens wohnen. Zu den Aithiopiern beschloß er zunächst nur Kundschafter zu senden. Die erhielten den Auftrag, herauszufinden, ob es den sogenannten ›Tisch der Sonne‹ im Lande der Aithiopier wirklich gebe, und auch alles übrige auszukundschaften. Als Vorwand sollten Geschenke dienen, die sie dem dortigen König brachten.

Mit dem Sonnentisch, so wird erzählt, habe es folgende Bewandtnis. Es ist eine Wiese nahe vor dem Tor der Stadt, die ganz bedeckt ist mit gekochtem Fleisch von vierfüßigen Tieren aller Art. Das Fleisch wird in aller Heimlichkeit während der Nacht von denen niedergelegt, die jeweils die leitenden Beamten sind. Und tagsüber kann jeder, der Lust verspürt, hingehen und davon essen. Die Einwohner aber sollen glauben, daß das Fleisch nächtlicherweile von selbst aus der Erde wachse. Das also ist die Geschichte vom sogenannten Sonnentisch.«

»Fischesser« auf Elephantine als Kundschafter

»Als Kambyses seinen Entschluß gefaßt hatte, ließ er aus der Nilstadt Elephantine Ichthyophagen, ›Fischesser‹, kommen, da diese die Sprache der Aithiopier verstehen. Als sie eingetroffen waren, trug er ihnen auf, was sie sagen sollten, und ließ sie Geschenke mitnehmen: ein purpurnes Gewand, eine goldene Halskette und Armringe von Gold, ein alabasternes Gefäß mit Myrrhen und einen Krug voll Dattelwein.

Diese Aithiopier, zu denen Kambyses die Kundschafter entsandte, sollen die größten und schönsten aller Menschen sein. Man erzählt, daß sie in vielen Bräuchen und Sitten von denen anderer Völker abweichen, zumal auch darin, wie sie die Wahl ihres Königs vornehmen. Den nur denjengen unter ihnen, der sich als der Größte erweist und zugleich auch der Stärkste ist, halten sie für würdig, ihr König zu sein.

Als die ›Fischesser‹ bei den Aithiopiern angekommen waren, überreichten sie dem König die Geschenke und sagten:

›Kambyses, der König der Perser, begehrt deine Freundschaft und dein Gastrecht. Er hat uns deshalb gesandt, mit dir zu reden und dir diese Geschenke zu bringen, an denen er selbst großen Gefallen hat.‹

Aber der Aithiopier merkte sehr wohl, daß sie als Kundschafter gekommen waren, und erwiderte:

›Weder hat euch der Perserkönig mit Geschenken zu mir gesandt, weil er ernstlich den Wunsch hat, mein Freund zu werden, noch sprecht ihr die Wahrheit, wenn ihr das sagt. Denn gekommen seid ihr, um mein Land auszukundschaften. Euer König ist kein redlicher Mann. Denn wäre er es, würde er nicht fremde Reiche begehren, noch würde es ihm danach gelüsten, ein fremdes Volk zu unterjochen, das ihm nie etwas zuleide getan hat. Bringt ihm diesen Bogen hier und sagt ihm dazu: Der König der Aithiopier rät dem König der Perser: Erst wenn seine Perser Bogen von dieser Größe ohne Mühe zu spannen vermögen wie wir, soll er gegen die langlebigen Aithiopier mit einem zahlenmäßig überlegenen Heer ins Feld ziehen – nicht eher! Im übrigen soll er den Göttern dankbar sein, daß sie den Aithiopiern nicht den Gedanken eingeben, zu ihrem eigenen Lande noch ein fremdes hinzuzuerobern.‹

Sprach's, entspannte seinen Bogen und gab ihn den Boten. Darauf nahm er das Purpurgewand und fragte, was das sei und wie es gefertigt werde. Als die ›Fischesser‹ ihm wahrheitsgetreu von dem Purpur und der Färbung berichteten, bemerkte er: ›Oh, trügerisch sind diese Menschen, trügerisch auch ihre Gewänder.‹

Weiter fragte er nach dem Goldschmuck, der Halskette und den Armringen. Und als die ›Fischesser‹ ihm erklärten, wie man sie trage, lachte der König, denn er hielt sie für Fesseln, und sagte, bei ihm zulande hätte man stärkere Fesseln.«

Sträflinge in goldenen Ketten

»Drittens fragte er nach den Myrrhen. Nachdem die Boten beschrieben hatten, wie man sie zubereitet und zum Salben verwendet, urteilte er darüber ebenso, wie er es über das Gewand getan hatte. Dann kam er auf den Wein zu sprechen und ließ sich berichten, wie er hergestellt wird. Dieses Getränk aber gefiel ihm ganz außerordentlich gut. Er wollte auch wissen, was ihr König

Als Xerxes hörte, ein gewaltiger Sturm habe die gerade erbauten Brücken zerstört, befahl er in seinem Zorn, den Hellespont mit Geißelhieben zu züchtigen (s. S. 136).

esse, und welches wohl das höchste Alter sei, das ein Perser erreiche. Sie antworteten, er esse Brot, beschrieben, wie der Weizen angebaut wird, und fügten hinzu, achtzig Jahre seien das äußerste Alter, das ein Mann erreichen könne. Der König der Aithiopier erwiderte, es wundere ihn gar nicht, daß sie nur so kurz lebten, da sie ja Dreck äßen. Er sei gewiß, sie würden noch viel früher sterben, wenn sie sich nicht mit dem Getränk – er meinte den Wein – kräftigten. Der Wein sei das einzige, was die Perser ihnen voraus hätten.

Die ›Fischesser‹ richteten nun ihrerseits Fragen an den König über die Lebensdauer und Lebensweise der Aithiopier. Sie erfuhren, daß die meisten es bis auf hundertundzwanzig Jahre brächten, manche sogar noch auf mehr. Dabei sei gekochtes Fleisch ihre Speise und Milch ihr Getränk. Und als die Kundschafter über das hohe Lebensalter staunten, führte man sie zu einer Quelle. Nachdem sie sich mit deren Wasser gewaschen hatten, wurde ihre Haut so glänzend, als sei sie mit Öl eingerieben. Dabei strömte die Quelle einen Duft aus wie von Veilchen. Ihr Wasser, berichteten die Kundschafter später, sei so leicht, daß nichts darauf schwimmen könne, weder Holz noch etwas, das noch leichter sei als Holz; alles sinke darin auf den Grund. Wenn dieses Wasser in Wahrheit so beschaffen ist, so mag die hohe Lebenserwartung der Aithiopier in der Tat davon herrühren, daß sie es zu allem verwenden.

Von der Quelle führte man sie in ein Gefängnis. Da lagen alle Sträflinge in goldenen Fesseln. Denn Erz ist bei diesen Aithiopiern das allerseltenste und kostbarste Metall. Nachdem sie das Gefängnis besichtigt hatten, sahen sie auch den sogenannten Sonnentisch.«

Tote in durchsichtigen Sarkophagen

»Zuletzt wurden ihnen die Sarkophage gezeigt, die aus Alabaster gearbeitet sein sollen. Sobald der Leichnam getrocknet ist – sei es auf ägyptische oder andere Art –, überzieht man ihn mit Gips und bemalt ihn auf allen Seiten, um eine möglichst große Ähnlichkeit mit dem eines Lebenden zu erreichen. Dann wird die Mumie in eine hohle Alabastersäule gestellt. Alabaster wird im Lande viel gefunden und ist leicht zu bearbeiten. Durch die Säule, die ihn umgibt, bleibt der Tote sichtbar und verbreitet doch keinen üblen Geruch, noch erscheint er sonst irgendwie widerlich. Alle Teile des

Körpers sind zu erkennen. Die nächsten Angehörigen behalten diese Säulen ein Jahr lang in ihrem Hause und bringen dem Toten Opfer dar. Dann aber stellen sie die Säule vor der Stadt irgendwo auf.« III, 17–24

Die Geschichte mit dem Sonnentisch hat Herodot offensichtlich falsch verstanden. Es handelte sich vermutlich um eine ägyptische Mythe, nach der die Seelen der Toten sich auf einer Opferwiese sättigen können. Herodot scheint diese Sage mit homerischen Erzählungen verquickt zu haben, nach denen die Götter ins Schlaraffenland zu den »untadeligen Aithiopiern« wandern, um sich an den fetten Opferschmäusen zu erquicken. Und Aischylos erzählt von Helios, dem Sonnengott, er habe sich »im allnährenden See der Aithiopier gelabt«, und aus dem nächtlichen Dunkel sei ihm dazu, dem Schoße der Erde entsteigend, ein reichliches Mahl geboten worden. Der in diesem besonderen Fall seiner aufgeklärten Zeit entsprechend nüchterne Herodot hat anscheinend diese Geschichten umgedacht in einen fleischbeladenen Tisch, den nächtlicherweile sehr irdische äthiopische Beamte heimlich der wundergläubigen Bevölkerung gedeckt haben sollen.

Auch hinsichtlich der Ichthyophagen muß Herodot nicht richtig hingehört haben. Pausanias (2. Jahrhundert n. Chr.) nämlich lokalisiert die ›Fischesser‹ – eine primitive, vom Fischfang lebende Bevölkerung – keinesfalls nach Elephantine, sondern an die Südküste des Roten Meeres. Nach dort müssen die Perser Abgesandte ausgeschickt haben, um sich die ›Fischesser‹ als Dolmetscher zu holen, denn von Elephantine aus startete die Expedition zur Unterwerfung Äthiopiens.

Die Gastgeschenke hingegen, die man dem äthiopischen König mitbrachte, sind koloritecht. Sie entsprechen den Gaben, wie man sie im Alten Orient fremden Würdenträgern zu überreichen pflegte. Auch die Weisen aus dem Morgenland brachten außer Weihrauch Gold und Myrrhe.

Der äthiopische Bogen – entspannt bedeutete er den Ägyptern das Hieroglyphenzeichen für dieses Volk – war im Gegensatz zum persischen aus einem Stück, und zwar aus dem Holz der Dattelpalme, gefertigt. Die Langlebigkeit der Äthiopier könnte sich daraus erklären, daß es in Afrika, so am Oberen Nil, Stämme gab, die das Jahr nur mit fünf Monaten zählten.

Von lybischen Stämmen

Zur gleichen Zeit, da die Perser gegen die Skythen ausgerückt waren, unternahmen sie auch einen »großen Heereszug« gegen »Libyen«, in dessen Verlauf die griechischen Kolonialstädte Kyrene und Euhesperidai – im heutigen Libyen gelegen – ihre Selbständigkeit verloren und einer persischen Satrapie eingeordnet wurden. Dieses Ereignis nimmt Herodot zum Anlaß, alles – Tatsachen wie Fabeln – über Sitten und Lebensweisen der unzähligen Stämme zu berichten, die in den Küstengegenden »Libyens« – wie Afrika damals hieß –, von Ägypten bis zu den Säulen des Herakles, wohnten. Der dabei erwähnte Tritonsee läßt sich geographisch nicht mehr nachweisen. Das umfangreiche Material trug Herodot zusammen, als er auf seinen ausgedehnten Reisen eines Tages selbst die Stadt Kyrene aufsuchte.

Daß die Libyer – deren Nomaden Kindern die Kopfadern ausbrennen – die gesündesten aller Menschen sind ...

»Von Ägypten bis zum Tritonsee sind die Völker Libyens Nomaden. Sie ernähren sich von Fleisch und Milch. Aber Kuhfleisch essen sie nicht. Sie halten auch aus demselben Grunde wie die Ägypter keine Schweine. Den Genuß des Rindfleisches versagen sich auch die Frauen in Kyrene aus Furcht vor der ägyptischen Göttin Isis. Ihr zu Ehren fasten sie und begehen Feste. Und die Frauen in Barka enthalten sich nicht nur des Rindfleisches, sondern auch des Schweinefleisches.

Westwärts vom Tritonsee aber sind die Bewohner Libyens keine Nomaden mehr. Sie haben nicht die gleichen Sitten und verfahren auch mit ihren Kindern anders als die Nomaden. Diese nämlich – ob alle, kann ich nicht mit Sicherheit sagen, jedenfalls aber viele von ihnen – tun folgendes mit den Kindern: Sobald sie vier Jahre alt sind, brennen sie ihnen mit dem Fett von ungewaschener Schafwolle die Adern oben auf dem Schädel aus, einige auch die an den Schläfen. Damit wollen sie verhüten, daß sie jemals im späteren Leben unter dem vom Kopf in den Körper hinabfließenden Schleim zu leiden haben. Diesem Verfahren, so behaupten sie, verdanken sie es, daß sie so gesund seien.

In der Tat sind die Libyer die gesündesten aller Menschen, die man kennt, ob allerdings infolge dieses Brauches, das kann ich nicht mit Gewißheit sagen. Bekommen die Kinder beim Ausbrennen der Adern übrigens einen Krampf, so haben die libyschen Nomaden auch dafür ein Heilmittel: Sie besprengen sie mit dem Harn eines Ziegenbocks.

Ich berichte hier aber nur, was die Libyer selbst erzählen.« IV, 186.187

Vielen primitiven Völkern bedeutet das Ausbrennen einer leidenden Körperstelle das wichtigste Heilmittel, so gegen Rheumatismus. Auch einige arabische Nomadenstämme benutzen diese merkwürdige Kur als Therapie gegen fast jede Unpäßlichkeit. Der alten medizinischen Theorie zufolge gab es im menschlichen Körper vier Flüssigkeiten: Wasser, Blut, Galle und Schleim. Letzterer sollte seinen Sitz im Kopf haben, und Schleimfluß galt nicht als Auswirkung, sondern als Ursache aller Katarrh-Erkrankungen. Ihm ging man anscheinend schon im Kindesalter prophylaktisch mit Ausbrennen der Kopfadern zu Leibe. Diese Prozedur werden nur die kräftigsten Kinder überlebt haben und damit die gesündesten.

Wo die Braut mit allen männlichen Hochzeitsgästen schlafen muß...

»Die Libyer wohnen in folgender Reihenfolge: Von Ägypten aus kommen zuerst die Adyrmachiden. Sie haben zum größten Teil ägyptische Sitten, nur ihre Tracht gleicht der der übrigen Libyer. Ihre Frauen tragen um beide Beine einen Ring aus Erz und lassen das Haar voll und lang wachsen. Wenn sie Läuse fangen, pflegen sie jede Laus, die sie finden, aus Rache erst totzubeißen, ehe sie sie fortwerfen. Das tut kein anderes Volk in Libyen. Auch haben sie allein die Sitte, die Jungfrauen vor der Hochzeit dem König vorzuführen. Die, welche ihm am besten gefällt, entjungfert er dann...« IV, 168

Weiter gen Westen von der Stadt Kyrene, und zwar südlich der Großen Syrte, dem heutigen Golf von Sydra, wohnte »... das große Volk der Nasamonen, die zur Sommerszeit ihre Herden an der Küste lassen und hinaufziehen ins Land Augila zur Dattelernte. Denn dort gedeihen viele mächtige Palmbäume, die alle Früchte tragen. Auch machen sie Jagd auf Heuschrecken, die sie an der Sonne dörren, darauf zermahlen und in einem Milchaufguß trinken.

Frauen hat zwar jeder einzelne Nasamone in großer Zahl, aber den Verkehr mit ihnen pflegen alle Männer gemeinsam. Wer zu einer Frau will, der steckt einen Stab vor ihrer Behausung in den Boden und wohnt ihr bei ...

Heiratet ein Nasamone seine erste Frau, so ist es Brauch, daß diese sich in der ersten Nacht mit allen Hochzeitsgästen der Reihe nach begatten muß. Und jeder, der ihr beiwohnt, überreicht ihr dafür ein Geschenk, das er von zu Hause mitgebracht hat.« IV, 172

Unter den Berbern, die in den Gebieten des alten libyschen Volkes wohnen, war das Jus primae noctis noch bis ins 19. Jahrhundert Brauch, aber auch im Senegal. Man schrieb dem König in seiner Eigenschaft als oberstem Priester übernatürliche Kräfte zu, die sich auf die jungfräuliche Braut übertragen und damit schädliche Einflüsse bannen sollten.

Augila oder Audschila ist eine wichtige Oase an der Karawanenstraße nach Fezzan auf der Höhe des alten Kyrene. Es hat noch immer eine bedeutende Dattelproduktion: 1930 wurden dort an die 200 000 Palmen gezählt.

Umgekommen im Krieg gegen den Südwind ...

»An die Nasamonen stößt das Land der Psyller. Dieses Volk ist auf folgende Weise zugrunde gegangen:

Einst erhob sich der Südwind und trocknete ihre Wasserbehälter und Brunnen aus. Ihr Land aber, das ganz innerhalb der Syrte liegt, war ohnehin schon arm an Wasser. Da hielten sie Rat und kamen überein, gegen den Südwind in den Krieg zu ziehen. (Ich erzähle, was mir die Libyer berichtet haben.) Als sie aber auszogen und in die Sandwüste kamen, fing der Südwind an zu blasen und begrub sie alle im Sande. So kamen sie um, und seitdem besitzen die Nasamonen das Land.« IV, 173

»... An der Küste gen Westen grenzen an die Nasamonen die Maken, die sich im Kriege in Straußenhäute hüllen.

Nächst den Maken wohnen die Gindanen. Ihre Weiber tragen um die Knöchel viele lederne Ringe. Das hat, wie man sagt, folgenden Grund: Jedesmal, wenn ein Mann einem Weibe beiwohnt, legt sie sich ein solches Band um die Knöchel. Und als beste von allen gilt

Und da finanziell große Not herrschte, wurde ein Gesetz erlassen, daß nur, wer die Mumie seines Vaters zum Pfande gebe, sein Geld geliehen bekomme (s. S. 204).

die Frau, die die meisten Bänder hat, weil sie von den meisten Männern geliebt worden ist.

Vom Lande der Gindanen springt ein Küstenstrich vor ins Meer. Dort wohnen die Lotosesser, deren einzige Nahrung die Frucht des Lotosbaumes ist. Diese Frucht ist etwa so groß wie die des Mastixbaumes, an Süße aber mag man sie der Frucht des Palmbaumes vergleichen.« IV, 175.176.177

Bei dem Südwind, der das Volk der Psyller vernichtet haben soll, wird es sich wohl um den gleichen Wüstensandsturm Gibli gehandelt haben, dem wahrscheinlich auch ein Teil der Truppen Kambyses' II. zum Opfer fiel. Allerdings können dabei nicht alle Psyller umgekommen sein, denn sie werden später noch oft, vor allem als berühmte Schlangenbändiger, genannt.

Eine ähnliche Sitte wie die der Gindanenweiber, die Beweise ihrer Vielbegehrtheit sichtbar für jedermann mit sich herumzutragen, schrieb auch Marco Polo nach seiner Fernostreise den Frauen in Tibet zu.

Die Lotosesser müssen die Küsten der beiden Syrten und wahrscheinlich auch die Insel Djerba bewohnt haben. Dort wächst noch heute der Lotos-Jujube – Ziziphus lotus –, dessen kleine nahrhafte Früchte roh gegessen und zu Brot verbacken werden. Unmöglich aber, daß Herodot sie probiert hat, denn die schmecken nicht gut und schon gar nicht so süß wie Datteln.

Sie begatten sich wie das Vieh . . .

»Weiter an der Küste folgen die Machlyer, die ebenfalls Lotos essen, dann kommen die Auseer. Beide wohnen rings um den Tritonsee. Die Machlyer tragen hinten langes Haupthaar, die Auseer vorne. Jährlich am Fest der Göttin Athene teilen sich die Jungfrauen in zwei Haufen und kämpfen gegeneinander mit Steinen und Stöcken. Sie erfüllen damit, wie sie sagen, eine von den Vätern ererbte Pflicht zu Ehren ihrer eingeborenen Gottheit, die wir Griechen Athene nennen. Die Jungfrauen, die an ihren Wunden sterben, nennen sie falsche Jungfern. Bevor sie vom Kampf auseinandergehen, tut das Volk folgendes: Man schmückt die Jungfrau, die in dem Jahr am tapfersten gekämpft hat, mit einem korinthischen Helm und einer griechischen Rüstung, stellt sie auf einen Wagen und fährt sie um den See.

Die Auseer leben in Weibergemeinschaft und kennen kein eheliches Zusammenleben. Sie begatten sich wie das Vieh. Ist das Kind

einer Frau erwachsen, so kommen innerhalb dreier Monate die
Männer zusammen und sprechen das Kind dem als Vater zu, dem
es am ähnlichsten sieht.
Das sind die Nomadenvölker Libyens, die an der Meeresküste
wohnen ...« IV, 180
Das kultische Fest des Jungfrauenkampfes wurde also gleichzeitig
als eine Art Gottesurteil angesehen, so wie man später im Mittelalter Mädchen zum Beweis ihrer Jungfräulichkeit barfuß über glühende Pflugscharen und andere Marterinstrumente schreiten ließ.

*Von den schnellfüßigen Aithiopiern und einem Volk ohne
Träume ...*

»Weiter landeinwärts«, hinter den Nomaden nahe der Meeresküste, »liegt das Gebiet mit den wilden Tieren, und dahinter wiederum erstreckt sich eine hügelige Sandfläche, die von der ägyptischen Stadt Theben bis zu den Säulen des Herakles reicht ... Dort
wohnen die entlegensten Völker Libyens, die es nördlich der
Wüste gibt ...« Zu ihnen zählt »das starke Volk der Garamanten. Diese Garamanten machen auf ihren vierspännigen Wagen
Jagd auf die aithiopischen Höhlenbewohner. Diese Aithiopier sind
die schnellfüßigsten unter allen Menschen, über die wir je Kunde
erhalten haben. Sie ernähren sich von Schlangen, Eidechsen und
dergleichen Gewürm, und die Sprache, die sie reden, hat mit keiner anderen Sprache eine Ähnlichkeit. Sie klingt wie das Gezische
der Fledermäuse.« IV, 183
Nochmals zwanzig Tagesreisen weiter gen Westen leben Menschen
in einer Gegend, wo sich »ein Gebirge mit dem Namen Atlas«
erhebt. »Es ist schmal ... und soll so hoch sein, daß man seine
Gipfel gar nicht sehen kann. Sie seien immer von Gewölk bedeckt,
winters wie sommers. Und die Einwohner des Landes sagen, dies
Gebirge sei die Säule, die den Himmel trage. Nach ihm werden sie
selbst auch benannt, denn sie heißen Atlanten. Es heißt, daß sie
nichts Lebendes essen und auch keine Träume haben.« IV, 184
An die Garamanten erinnert noch der Name einer Oase, nämlich
Germa oder Garama.
Die alten Äthiopier, wie Herodot sie beschreibt, sind später durch
die hamitische Einwanderung ausgerottet worden. Es waren
Buschmänner, vergleichbar den noch heute im südlichen Afrika
lebenden Stämmen, deren Sprache durch die vielen Zischlaute tatsächlich an das zittrige Gekreisch von Fledermäusen erinnert. Die-

se Wilden, die in Höhlen hausten, konnten sich mit Hilfe speziell für den Wüstensand angefertigter Sandalen erstaunlich schnell fortbewegen.

Die Araber aus Fezzan haben übrigens im vorigen Jahrhundert noch auf einen in jenen Gegenden in Höhlen wohnenden Stamm, die Tibbus, in jedem Jahr Sklavenjagd gemacht. Die Gefangenen wurden auf den Märkten von Tripolis verkauft.

Wo Stämme leben, die ihre Behausungen aus Salz errichten . . .

»Bis zu diesen Atlanten weiß ich die Namen der Völker zu nennen, die auf dem Sandstreifen wohnen, aber von ihnen ab nicht mehr. Nur soviel habe ich erfahren, daß der Streifen sich bis zu den Säulen des Herakles und jenseits derselben erstreckt und daß auf ihm, zehn Tagereisen weiter, eine Salzgrube ist und Menschen wohnen, bei denen alle Häuser aus Salzstücken gebaut sind. Denn in diesem Teil Libyens fällt schon kein Regen mehr, sonst würden auch die Salzmauern nicht bestehen können. Das Salz, das dort gegraben wird, ist teils von weißer, teils von purpurner Farbe.

Jenseits des sandigen Hügelstreifens aber, gen Süden ins Land hinein, ist alles öde. Da existiert kein Wasser und kein Tier, kein Regen und kein Baum. Auch Tau fällt dort nicht.« IV, 185

In dieser Zone Nordafrikas, einem Teil der Sahara südlich der Straße von Gibraltar, fällt Regen so selten, daß aus dem Salzgestein tatsächlich Behausungen gebaut wurden, die Reisende noch im vorigen Jahrhundert beschreiben. Einige Eingeborene benutzten Erde vermischt mit Salz als Baumaterial, andere Salzquader, die oftmals mit Kamelfellen abgedeckt wurden. Die Vielfarbigkeit des Salzes, von der man Herodot erzählt hatte, erlebt man heute noch in einem Abbruch in der Nähe von Tunis, wo das Salz purpurn, weiß und blau erstrahlt.

Von Lydern, Babyloniern und Persern

Vom Volk, das die Würfel- und Ballspiele erfand und erstmals Münzen prägte ...

»Die Lyder haben ähnliche Sitten wie die Griechen, nur daß ihre Töchter Unzucht treiben. Sie sind, unseres Wissens, die ersten gewesen, die Münzen aus Gold und Silber prägten und gebrauchten. Sie waren auch die ersten Kaufleute. Auch wollen sie die Spiele, die jetzt bei ihnen und bei den Griechen üblich sind, erfunden haben, und zwar zu jener Zeit, als sie das Land am Tyrrhenischen Meer besiedelten. Und dazu soll es so gekommen sein: Zur Zeit, da Atys, Manes' Sohn, ihr König war, kam eine große Hungersnot über das ganze Land. Eine Weile hielt das Volk geduldig aus. Als die Not aber kein Ende nahm, sannen sie darüber nach, was man dagegen unternehmen könne, und kamen auf allerlei Mittel. So wurden in dieser Zeit das Würfelspiel, das Knöchelspiel, das Ballspiel und andere Arten von Spielen erfunden, jedoch nicht das Brettspiel. Dessen Erfindung nehmen die Lyder nicht für sich in Anspruch.

Mit Hilfe dieser Spiele bemühten sie sich, den Hunger zu vertreiben. Das geschah so, daß sie einen ganzen Tag lang spielten, um die Speise zu vergessen. Den nächsten Tag wiederum aßen sie und ließen das Spiel. Auf diese Weise erhielten sie sich achtzehn Jahre am Leben. Zuletzt aber, da die Not nicht nachließ, sondern sie immer härter bedrängte, schied der König das gesamte Volk in zwei Gruppen und ließ das Los über sie entscheiden: Die eine Hälfte sollte in Lydien bleiben dürfen, die andere mußte auswandern. Über den Teil, dem das Los zum Bleiben zufiel, bestimmte er sich selbst zum Fürsten, über den anderen aber, der ausziehen sollte, seinen Sohn Tyrrhenos.

Diese zogen hinab nach Smyrna, und nachdem sie sich dort Schiffe gebaut hatten, nahmen sie all ihr nötiges Gerät hinein und fuhren von dannen, sich Unterhalt und Land zu suchen. So zogen sie an vielen Völkern vorüber und kamen endlich zu den Umbrern, wo sie Städte gründeten und bis auf diesen Tag wohnen. Sie nannten sich aber nicht mehr Lyder, sondern nach dem Namen des Königssohnes, der sie hinausgeführt hatte, fortan Tyrrhener.« I, 94

Um diesen Bericht entbrannte ein Gelehrtenstreit, der bis heute nicht endgültig entschieden ist. Die Auseinandersetzung kreist um die Frage: Erzählt Herodot hier eine Fabel, die jeglicher Realität entbehrt, oder stützt sich seine Erzählung auf geschichtliche Tatsachen? In letzterem Fall wären die Etrusker lydischer Abstammung, nämlich die Nachfahren jener Hälfte des Volkes, das mit dem Königssohn Tyrrhenos auswanderte und sich bei den Umbrern in Mittelitalien niederließ – das Volk der Tyrsener, wie sie allgemein bei den Griechen hießen. Dagegen spricht die Zeit, in die Herodots Bericht die Einwanderung verlegt, nämlich um 1200 v. Chr., als der Trojanische Krieg entbrannt war. Dafür aber sprechen viele andere Indizien, so die Ähnlichkeit der etruskischen Tumuligräber mit den Grabhügeln bei Sardes und die etruskischer Grabbeigaben mit den großen Bronzekesseln aus Gordion, der Hauptstadt des lydischen Nachbarlandes Phrygien. Dafür spricht auch, daß sich später in der römischen Kaiserzeit die Nachfahren alter etruskischer Geschlechter selbst Lyder nannten, sowie umgekehrt die Bewohner von Sardes sich auf ihre Verwandtschaft mit dem etruskischen Königsgeschlecht der Tarquinier beriefen.

Herodot hat recht, wenn er den Lydern als ersten die Prägung und den Gebrauch von Münzen zuschreibt. König Gyges (687–652 v. Chr.), der erste Herrscher der Mermnaden auf dem Thron Lydiens, war es, der auch als erster Münzen prägen ließ und als Zahlungsmittel verwendete.

Wie am Euphrat einst alle mannbar gewordenen Mädchen versteigert wurden ...

»Von den Bräuchen in Babylonien ist folgender der gescheiteste gewesen: Alljährlich einmal wurden in jedem Dorf alle Mädchen, die das mannbare Alter erreicht hatten, zusammengerufen und an einem Platz versammelt. Um sie im Kreis scharten sich die Jünglinge. Ein Herold rief dann eine nach der anderen auf und verkaufte sie. Zuerst kam die Schönste von allen an die Reihe. Hatte er sie zu einem hohen Preis an den Mann gebracht, bot er die nächste, die Zweitschönste von allen, an und so fort. Als Bedingung bei jedem Verkauf galt, daß der Käufer das Mädchen heiraten mußte. Die reichen Freier überboten einander und erwarben die schönsten Mädchen. Die armen Jünglinge aus dem Volke aber, denen es nicht so sehr um Schönheit ging, bekamen die häßlichen Jungfrauen zugesprochen und erhielten noch Geld dazu.

Wenn nämlich der Herold mit dem Verkauf der schönsten Jungfrauen fertig war, dann rief er die häßlichsten auf oder, falls eine darunter war, eine verkrüppelte, und bot sie aus. Sie wurde dem zugeschlagen, der sich bereit erklärte, sie zum geringsten Aufgeld zu erwerben und zur Frau zu nehmen. Das Geld dazu wurde vom Erlös der schönen Mädchen genommen. So halfen die Schönen, die Häßlichen zu verheiraten.

Es war verboten, eine Tochter zu verkaufen, an wen man wollte. Und auch der Käufer durfte das Mädchen nicht ohne weiteres mitnehmen. Er mußte erst Bürgen dafür stellen, daß er sie zu seinem ehelichen Weibe machen würde. Paßten die beiden aber nicht zueinander, so mußte er das Geld zurückgeben. Auch aus anderen Dörfern durften Freier kommen und sich eine Frau erstehen.

Das ist ihr schönster Brauch gewesen. Er wird aber jetzt nicht mehr geübt, weil sich etwas anderes eingebürgert hat, um die Mädchen zu versorgen. Elend und Armut nach der Unterwerfung Babyloniens haben alle armen Leute aus dem Volke dazu gebracht, ihre Töchter zu verkuppeln.« I, 196

Die amüsante Geschichte vom babylonischen Heiratsmarkt müssen wir dem »fiction«, der Belletristik in Herodots Werk zurechnen. Denn eine solche Sitte, so gescheit und nützlich sie auch erscheinen mag, ist aus babylonischen Quellen nicht bekannt. Hier hat offenbar ein Fremdenführer dem wißbegierigen Weltreisenden einen Bären aufgebunden. Braut-»Kauf« allerdings war durchaus üblich – wie heute noch immer bei einigen asiatischen und afrikanischen Stämmen und Völkern. Dabei muß der Bewerber jedoch dem Brautvater ein entsprechendes Entgelt, meist in Naturalien entrichten.

Wo Tote in Honig bestattet und nach dem Beischlaf Räucheropfer gebracht werden ...

»Ein anderer babylonischer Brauch, nächst dem der Jungfrauenversteigerung der klügste, ist folgender:
Weil sie keine Ärzte haben, bringen sie ihre Kranken auf den Markt. Vorübergehende, die an derselben Krankheit gelitten haben oder einen anderen daran haben leiden sehen, sprechen dann mit den Kranken, geben ihnen Ratschläge und erklären, durch welche Mittel sie selbst wieder gesund geworden sind, beziehungsweise andere geheilt werden konnten. Niemand darf an einem Kranken schweigend vorübergehen. Jeder muß fragen, was jenem fehlt.
Ihre Toten bestatten die Babylonier in Honig, und ihre Klagelieder sind ähnlich wie die ägyptischen.
Wenn ein Babylonier mit seinem Weibe verkehrt hat, dann zündet

er ein Räucherwerk an und setzt sich davor. Und ebenso tut es, getrennt von ihm, sein Weib. Beginnt es Tag zu werden, baden beide. Bevor sie das getan haben, dürfen sie kein Gefäß anrühren. Ebenso halten es auch die Araber.« I, 197.198

Im Hinblick auf die ärztliche Kunst Babyloniens hat sich Herodot ebenfalls falsch informieren lassen. Denn sie war genauso alt wie die Ägyptens. Im Zweistromland allerdings lösten sich, von den Sumerern bis zu den Neubabyloniern und dann den Persern, die mächtigen Reiche über die Jahrtausende unter Zerstörung des vorangegangenen ab, während in Ägypten nur die Dynastien wechselten. Aber überall in den Schutthügeln Mesopotamiens fand man Keilschrifttafeln medizinischen Inhalts, bildliche Darstellungen von Operationen, Rezepturen, Behandlungsmethoden, ärztliche Zeugnisse, die Herodots Behauptung, die Babylonier besäßen keine Ärzte, ad absurdum führen. Die Armen und Bettler, die sich einen Arzt nicht leisten konnten – das mag man gelten lassen –, ließen sich auf die beschriebene Weise auf dem Markt beraten und – durch Almosengaben – kurieren.

Honig benutzten die Babylonier zur Einbalsamierung ihrer Toten, wie es auch schon die archaischen Griechen getan hatten. Oder aber sie verwendeten eine besondere Art von Harz, das die Leichname konservierte.

Die Babylonier müssen, wenn Herodots Bericht stimmt, hinsichtlich ihrer ehelichen Gemeinschaft viel strengeren Gesetzen unterworfen gewesen sein als die Kinder Israels. Denn diese waren nur dann – laut 3. Mose 15 – von derartigen Geboten betroffen, wenn sich ein Partner der Unreinlichkeit schuldig gemacht hatte, so bei Ausfluß, Speichel- oder Schleimauswurf, nächtlichem Samenerguß und Menstruation.

Von merkwürdigen Euphratbooten, die mit Eseln an Bord immer nur stromabwärts fahren . . .

»Die allergrößte Merkwürdigkeit aber, die das Land Babylonien, abgesehen von der Hauptstadt, aufzuweisen hat, will ich hier beschreiben: die Schiffe, mit denen man den Euphrat hinab nach Babylon fährt. Sie sind ganz und gar von Leder und dabei kreisrund. In Armenien, oberhalb Assyriens nämlich, schneiden sie Weidenholz, machen Schiffsrippen daraus und spannen von außen Tierhäute darüber, die zugleich den Boden des Schiffes bilden. Das ganze Fahrzeug ist weder hinten breiter noch vorn schmaler gebaut, sondern erhält eine runde Form wie ein Schild. Ist es fertig, so wird es mit Stroh ausgefüllt, beladen, und man läßt es den Strom hinabtreiben. Die Ladung besteht zumeist aus Wein in Palmholzfässern.

Gelenkt wird das Boot mit zwei Steuerrudern, die zwei Männer aufrecht stehend handhaben. Der eine zieht das Ruder an sich, während der andere es nach außen drückt. Diese Fahrzeuge werden in verschiedenen Größen gebaut. Die geräumigsten können eine Ladung von fünftausend Talenten Gewicht befördern.

Auf jedem Schiff fährt ein Esel mit, mit den größeren sogar mehrere. Denn wenn die Schiffer in Babylon angekommen sind und ihre Ladung gelöscht haben, versteigern sie das Schiffsgestell und alles Stroh. Die Felle jedoch laden sie den Eseln auf und wandern wieder heim ins armenische Land. Denn den Fluß wieder hinaufzufahren, ist wegen der starken Strömung ganz unmöglich. Aus diesem Grunde auch werden die Schiffe nicht aus Holz, sondern aus Häuten gebaut. Kommen die Schiffer mit ihren Eseln nach Armenien zurück, so bauen sie sich wieder neue Boote auf die gleiche Art.« I, 194

Noch heute wird derselbe Typ kreisrunder Boote – Kufa genannt – auf dem Euphrat benutzt. Nur ist er jetzt aus Weiden geflochten und statt fellbespannt mit Pech bestrichen, was übrigens – Herodot vergaß es – zusammen mit dem erwähnten Stroh auch damals zur Abdichtung verwendet wurde. Die Fellbespannung jener alten Rundboote sieht man deutlich auf assyrischen Reliefs im Britischen Museum, die aus Ninive zur Zeit Sanheribs um 700 v. Chr. stammen. Und aus noch früherer Zeit läßt uns Assyrerkönig Salmanassar III. 853 v. Chr. wissen: »Auf Schiffen aus Hammelhäuten überschritt ich den Euphrat.« Das bedeutete Truppentransport für den Überfall auf Syrien-Palästina.

Die Kufas der Antike müssen, wenn man dem beschriebenen Fassungsvermögen Glauben schenken kann, tüchtige Frachter gewesen sein. 5000 Talente Gewicht, mit denen sie angeblich belastet werden konnten, entsprechen immerhin 2620 Zentnern. Die modernen Rundboote tragen allenfalls ein Kamel.

Von Kamelbraten zum Geburtstagsfest und Urinierverboten ...

»Von den Persern weiß ich, daß sie folgende Sitten haben:
Als höchsten Festtag feiert jeder Perser den Tag, an dem er auf die Welt gekommen ist. An diesem muß das Mahl reichlicher sein

als sonst. Die Reichen lassen sich zu dieser Gelegenheit ganze Rinder, Pferde, Kamele und Esel im Ofen braten und servieren. Die ärmeren Leute unter ihnen begnügen sich mit Kleinvieh.

Hauptgerichte gibt es nur wenige, Nachtischspeisen, die eine nach der anderen aufgetragen werden, dagegen viele. Darum behaupten auch die Perser, die Griechen hörten mit dem Essen auf, noch ehe sie richtig satt seien, weil ihnen nach dem Hauptgang nichts Nennenswertes mehr vorgesetzt werde.

Dem Wein sind die Perser sehr zugetan. Aber es ist ihnen nicht gestattet, in Gegenwart eines anderen sich zu erbrechen oder zu harnen. Das wäre gegen die guten Sitten. Dagegen pflegen sie im Rausch über die wichtigsten Dinge zu beraten. Tags darauf aber, wenn sie wieder nüchtern sind, trägt ihnen der Herr des Hauses, bei dem sie Rat hielten, die Sache noch einmal vor. Und wenn ihnen der Beschluß dann auch noch gefällt, dann führen sie ihn aus. Gefällt er ihnen jedoch nicht, so lassen sie es sein. Haben sie umgekehrt etwas völlig nüchtern beschlossen, so sprechen sie darüber noch einmal im Rausch.

Begegnen Perser einander auf der Straße, erkennt man an der Art, wie sie sich begrüßen, genau, ob die Begegnenden gleichen Standes sind. Ist das der Fall, dann reden sie einander nämlich nicht an, sondern küssen sich auf den Mund. Ist aber der eine etwas geringeren Standes, so küssen sie sich auf die Wange. Bei großem Standesunterschied wirft der Tieferstehende sich vor dem andern nieder und küßt ihm die Füße.

Die Perser dürfen in keinen Fluß harnen oder hineinspucken. Sie waschen auch ihre Hände nicht darin, noch dulden sie es, daß andere es tun. Sie erweisen nämlich den Flüssen allergrößte Ehrfurcht.« I, 133.134.138

Die Eßsitten in Persien und Hellas waren tatsächlich sehr verschieden: Bei den Persern gab es zu jedem Gang und auch dazwischen Süßigkeiten, und zwar reichlich. Der Hang dafür hat sich bei ihnen bis heute bewahrt, nur daß der moderne Perser am liebsten auch noch vor dem Essen nascht. Bei den Griechen hingegen war es üblich, ein Dessert erst nach der Mahlzeit aufzutragen. »In vino veritas«: Diese alte Weisheit galt im alten Persien also auch für die Beratung wichtigster Angelegenheiten. Die Wahrheit bedeutete ihnen neben der Tapferkeit als die höchste aller Tugenden. Gesetze zum Umwelt- beziehungsweise Gewässerschutz schon im

Am jährlichen Fest der Athene aber kämpfen ihre Jungfrauen in zwei Gruppen mit Steinen und Knüppeln gegeneinander (s. S. 214).

alten Persien? Das Verbot, in Flüsse zu spucken oder zu urinieren, hatte andere, nämlich religiöse Gründe. Denn Speichel, Urin und alle menschlichen Ausscheidungen ziehen nach der Lehre des Zarathustra böse Geister an. Jegliche Berührung, ja selbst deren Anblick mußte also vermieden werden. Außerdem galt das Wasser als ebenso heilig wie Feuer und Erde. Trotzdem werden auch hygienische Überlegungen bei diesen Geboten mitgespielt haben.

Was in Persien mit Leichnamen vor deren Bestattung geschieht ...

»Kein anderes Volk ist fremden Sitten so zugänglich wie die Perser. Sie tragen medische Tracht, weil sie ihnen besser als die eigene gefällt, und im Kriege ägyptischer Panzer. Jede Art von Genüssen und Vergnügen, die sie kennenlernen, ahmen sie eifrig nach. So treiben sie auch Knabenliebe, was sie von den Griechen angenommen haben. Jeder Perser nimmt sich zahlreiche Ehefrauen, kauft sich obendrein aber noch viel mehr Kebsweiber dazu.
Als höchste Mannestugend schätzen die Perser die Tapferkeit im Kampf. Daneben gilt es als sehr verdienstvoll, wenn einer viele Söhne aufzuweisen hat. Und wer die meisten gezeugt hat, dem sendet der König alljährlich ein Geschenk. Denn auf zahlreichen männlichen Nachwuchs legen sie großes Gewicht.
Ihre Söhne unterweisen sie vom fünften bis zum zwanzigsten Lebensjahr nur in drei Dingen: Sie lernen reiten, bogenschießen und die Wahrheit sagen. Vor dem fünften Jahr bekommt der Knabe den Vater nicht zu Gesicht. Er lebt bei den Frauen. Das geschieht, damit der Vater nicht betrübt zu sein braucht, wenn das Kind vorher stirbt.« I, 135.136
»Ihre Begräbnissitten hüten die Perser wie ein Geheimnis, und nur andeutungsweise erfährt man, daß ein Leichnam bei ihnen erst bestattet werden darf, nachdem er von einem Vogel oder Hund zerfleischt worden sei. Daß die Magier es so halten, weiß ich gewiß, denn sie tun es ganz offen. Im übrigen steht so viel fest, daß die Perser den Leichnam mit Wachs überziehen, bevor sie ihn in die Erde legen.
Die Magier aber unterscheiden sich sehr von anderen Menschen, insbesondere auch von den ägyptischen Priestern. Diesen ist es nämlich ein Greuel, etwas Lebendes zu töten, außer zum Opfer. Die Magier hingegen töten Wesen aller Art, ausgenommen Hund und Mensch, mit eigener Hand. Und sie rechnen es sich sogar als großes Verdienst an, ob sie Ameisen vertilgen, Schlangen oder was sonst kriecht und fliegt.« I, 140

Herodot hat den griechischen Einfluß auf die Perser bezüglich der Knabenliebe übertrieben. Dieses Laster war in Persien altbekannt, mag aber durch den Kontakt mit den Hellenen noch gefördert worden sein.

Im alten Persien scheinen die Frauen es in einer Hinsicht besser gehabt zu haben als im modernen: Die Männer waren es, die mit Nichtachtung gestraft wurden, falls keine Söhne ihren Ehen entsprossen. Heutzutage, bestärkt durch die mohammedanische Religion, ist die Frau in solchem Fall die Leidtragende, die der Verachtung, ja des Verstoßenwerdens gewärtig sein muß.

Bei den Parsen in Indien, die vor der mohammedanischen Überflutung gen Osten flohen und als einzige der Lehre Zarathustra treu geblieben sind, erleben wir noch heute die von Herodot beschriebenen Begräbnissitten. Da nach den Geboten ihrer Religion die Leichen weder mit Wasser oder Feuer in Berührung kommen noch sofort der Erde übergeben werden dürfen, legt man sie auf den »Türmen des Schweigens« den Geiern zum Fraße vor, um dann nur die abgefressenen Knochen der Erde zu übergeben. Diese Art der Leichenbehandlung ist in Alt-Persien nur für die Magier und einige nordöstliche Stämme bezeugt. Die verstorbenen Könige wurden einbalsamiert, mit Wachs überzogen und in Steinsarkophagen beigesetzt.

Dem Hund wurde als heiligem Tier des Ahuramazda eine besondere Behandlung zuteil. Er durfte nicht getötet und noch nicht einmal geschlagen werden. Bis zum Alter von sechs Monaten war ein junger Hund zu beschützen wie ein Kind bis zu sieben Jahren.

Über die Thraker

Als Thrakien galten in den ältesten Zeiten die östlich und nordöstlich von Makedonien bis zum Schwarzen Meer gelegenen Lande
zwischen der Donau sowie dem Ägäischen und Marmara-Meer.
Von den Bewohnern, den aus vielen Völkerschaften bestehenden
Thrakern, waren die Küstenbewohner durch den Kontakt mit den
Griechen bereits früh zivilisiert, während die weiter im Innern lebenden Stämme bis in späte Zeit ihre rohen Sitten beibehielten.
Auf seinem Feldzug gegen die Skythen hatte Dareios I. 585
v. Chr. die am Pontos Euxeinos – dem Schwarzen Meer – wohnenden Thraker unterjocht. Nach dem unglücklichen Verlauf des
Feldzugs unter König Xerxes gegen Griechenland im Jahre 480 v.
Chr. hörte auch die persische Herrschaft wieder auf. Dafür bemächtigten sich die Griechen der thrakischen Küsten, und es war
namentlich Athen, das mehrere Seestädte und die Gegenden mit
den begehrten Goldbergwerken an sich riß.

*Wo Beerdigungen Freudenfeste sind und Jungfrauenschaft nicht
hoch im Kurs steht ...*

»Die Thraker sind nächst den Indern das größte Volk auf Erden.
Und hätten sie nur einen einzigen König und wären einig unter-
einander, so wären sie, glaube ich, unbesiegbar und weitaus das
mächtigste aller Völker. Aber das ist bei ihnen unmöglich, und es
wird auch nie dazu kommen, und eben deshalb sind sie schwach.
Sie haben viele Namen, denn jeder Gau heißt anders. Aber in
Brauch und Sitte sind sie einander durchweg ähnlich; ausgenommen sind die Geten, die Trauser und die Stämme nördlich der
Krestonaier.
Die Trauser weichen von der Lebensweise der übrigen Stämme in
Thrakien nur ab durch ihre eigentümlichen Gebräuche bei Geburt
und Tod. Ist ein Kind zur Welt gekommen, setzen sich die Ange-
hörigen herum und klagen darüber, wie viele Leiden das Neuge-
borene in seinem Leben nun werde erdulden müssen. Dabei zählen
sie alle menschlichen Übel, Kümmernisse und Krankheiten auf.
Die Toten dagegen bestatten sie scherzend und voller Freude.
Denn sie seien von all den Übeln erlöst und könnten nun glücklich
und selig sein.
Bei den Stämmen, die oberhalb der Krestonaier wohnen, hält je-

der viele Frauen. Stirbt nun einer, so erhebt sich ein heftiger Wettstreit unter seinen Frauen – und auch seine Freunde beteiligen sich daran –, welche von ihnen von ihrem Mann am meisten geliebt worden sei. Ist die Frage entschieden, so wird die Auserwählte unter Lob und Preis der Männer und Frauen von ihren nächsten Anverwandten am Grab geschlachtet und ihre Leiche dann gemeinsam mit dem Mann bestattet. Die anderen Weiber aber sind darüber sehr betrübt. Denn es gilt als große Schande, zurückstehen zu müssen.

Bei den anderen thrakischen Völkern ist es Sitte, daß sie ihre Kinder in die Fremde verkaufen. Auf die Jungfrauen geben sie keineswegs acht, sondern lassen sie geschlechtlich frei verkehren, mit welchem Manne sie wollen. Die verheirateten Frauen hingegen halten sie in strenger Hut, nachdem sie die Braut den Eltern für viel Geld abgekauft haben.

Tätowiert zu sein, gilt bei ihnen als vornehm. Wer keine in seine Haut geätzten Male aufweisen kann, zeigt damit, daß er nicht zum Adel gehört.

Wer faul ist, wird gerühmt und geehrt. Wer das Feld bestellt, wird tief verachtet. Von Krieg und Raub zu leben, das gilt als das Ehrenvollste. Das sind ihre auffallendsten Sitten und Bräuche.« V, 3–6

»Was für Völker nördlich von Thrakien wohnen, kann niemand mit Sicherheit sagen. Das Land jenseits der Donau scheint unbewohnt zu sein ... Die Thraker behaupten, daß jenseits der Donau Bienen hausen, die niemanden weiter vordringen lassen. Mir kommt das nicht sehr wahrscheinlich vor ...« V, 9.10

Zum größten Erstaunen des Griechen Herodot bedeutete in Thrakien das Tätowieren etwas besonders Vornehmes, denn in Hellas galt es als Brandmal der Sklaven. Auch die Skythen liebten es, sich zu tätowieren. Bevorzugt waren Abbildungen der von ihnen gejagten Tiere.

Sowohl das Umbringen der Witwen als auch die uns unbegreifliche Sitte, den Tod eines Angehörigen nicht zu beklagen, sondern bei der Bestattung sich fröhlich zu geben, erinnert an indische Bräuche und die Mentalität des Hinduismus.

Über die Skythen

Unter allen Berichten, die uns von klassischen Autoren über die Skythen erhalten geblieben sind, ist der des Herodot der weitaus vielseitigste und bis in Einzelheiten ausführlichste. Ihm verdanken wir unsere Kenntnisse über jenes bedeutende kriegerische Nomadenvolk des Altertums, das nach dem 4. Jahrhundert n. Chr., als es politisch und militärisch keine Rolle mehr spielte, vollständig in Vergessenheit geriet. Die moderne Archäologie konnte bei ihren Ausgrabungen die Richtigkeit der meisten Erkundungen Herodots bestätigen.

Zum Studium der Skythen war er nach Olbia, einer Pflanzstadt von Milet an der Mündung des Bug, gereist, von wo aus er ausgedehnte Exkursionen unternahm.

Nomaden, die auf Wagen hausen ...

»Am Pontos Euxeinos, dem Schwarzen Meer, wohnen Völker, die – abgesehen von den Skythen – so roh und ungebildet sind wie sonst in keinem anderen Land. Westlich von diesem Meer können wir außer den Skythen kein einziges Volk namhaft machen, das sich durch Klugheit auszeichnet. Und auch diese Skythen, die ich im übrigen nicht sehr bewundere, sind auch nur in einer Kunst allen Völkern überlegen. Sie besteht darin, daß kein Feind, der in ihr Land eindringt, ihnen entrinnen kann, und es umgekehrt unmöglich ist, sie zu stellen, wenn sie nicht gefunden sein wollen. Da sie weder feste Wohnstätten noch Burgen haben, sondern allesamt berittene Bogenschützen sind, die ihre Häuser mit sich führen und nicht vom Ackerbau leben, sondern von ihren Viehherden, und auf Wagen hausen – wie sollten sie nicht unbesiegbar und unangreifbar sein? Dabei kommt ihnen freilich auch die Natur des Landes und dessen Flüsse zustatten. Denn das Land ist flach, reich an Gras und wohlbewässert, und es wird durchströmt von Flüssen, die an Zahl nicht viel geringer sind als die Kanäle von Ägypten.« IV, 46.47

Als König Dareios mit starkem Heeresaufgebot die Skythen bekriegen wollte, erwiesen sie sich in ihrem weiten Land als unbesiegbar.

Herodot kann das Land der Skythen nur nahe der Küste um Olbia am Unterlauf des Bug und des Dnjepr besucht haben, wo es damals noch bewaldet und vor allem im Frühjahr sehr wasserreich war. Hätte er die ausgedörrte Steppe nördlich und östlich dieser Region gesehen, wäre sein Urteil über das Skythenland anders ausgefallen.

Wie Stuten unter Zuhilfenahme eines Blasrohrs gemolken werden ...

»Die Skythen blenden alle ihre Knechte, um der Milch willen, die sie zu trinken pflegen. Sie wird bei ihnen auf eine besondere Weise gewonnen, und zwar so:
Man nimmt hohle Röhrenknochen, die wie Pfeifen aussehen, steckt sie den Stuten in die Scheide und bläst dann mit dem Munde Luft hinein. Während der eine bläst, melkt ein anderer die Stute. Wie sie sagen, tun sie das, weil sich durch das Blasen die Adern der Stute mit Luft füllen und das Euter heruntergedrückt wird.
Ist die Milch gemolken, so wird sie in hölzerne Kübel gegossen. Dann müssen die blinden Knechte sich rings um die Gefäße stellen und die Milch schütteln und rühren. Was dann obenauf schwimmt, wird abgeschöpft und gilt als das Beste. Was sich unten absetzt, wird weniger geschätzt. Aus diesem Grunde blenden die Skythen, wen sie nur fangen.« IV, 2
Die merkwürdige Melkmethode der Skythen ist in Arabien und Afrika nichts Ungewöhnliches und zum Teil auch noch gebräuchlich. Und Stutenmilch wird noch heute bei nomadischen Stämmen Asiens jeder anderen vorgezogen, in frischem und gegorenem Zustand. Aber die »blinden Knechte«? Das muß auf einem Mißverständnis Herodots beruhen. Die skythische Bezeichnung für Knecht klang offenbar dem griechischen Wort für blind sehr ähnlich.

Kochkünste ohne Topf und Holz ...

»Da das Land der Skythen erschreckend arm an Holz ist, so helfen sie sich beim Kochen des Fleisches auf eine originelle Weise. Sobald sie ein Tier abgehäutet haben, lösen sie die Knochen heraus und werfen das Fleisch in den Kessel, falls ein solcher gerade zur Stelle ist. Die skythischen Kessel sind den Mischkrügen aus Lesbos sehr ähnlich, nur um vieles größer. Als Brennmaterial, um das

Fleisch kochen zu können, werden die Knochen des geschlachteten Tieres genutzt.

Fehlt es aber an einem Kessel, so tun sie das Fleisch einfach in den Bauch des Tieres, gießen Wasser zu und zünden die Knochen darunter an. Die geben eine schöne Flamme, und in dem Bauch findet das abgelöste Fleisch reichlich Raum. Auf diese Weise kocht das Rind oder welch Opfertier immer sozusagen in sich selbst. Ist das Fleisch gar, nimmt der Opfernde vom Fleisch und von den Eingeweiden die Erstlingsgaben und wirft sie vor sich auf die Erde. Zum Opfern wählen sie außer dem übrigen Vieh vor allem Pferde.« IV, 61

Prächtige Bronzekessel, deren riesige Ausmaße für das Kochen ganzer Rinder geeignet scheinen, fand man in den Kurganen, den Skythengräbern zwischen Dnjepr und Don. Südrußland ist noch immer sehr holzarm.

Was Skythen mit den Leichnamen erschlagener Feinde tun ...

»Mit ihren Sitten im Kriege steht es so: Hat ein Skythe den ersten Feind erlegt, trinkt er von dessen Blut. Von allen aber, die er im Kampf getötet hat, bringt er seinem Fürsten die Köpfe. Denn nur wer einen Kopf abliefert, erhält Anteil an der Beute, die angefallen ist, sonst niemand.

Der Kopf selbst aber wird abgehäutet. Man macht dazu um die Ohren herum einen Schnitt, packt die Haare und schüttelt den Kopf heraus. Mit einer Ochsenrippe wird das restliche Fleisch von der Haut geschabt und diese so lange mit den Händen bearbeitet und gegerbt, bis sie weich und geschmeidig geworden ist. Sie dient dann als Handtuch. Ihr Besitzer knüpft sie an die Zügel seines Pferdes und prahlt damit. Denn wer die größte Zahl solcher Tücher aus menschlicher Kopfhaut vorzeigen kann, gilt als der tapferste Mann.

Viele von ihnen nähen auch die abgezogenen Häute wie Ziegenfelle zusammen und fertigen daraus weite Röcke zum Überziehen an. Andere wiederum ziehen die Haut vom rechten Arm ihrer erschlagenen Feinde herunter mitsamt den Fingernägeln und machen sich daraus Überzüge für ihre Köcher. Die Menschenhaut ist zugleich fest und glänzend und übertrifft in ihrem Weiß fast alle anderen Häute. Manche ziehen sogar ganzen Menschen die Haut ab, spannen sie über ein Holzgestell und nehmen sie auf ihren Pferden mit.« IV, 64

Grabungen russischer Archäologen im Altai brachten die Beweise für das Skalpieren bei den Skythen zutage. Die Griechen betrachteten es als typisch skythische Eigentümlichkeit. Daher befand sie auch Herodot der ausführlichen Schilderung für wert.

Von Kopfjägern berichtete auch Strabon aus Karmanien am Persischen Golf, heute die iranischen Provinzen Kirman und Laristan. Kein Mann durfte dort heiraten, der nicht zuvor dem König den Kopf eines erschlagenen Feindes überbracht hatte. Einen ähnlichen makabren Brauch übten bis in jüngste Vergangenheit die Dajaks auf Borneo. Bei ihnen war es die Auserwählte, die einen Kopf als Brautgabe forderte und davon ihre Einwilligung abhängig machte. Diese Kopfjagden wurden als Zeichen der Mannbarkeit und des Mutes gewertet. Zum andern glaubte man, die Kraft des getöteten Gegners würde sich auf diese Weise übertragen, wie es auch dem Bluttrinken zugeschrieben wurde.

Womit die Skythenhäuptlinge die angesehensten Krieger alljährlich zu ehren pflegen ...

»Aus den Schädeln selbst aber – nicht aus allen, sondern nur denen der verhaßtesten Feinde – machen die Skythen Trinkschalen. Alles unter den Augenhöhlen wird abgesägt und das Innere des Schädels gereinigt. Wer arm ist, spannt außen nur ein Stück Rindsfell herum und gebraucht ihn so. Ein Reicher dagegen läßt obendrein das Innere des Schädels mit Goldblech überziehen. Und dann wird daraus getrunken.

Sogar mit den Schädeln seiner eigenen Angehörigen verfährt ein Skythe in dieser Weise, wenn er mit einem von ihnen in Zwist geraten ist und ihn im Streit vor dem König besiegt hat. Kommen dann Gäste, denen er eine Ehre erweisen möchte, so holt er diese Schädel hervor und erzählt dabei, daß es zwar seine Verwandten gewesen, diese ihn aber mit Fehde überzogen hätten und ihm unterlegen seien. Und so etwas preisen sie als Heldentum.

Einmal in jedem Jahr läßt jeder Häuptling eines Gaues einen Mischkrug voll Wein füllen und alle Skythen davon trinken, die einen Feind getötet haben. Wer keinen Gegner umgebracht hat, darf von dem Wein nicht kosten und muß ungeehrt abseits sitzen. Das ist für einen Skythen die größte Schmach. Alle aber, die sehr viele Feinde erschlagen haben, erhalten sogar zwei Schalen und trinken aus beiden zugleich.« IV, 65.66

Die Sitte, die Schädel erschlagener Feinde als Trinkschalen zu benutzen, vererbten die Skythen den Hunnen – und auch den germanischen Langobarden.

Vom Totenkarussell zu Ehren verstorbener Könige und von anderen unheimlichen Beerdigungszeremonien in Skythien . . .

»Die Gräber der Könige befinden sich in der Landschaft Gerrhos, in einer Gegend, bis zu der man den Dnjepr noch befahren kann. Dort heben sie, wenn ihr Herrscher gestorben ist, eine große viereckige Grube aus. Ist diese vorbereitet, so legt man den Leichnam auf einen Wagen und fährt ihn zu einem anderen Stamm. Der Leib ist vorher mit Wachs überzogen, der Bauch aufgeschnitten, gereinigt und mit zerstoßenem Safran, Räucherwerk, Sellerie- und Dillsamen gefüllt und wieder zugenäht worden.
Während der Leichnam von Stamm zu Stamm gefahren wird, tun alle, in deren Land er sich gerade befindet, dasselbe wie die Königsskythen, und zwar folgendes:
Jeder schneidet ein Stück von seinem Ohr ab, schert sein Haupthaar, macht einen Schnitt rings um den Arm, ritzt sich Stirn und Nase und stößt sich einen Pfeil durch die linke Hand.
Zuletzt, nachdem sie mit der Leiche bei allen umhergezogen sind, gelangen sie zu den Gerrhen, dem fernsten aller Völker ihres Machtbereiches, und zu den Gräbern. Dort legen sie den Toten in das Grab auf eine Streu, stecken an dessen beiden Seiten Speere in den Boden, breiten Stangen darüber und überdecken das Ganze mit Binsengeflecht. In dem übrigen weiten Raum der Grube begraben sie eines seiner Kebsweiber, den Weinschenk, den Koch, den Pferdeknecht, den Kämmerer und den Nachrichtenboten, die alle zuvor erwürgt wurden, dazu Rosse und sonst je ein Stück von allem Gerät, auch goldene Trinkschalen, aber keinerlei Silber- oder Erzgerät. Zuletzt schütten alle zusammen einen großen Hügel auf, wobei einer mit dem andern im Bemühen wetteifert, ihn so hoch wie möglich zu machen.
Ein Jahr später wird die Totenfeier wiederholt. Von den noch übriggebliebenen Dienern werden die ausgewählt, die dem Toten die liebsten waren. Dabei handelt es sich ausschließlich um frei geborene Skythen. Denn nur solche dienen dem König auf sein Ge-

---

Und die Perser fielen Xerxes zu Füßen und sprangen dann, um das überfüllte, in einen Sturm geratene Schiff vor dem Untergang zu retten, hinaus ins Meer (s. S. 146).

heiß. Gekaufte Sklaven kennt man nicht. Von diesen Dienern erwürgen sie fünfzig und dazu fünfzig der schönsten Pferde, entleeren und reinigen das Innere der Leichen und nähen sie, mit Spreu gefüllt, wieder zu. Darauf wird die Hälfte eines Radreifens an zwei Stangen befestigt mit der Rundung nach unten und die andere Hälfte ebenso an zwei weiteren Stangen. Auf diese Weise errichten sie eine ganze Reihe solcher Gestelle.

Dann treiben sie der Länge nach bis zum Hals starke Hölzer durch die Pferdeleiber und heben diese so auf die Radreifen, daß die vorderen Reifen die Schultern eines Rosses tragen, die hinteren den Leib dicht an den Schenkeln. Die Beine aber hängen hinten und vorn frei herunter. Auch Zügel und Zaumzeug legt man ihnen an und bindet den Zaum vorn an Pflöcken fest. Dann werden die fünfzig erwürgten Jünglinge auf die Rosse gesetzt. Dazu durchbohrt man jede Leiche längs des Rückgrats bis zum Halse mit einer Stange; ein unten überstehendes Ende wird dann in ein Bohrloch jener anderen Stange gesteckt, die durch den Pferdeleib geht. Nachdem sie die toten Reiter und Pferde rings um das Grabmal aufgestellt haben, ziehen sie wieder fort.

So bestatten sie die Könige. Die anderen Skythen werden, wenn sie gestorben sind, von den nächsten Anverwandten auf einem Wagen umhergefahren zu ihren Freunden. Jeder empfängt und bewirtet die Begleitung des Toten und setzt auch der Leiche von allen Speisen etwas vor. Vierzig Tage lang werden die einfachen Leute aus dem Volke so umhergefahren und dann erst beerdigt . . .« IV, 71–73

Zwischen Dnjepr und Don und am Kuban finden sich überall in der Steppe alte Grabhügel, die Skythengräber, zahllos und von beträchtlichen Ausmaßen.

In der Nähe von Kertsch gelang es Ausgräbern im Jahre 1831, ein skythisches Fürstengrab, Kul Oba, freizulegen. Es stammt aus dem 4. Jahrhundert v. Chr., seine Schätze wanderten in die Eremitage des damaligen St. Petersburg. Obwohl aus späterer Zeit, weist dieser Fund verblüffende Ähnlichkeiten mit den von Herodot beschriebenen Fürstengräbern auf. Statt der dort erwähnten sechs Geopferten fand man allerdings nur zwei in dem Grab vor. Die getöteten Pferde hatten ihre eigene Grabkammer. Von Menschen und Pferden, die angeblich ein Jahr später noch geopfert wurden, fand sich keine Spur, vielleicht, weil sie außerhalb des Grabes aufgestellt worden waren. Auch die Mongolen hatten eine ähnliche Sitte. Sie stopften das Fell eines Pferdes mit Spreu aus und stellten es mit Hilfe hölzerner Stangen aufrecht am Grabe eines Vornehmen auf. Denn die Opfer – Menschen und Pferde – sollten in lebensechter Haltung am Grabe wachen, um sogleich zu Diensten sein zu können, wenn der Verstorbene ihrer bedurfte. Bei Gräbern von Hunnen, die die skythischen Bestattungssitten übernahmen, fand man Steinfiguren, Balbal genannt, die später die inzwischen zu Staub zerfallenen Geopferten ersetzten. Es ist überliefert, daß Alttürken vom Orchon in der Mongolei noch 728 n. Chr. am Grabe ihres Hetmans Feinde töteten und rundum aufstellten.

Das Opfern von Pferden für einen toten Anführer ist von Tacitus für die Germanen und durch Ausgrabungen für ganz Nordeuropa bezeugt.

Wie Skythen sich mit Hanfdämpfen in einem Filzzelt berauschen . . .

»Im Skythenlande wächst auch Hanf, eine Pflanze, die ganz das Aussehen von Flachs hat, nur daß sie viel dicker und höher wird. Er wächst wild, wird aber auch angebaut. Ja, die Thraker machen sogar Kleider daraus, die denen aus Leinen sehr ähnlich sind. Und wer sich nicht genau derauf versteht, wird es kaum erkennen können, ob ein Stoff nun aus Flachs oder aus Hanf hergestellt ist.

Die Samenkörner dieses Hanfes nehmen die Skythen, kriechen damit unter ihr Filzzelt und werfen sie auf glühende Steine. Das ergibt einen Qualm und Dampf, daß kein griechisches Schwitzbad dagegen aufkommt. Die Skythen fühlen sich so wohl dabei, daß sie vor lauter Lust laut zu heulen beginnen. So sehen ihre Bäder aus. Richtig im Wasser baden sie ihren Körper niemals.

Nur die Weiber gebrauchen Wasser, und zwar zu einer Mischung von zerriebenen Zypressen-, Zedern- und Weihrauchholz. Mit dem dicken Brei, der daraus zubereitet wird, bestreichen sie den ganzen Körper und das Gesicht. Das verleiht ihnen nicht nur einen lieblichen Duft, sondern gibt ihnen, wenn sie am folgenden Tage das Pflaster abnehmen, auch eine reine und glänzende Haut.« IV, 74.75

Die Sowjetunion hat noch heute die weitaus größte Anbaufläche Europas für Hanf, der im Süden eine Höhe von 6 Metern erreichen soll. Im vergangenen Jahrhundert bedeutete er einen der Hauptexportartikel des Zarenreiches. Ursprünglich wuchs der Hanf in Südrußland wild und verbreitete sich von dort bis nach Indien.

Den Haschischrausch kann Herodot kaum am eigenen Leibe

gespürt haben. Sonst hätte er gewußt, daß er weniger Lust als vielmehr Ekstase auslöst. Die »Bäder« dienten daher weder Heilzwecken noch der Reinigung, sondern sind zum religiösen Ritus der Skythen zu rechnen. Die Nomaden des Altai berauschen sich heute noch auf die gleiche Weise – durch Verbrennen von Hanfzweigen im abgedichteten Zelt. Die Kosmetik der skythischen Frauen erscheint erstaunlich modern, zumal für ein Nomadenvolk. Sie müssen zum Zwecke ihrer Verschönerung sogar einen Teil der Ingredienzien importiert haben. Denn nur Zypressen wachsen in Südrußland. Zedernholz mußten sie von Syrien-Palästina einführen, Weihrauch sogar aus Südarabien.

Von Massageten, Kahlköpfen und Indern

Wo die Weiber allen gehören und Greise erschlagen werden und verspeist . . .

»Als Kyros das babylonische Reich überwältigt hatte, trachtete er danach, sich auch die Massageten zu unterwerfen. Sie gelten, den Erzählungen nach, als großes und streitbares Volk. Sie wohnen den Issedonen gegenüber im Osten vom Kaspischen Meer, wo sich gen Sonnenaufgang jenseits des Flusses Araxes unabsehbar weit eine Ebene dehnt.
Bei ihnen soll es Bäume geben, die Früchte besonderer Art tragen. Wenn die Massageten in ganzen Scharen an einem Ort zusammenkommen, lassen sie sich um ein Feuer im Kreise nieder und werfen Früchte in die Flammen. Sobald diese dann verbrennen und der Geruch davon ihnen in die Nase steigt, werden sie so berauscht wie die Griechen von ihrem Wein. Und je mehr Früchte sie ins Feuer tun, um so berauschter werden sie. Zuletzt springen sie alle auf und beginnen zu tanzen und zu singen.« I, 202
». . . Über ihre Sitten ist folgendes bekannt: Sie nehmen zwar jeder ein Weib, leben aber trotzdem mit allen Frauen gemeinsam. Denn was die Griechen von den Skythen erzählen, das tun die Massageten. Überkommt einen von ihnen die Lust nach einem Weibe, dann hängt er seinen Bogen draußen an ihren Wagen und schläft bei ihr, ohne sich darüber Gedanken zu machen.
Von einer Begrenzung des Lebensalters bei Greisen wissen sie nichts. Wird jedoch einer gar zu alt, so kommen alle seine Verwandten zusammen und schlachten ihn zugleich mit einigen Opfertieren. Sie kochen das Fleisch und verschmausen es. Das gilt ihnen als das glücklichste Ende. Stirbt aber jemand an einer Krankheit, so verspeisen sie ihn nicht, sondern begraben ihn in der Erde. Dabei beklagt man ihn. Denn man sieht es als großes Unglück für den Verstorbenen an, daß er nicht in die Lage gekommen ist, auch geschlachtet zu werden.
Äcker bestellen die Massageten nicht; sie leben vielmehr von ihren Herden und von Fischen, die sie in großer Menge im Araxes fangen; ihr Getränk ist Milch. Von allen Göttern verehren sie allein den Helios, dem sie Rosse opfern. Denn sie meinen, dem schnellsten der Götter auch das schnellste unter allen Geschöpfen darbringen zu müssen.« I, 215.216
Als Massageten bezeichnet Herodot Völker, die am Kaspischen

Meer beheimatet waren. Der Araxes-Fluß ist der heutige Amu-darja. Wie die Skythen scheinen die Massageten Kultbräuche befolgt zu haben, bei denen sie sich vom Rausch verbrennender Pflanzen berauschen und in Ekstase versetzen ließen. Was für »Früchte« es gewesen sein könnten, die solchen Rausch erzeugten, ist unbekannt. Möglicherweise war es ebenfalls Hanf. Sie müssen Nomaden gewesen sein, die in Wagen hausten und ähnlichen Liebessitten anhingen wie die Nasamonen.

Von friedlichen Kahlköpfen und einem Volke, das sechs Monate lang schläft ...

»Das ganze Land nordöstlich von den Gebieten, in denen die Skythen leben, ist eben und hat schweren Boden, später wird es aber uneben und steinig. Und nach einer weiteren Wanderung durch diese Gegenden kommt man zum Vorland hoher Gebirge, wo kahlköpfige Menschen wohnen. Sie haben, so wird erzählt, gleich von Geburt an keine Haare, und zwar Männer wie Weiber. Sie sollen eingedrückte Nasen und ein breites Kinn haben, eine eigene Sprache reden, sich aber kleiden wie die Skythen und sich von Baumfrüchten ernähren.
Pontikon heißt der Baum, von dessen Frucht sie leben. Er wird ungefähr so groß wie ein Feigenbaum. Die Frucht, die er trägt, ist so groß wie eine Bohne, hat aber einen Kern. Wenn sie reif ist, wird sie in großen Tüchern ausgepreßt. Der dabei gewonnene dicke, schwarze Saft heißt Aschy. Diesen lecken sie auf oder trinken ihn mit Milch gemischt. Aus der zähen, beim Pressen zurückbleibenden Masse wird eine Art Fruchtkuchen geknetet. Herdenvieh haben sie nicht viel, denn die Weiden dort sind mager.
Jeder wohnt unter einem Baum, den er für den Winter mit einer Hülle aus dichtem weißem Filz umschließt. Im Sommer fehlt die Umhüllung.
Kein Volk tut diesen Menschen etwas zuleide, denn man hält sie für heilig. Auch besitzen sie keinerlei Waffen für Krieg und Kampf. Sie schlichten Zwistigkeiten der Nachbarvölker, und wer auf der Flucht sich zu ihnen rettet, ist sicher vor jeglicher Kränkung. Dieses Volk hat den Namen Argippaier.
Bis hinauf zu diesen ›Kahlköpfen‹ hat man eine recht sichere Kenntnis über das Land und die dort lebenden Völker. Denn bis zu diesen reisen oft nicht nur Skythen, von denen man ohne Mühe etwas erfahren kann, sondern auch Griechen. Die Skythen, die bis

in jene Gegenden reisen, brauchen zu ihren Geschäften sieben Dolmetscher für sieben Sprachen.

Was aber jenseits der ›Kahlköpfe‹ kommt, weiß keiner mit Gewißheit zu sagen. Hohe, unwegsame Gebirge bilden eine Barriere, die niemand übersteigen kann. Die ›Kahlköpfe‹ erzählen zwar – was ich jedoch nicht glaube –, auf jenen Bergen wohnten ziegenfüßige Menschen. Und jenseits dieser Berge hause ein Volk, das die Hälfte des Jahres schlafe. Aber das nehme ich ihnen schon gar nicht ab. Nur von dem Lande ostwärts der ›Kahlköpfe‹ weiß man, daß es von den Issedonen bewohnt wird.« IV, 23.24.25

Bei den »Kahlköpfen« scheint es sich um Kalmücken gehandelt zu haben oder um Kirgisen. Diese werden zwar nicht, wie Herodot meint, kahlköpfig geboren, tragen aber ihre Schädel stets blank geschoren. Der Baum, von dessen Früchten sie lebten, ist zweifelsfrei die Vogelkirsche (Prunus padus). Ihre kleinen roten Beeren, denen wir kaum Beachtung schenken, außer daß wir uns an ihnen als leuchtendem Herbstschmuck erfreuen, sind nach wie vor bei den Baschkiren und Tataren außerordentlich beliebt. Sie bereiten, wie Herodot es beschreibt, daraus ein mit Milch vermischtes Getränk und aus den Fruchtrückständen einen Kuchen. »Aschy« als Name für den Saft erinnert an das tatarische »atschi«, was Säure (acidum) heißt.

Was Herodot als »filzumhüllten Baum« beschreibt, ist die Jurte, die Behausungen nomadischer Völker in Sibirien. Sie wird zum Schutz gegen den Frost mit Filz überdeckt.

Das hohe Gebirge ist der Ural. Mit dem halbjährigen Winterschlaf meint Herodot das durch die monatelange bittere Kälte bedingte Leben innerhalb der Hütten und Jurten.

Wo einäugige Menschen und goldhütende Greife hausen sollen . . .

»Von den Issedonen werden folgende Bräuche berichtet: Stirbt in einer Familie der Vater, so kommen alle Verwandten mit Vieh, das geschlachtet und zerlegt wird. Wenn das geschehen ist, schneiden sie auch den verstorbenen Vater in Stücke, mischen alles Fleisch durcheinander und richten daraus ein Mahl an.

Der Kopf des Dahingeschiedenen aber wird, nachdem man ihm die Haut abgezogen sowie außen und innen gereinigt hat, mit Goldblech überzogen und gilt dann als heilig. Einmal im Jahr werden dem Toten große Opfer gebracht. Dieses Fest feiert der Sohn zu Ehren des Vaters, wie es auch die Griechen tun. Im übrigen gilt dieses Volk als friedfertig, und die Weiber sollen bei ihnen die gleichen Rechte haben wie die Männer.

Weiter nördlich davon aber, erzählen die Issedonen, wohnen einäugige Menschen und goldhütende Greife. Die Kunde davon ist von den Issedonen über die Skythen bis zu uns gedrungen. Darum nennen wir jene mit dem skythischen Namen Arimasper, denn ›arima‹ bedeutet ›eins‹, ›spu‹ aber das ›Auge‹.« IV, 26.27

Die Totenfeierlichkeiten der Issedonen erinnern an die der Massageten, nur daß diese ihre Angehörigen selbst vom Leben zum Tode befördert und das Sterben nicht erst abgewartet haben sollen.

Die einäugigen Arimaspen galten im Altertum als sagenhaftes Volk im äußersten Nordwesten der Erde. Sie wurden als sehr kriegerisch geschildert und in ewigem Streit mit ihren Anwohnern, den goldhütenden Greifen, lebend. Ihr Name stammt wahrscheinlich aus dem Mongolischen und bedeutet »Bergbewohner«.

Von welcher Farbe der Same indischer Männer sein soll ...

»Die Inder, unter allen bekannten Völkern das weitaus größte, entrichten auch die höchste Steuersumme« an das persische Reich, »nämlich dreihundertsechzig Talente Goldstaub.

Der gen Sonnenaufgang gelegene Teil des indischen Landes ist eine Sandwüste. Von allen Völkern Asiens, von denen wir sichere Kunde haben, wohnen die Inder am weitesten gen Osten und Sonnenaufgang. Ostwärts der Inder liegt nichts als öde Sandwüste.

In Indien gibt es viele Völker. Diese sprechen auch verschiedene Sprachen. Die einen sind Nomaden, die anderen nicht. Andere wieder wohnen in den Niederungen der Flüsse und essen rohe Fische, die sie von ihren Booten aus Schilfrohr aus fangen. Diese Nachen werden aus je einem Knotentrieb des Rohrs gefertigt. Diese Inder tragen Kleider aus Binsen, die sie am Flusse schneiden, weichklopfen und daraus ein mattenartiges Geflecht machen. Das ziehen sie über wie einen Harnisch.

Ostwärts von diesen wohnen andere Inder, die als Nomaden leben und sich von rohem Fleisch ernähren: die Padaier. Von

In Theben, wo das Krokodil als hochheilig gilt, wird es mit Ohrgehängen aus Gold und Glas geschmückt und mit Armbändern an den Füßen (s. S. 200).

ihnen wird folgender Brauch berichtet: Erkrankt einer ihres Stammes, sei es eine Frau oder ein Mann, so wird er erwürgt. Ist es ein Mann, töten ihn seine nächsten Freunde. Denn wenn sie das nicht täten, würde ihnen, so sagen sie, sein Fleisch verlorengehen, da die Krankheit es aufzehre und verderbe. Auch wenn der Betreffende es ableugnet, krank zu sein, erwürgen und verzehren sie ihn, ohne auf ihn zu hören. Ist eine Frau erkrankt, so tun mit ihr die Weiber, die ihr am nächsten stehen, dasselbe wie die Männer mit einem befreundeten Manne. Kommt aber einer ins hohe Alter, so schlachten und verschmausen sie ihn ebenfalls. Doch bringen es nicht viele von ihnen so weit, weil schon vorher die meisten getötet werden, sobald eine Krankheit sie befällt.

Bei anderen Indern wiederum findet sich folgende Lebensweise: Sie töten nicht Lebendiges, säen nichts, haben keine Häuser, sondern ernähren sich vom Grünen des Feldes. Und es wächst bei ihnen eine Frucht, so groß etwa wie Hirsekorn, in einer Schote wild aus der Erde. Diese sammeln, kochen und essen sie samt der Schote. Wird aber einer krank, so geht er in die Einöde und bleibt da liegen. Und niemand kümmert sich um den Leidenden oder Sterbenden.

Alle diese Inder, die ich aufgezählt habe, begatten sich vor aller Augen wie das Herdenvieh. Und es haben auch alle von ihnen die gleiche Farbe, dieselbe nämlich wie die Aithiopier.

Auch ihre Samenflüssigkeit, die sie in die Frauen gelangen lassen, ist nicht etwa weiß wie bei den anderen Menschen, sondern so schwarz wie die Farbe ihrer Haut. Von solcher Farbe ist übrigens auch der Same der Aithiopier.

Diese indischen Stämme wohnen weiter von den Persern entfernt und südlicher als die anderen und sind dem Dareios nie untertan gewesen.« III,94.98–101

Die Beschreibung der Inder in Herodots Werk ist ein typisches Beispiel für etwas, das er nur vom Hörensagen und nicht vom Augenschein her kannte. Tatsachen sind mit Mißverständnissen oder Halbverstandenem vermischt. So glaubte er, die Inder wären das östlichste aller Völker, danach käme nur Wüste. Das stimmt, sofern damit nur die persischer Oberhoheit unterworfenen indischen Volksgruppen gemeint sind, die Bewohner des unteren Indus-Tals also und in Teilen des Punjabs. Östlich davon beginnt die trostlose Indische Wüste, die sich gen Delhi zu erstreckt.

Sonst weiß Herodot nur, daß Indien stark bevölkert ist mit Menschen verschiedenster Rassen und Sprachen. Er hörte von auf primitivster Stufe lebenden Drawidenstämmen, die von der arischen

Einwanderung nicht berührt worden waren, aber auch von Menschen, die alles Leben respektieren, von gläubigen Anhängern des Brahmanismus demnach. Indes sind alle Inder für ihn schwarz, so daß er allen ohne Ausnahme sogar den »schwarzen Samen« zuschreibt, eine Vorstellung primitiver Völker, nach der jedes Lebewesen bereits im männlichen Sperma als Individuum festgelegt sei.

Der Name Padaier für die menschenfressenden Stämme kommt wahrscheinlich aus dem Sanskrit von »padja«, was »schlecht« heißt. Auf die schwarzen Gonda, eine drawidische Urbevölkerung im nördlichen Dekkan, dem Tafelhochland Südindiens, könnte die Beschreibung der Padaier zutreffen. Sie haben keine festen Wohnsitze, und von ihnen erzählte man sich noch im vorigen Jahrhundert, daß sie – wie die Massageten – Kranke und Altersschwache umbrächten und verzehrten.

Mit den rein vegetarisch lebenden Einsiedlern könnten Brahmanen gemeint sein. Dem widerspricht aber die von Herodot durchweg angenommene schwarze Hautfarbe. Welche Schotenfrucht als Nahrung diente, blieb unklar. Vielleicht war es Reis.

Wenn Historiker nach dem Lebenslauf Herodots befragt werden, geraten sie mehrmals ins Stocken. Was Wunder! Weder Geburts- noch Sterbejahr gelten als genau bekannt. Man nimmt nur an. Danach soll er gegen 485 v. Chr. – zwischen den beiden Perser- kriegen also – zur Welt gekommen sein und diese gegen 425 v. Chr. wieder verlassen haben.

Auch darüber, wann er wo weilte oder was er wann schrieb und wo, führten die Experten bisher ungeklärt gebliebene Streitgesprä- che. Ohne Beifügung von »vermutlich« oder »wahrscheinlich« läßt sich über Herodot kaum etwas sagen. Der aus Mosaikbruch- stücken mühsam zusammengeflickte Bericht über Leben und Werk des »pater historiae« Heródotos, so sein voller Name, sieht etwa folgendermaßen aus:

Geboren in Halikarnassos – heute das türkische Bodrum – an der Südwestküste Kleinasiens als Sproß einer angesehenen Familie. Sein Onkel war Panyassis, ein Dichter. Da die Stadt wie die übri- gen griechischen Handelsplätze an der Küste unter persischer Hoheit stand, hatten ihre Schiffe 490 v. Chr. in der Flotte Da- reios' I. mitfechten müssen. Als auch nach den griechischen Siegen zur See und zu Lande von 480 und 479 v. Chr. – Salamis und Plataiai – die Fremdherrschaft bestehen blieb, geriet Herodots freiheitlich gesinnte Familie in Konflikt mit Lygdamis, dem Tyrannen der Stadt. Herodot mußte fliehen und ging nach Samos, das ihm in jahrelangem Aufenthalt zu einer zweiten Heimat wur- de. Gegen 450 v. Chr. erst kehrte er nach Halikarnassos zurück und beteiligte sich an den Kämpfen, die zur Vertreibung des Lyg- damis führten. Aber es wurde nur ein kurzer Aufenthalt. Denn bald danach verließ er den Ort seiner Geburt für immer – vertrie- ben angeblich durch Haß und Mißgunst seiner Mitbürger – und übersiedelte nach Athen, dem geistigen Zentrum der griechischen Welt. Mit den bedeutendsten Männern wie Perikles – unter dem die Stadt den Höhepunkt ihres Einflusses und Ruhmes erreichte – und Sophokles stand er in freundschaftlicher Beziehung. Letzterer ehrte Herodot 440 v. Chr. sogar mit einem Gedicht. Zu jener Zeit müssen größere Teile seines Werkes schon geschrieben gewe- sen sein. Die Überlieferung besagt, daß er in Athen, aber auch in Olympia, Korinth und Theben öffentlich daraus vorgelesen habe. 445 v. Chr. erhielt Herodot als Anerkennung für sein begeistert aufgenommenes Geschichtswerk eine Staatsbelohnung von zehn

Talenten. Das entspricht ungefähr fünfundvierzigtausend Goldmark.

444 v. Chr. beschloß Herodot, sich in der von den Athenern in Unteritalien an Stelle des zerstörten Sybaris gegründeten Kolonie Thurioi niederzulassen. In die am Golf von Tarent gelegene Stadt zogen wie er auch andere bedeutende Zeitgenossen, unter ihnen der Redner Lysias, der Sophist Protagoras, der Architekt und Erbauer des Piräus, Hippodamos, sowie der Philosoph Empedokles. Von Thurioi aus scheint Herodot Athen ein letztes Mal kurz nach Ausbruch des Peloponnesischen Krieges gegen 431 v. Chr. besucht zu haben. Er erwähnt nämlich die Propyläen, die erst in jenen Jahren fertig wurden.

Mitten im Schaffen, während der Überarbeitung der letzten Bücher, starb er. Man bestattete ihn auf dem Markt von Thurioi. Auf seinem Grabe ehrten später nachstehende Zeilen sein Andenken:

»Dieser Staub deckt den Körper Herodots, Sohnes des Lyxes und Fürsten alt-ionischer Geschichte. Er stammte aus einem Land dorischer Männer, floh jedoch vor ihrem Spott und machte Thurioi zu seiner Heimat.«

Herodots umfangreiches, ionisch geschriebenes Werk wurde erst später, der Zahl der Musen entsprechend, in neun Bücher aufgeteilt. Er selbst nennt es im ersten Satz »Historíes apódexis« – »Darlegung der Erkundung«.

Im Mittelpunkt stehen die Perserkriege und deren Vorgeschichte. Aber das Wort Erkundung weist bereits darauf hin, daß seine »Ausforschungen« nicht nur auf Ereignisse nationaler Vergangenheit, sondern auch auf tausenderlei andere Dinge und Tatsachen gerichtet waren. Was ihn reizte, waren »die Merkwürdigkeiten, wie andere Länder sie haben und welche verdienen, beschrieben zu werden« (I, 93). Und, wie er in IV, 28 bemerkt: ». . . haben solche Abschweifungen und Zusätze von Anfang an in meinem Plan gelegen.« Ihn interessierte buchstäblich alles Wissenswerte, auch das Wunder- und Sonderbare – Historisches wie Anekdotenhaftes und Legendäres, Geologisches und Völkerkundliches, Botanisches und Zoologisches aller in die Perserkriege einbezogenen Länder und Stämme – bis an die äußersten Enden der damals bekannten Erde.

Ein Polyhistor und Enzyklopädist, blättert er mit einer unglaublichen Fülle von Informationen, Nachrichten und Beobachtungen das große buntfarbige Buch der Welt vor uns auf.

Wie aber steht es mit Herodots Zuverlässigkeit?

Allein bei den Schwierigkeiten der Verständigung – Herodot sprach nur griechisch, war also stets auf Dolmetscher angewiesen und hatte häufig mit Fremdenführern vorliebzunehmen, die sachlich oft nicht Bescheid wußten oder ihn mit volkstümlichen Erklärungen und Erzählungen abspeisten – mußten sich Irrtümer, Mißverständnisse und Fehler einschleichen. Altertumswissenschaftler indes, die Herodots Angaben anhand archäologischer Ergebnisse wie der neuen Kenntnisse der alten Sprachen überprüften, konnten feststellen: Wo Herodot sich geirrt hat, handelte es sich fast immer um Dinge, die er nur vom Hörensagen beschrieb. Das, worüber er selbst als Augenzeuge berichtete, stimmt.

Damit hat Herodot endlich gebührende Rechtfertigung erfahren, die ihm so lange vorenthalten worden war. Denn bereits in der Antike hatte es nicht an Stimmen gefehlt, die ihn als einen veralteten, unglaubwürdigen Anekdotenerzähler abstempeln wollten. Griechische Autoren wie Ktesias, Isokrates, Diodoros und Plutarch standen ihm ablehnend, ja feindlich gegenüber. Der Ruf eines Fabulierers blieb bis in die Neuzeit an ihm haften. Erst im vergangenen Jahrhundert sollte mit der Wiederentdeckung des Alten Orient Schritt für Schritt auch die Rehabilitierung Herodots beginnen.

Für die Reisen in ferne und nahe Länder, auf denen Herodot sein ungeheures Wissen zusammentrug, sind wir auf einige spärliche Hinweise bei ihm selbst angewiesen. Sicher ist, daß er Kleinasien bis zum Halys-Fluß kennengelernt hat. Vermutlich geschah das noch vor seiner Übersiedlung nach Samos. Außer seinem Stammland Karien besuchte er Lydien mit der Hauptstadt Sardes und Mysien, Troas sowie die Städte am Hellespont. Später folgte seine erste große Reise in den Orient, auf der er nach Medien, Persien und Babylonien gelangte. Möglicherweise die große, von Ephesos über Sardes nach Susa führende Königstraße benutzend, erreichte er Arderikka in der Nähe von Susa (VI, 119) und suchte dann auch Ekbatana, wo er die Königsburg genau beschreibt, und Babylon auf, dessen Wunderbauten ihn begeisterten. Eine zweite große Fernfahrt – die noch vor 449 v. Chr. stattgefunden haben muß – führte ihn nach Ägypten. Was er dort an überraschenden Dingen erforschte, vernahm und sah, füllt das ganze zweite Buch. Er war in Theben, Memphis und Heliopolis, wo er den größten Teil seiner altägyptischen Nachrichten sammelte, ferner in Naukratis, Saïs, Bubastis und Krokodilopolis. Elephantine beim heutigen Assuan bildete den südlichsten Punkt seiner Nilfahrt. Nach Äthiopien und ins Innere Libyens – wie Afrika damals genannt wurde

– ist er nicht vorgedrungen. Doch besuchte er auf einer späteren Reise die griechische Kolonie Kyrene, wo er Informationen über die längs der Küste und weiter im Innern Libyens lebenden Stämme und Völkerschaften sowie über die Tier- und Pflanzenwelt sammelte. Karthago hat Herodot nie gesehen.

Auf einer dritten großen Erkundungsfahrt hat sich Herodot das Land der Skythen aufs Korn genommen. Vom Hellespont aus befuhr er die Westküste des Pontos Euxeinos – des Schwarzen Meeres –, das ringsum von griechischen Pflanzstädten besetzt war. Vorbei an der Mündung des Istros – der Donau – erreichte er die Gegend zwischen Dnjestr und Dnjepr, von wo er landeinwärts wanderte. Längere Zeit verweilte er am Ausfluß des Bug in der Stadt Olbia und stieß eines Tages bis zum Kimmerischen Bosporus vor.

An der Ostküste des Schwarzen Meeres kam Herodot bis zum Fluß Phasis und ins Land der Kolcher.

Von den griechischen Inseln hat er alle wichtigen kennengelernt, auch alle Landschaften und namhaften Städte des griechischen Mutterlandes. Wanderungen führten ihn auch nach Makedonien und Thrakien.

Herodot hat ein für seine Zeit geradezu ungeheuer umfangreiches und vielseitiges Programm an Erkundungsfahrten bewältigt. Von den Schwierigkeiten, Mühsalen und Gefahren, die es dabei zu überwinden galt, können wir uns im Zeitalter eines ersten globalen Massentourismus kaum noch eine Vorstellung machen. Aber seine die besten Kräfte und Jahre seines Lebens beanspruchenden kühnen, aus reinem Forschungstrieb erfolgten Unternehmen sollten nicht umsonst gewesen sein. Zwar hatten schon vor ihm Landsleute aus Ionien Heimatgeschichten und geographische wie auch volkstümliche Nachrichten zu sammeln begonnen. Zu diesen »Logographen« genannten Autoren gehörte der um 600 v. Chr. lebende Hekataios aus Milet, der »Genealogien« – Stammbäume von Herrscherhäusern – und eine »Rundreise« betitelte geographische Schrift hinterlassen hatte. Aber deren Arbeiten waren über nüchtern-trocken geschriebene, oft wahllos gehäufte Zusammenstellungen von Nachrichten hinaus nicht gediehen. Nicht nur, was Inhalt und Umfang seines Stoffes, sondern auch dessen Gliederung angeht, übertrifft Herodots »Darlegung der Erkundung« alle zuvor erschienenen Werke.

Sie bringen auch in ihrer Form und Gestaltung etwas völlig Neues. Herodot zählt zu den ganz Großen auf dem Gebiet der ersten nicht mehr poetischen Literatur. »Er brachte es fertig«, urteilt Dionysios von Halikarnassos später über seinen berühmten Landsmann, »daß die Prosarede der mächtigsten Dichtung gleichkam.« Herodot war auch zugleich der erste Sachbuchautor. Zweieinhalb Jahrtausende nach der Niederschrift ist sein Werk noch immer eine fesselnde Lektüre. Mit Recht hat man es eine wahre »Weltbibel« genannt, »die nie veralten wird«.

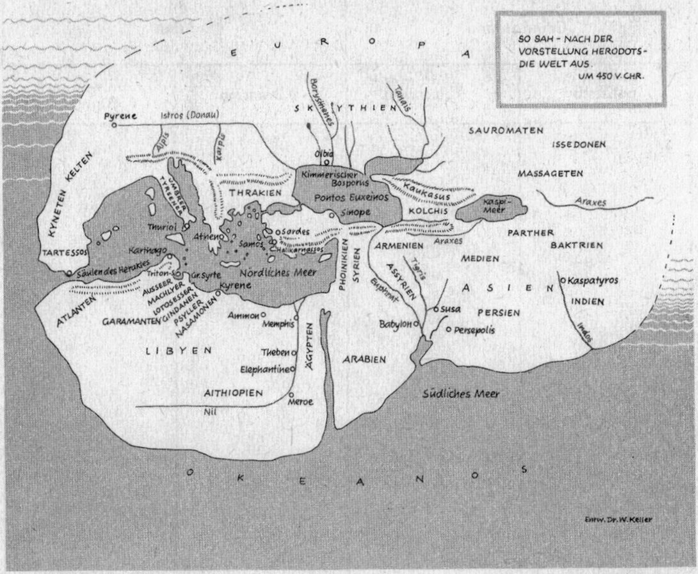

Obere Karte:

EUROPA

SKYTHIEN

SAUROMATEN   ISSEDONEN

MASSAGETEN

Pyrene   Istros (Donau)

Kimmerischer Bosporus
Olbia
Kaukasus
Pontos Euxeinos
Sinope   KOLCHIS   Kaspi-Meer
KELTEN   THRAKIEN   Araxes
KYNETEN   ARMENIEN   PARTHER
Thurioi   Sardes   Araxes   BAKTRIEN
Athen   Samos   SYRIEN   ASSYRIEN   MEDIEN
Karthago   Chalkedon   Euphrat   Kaspatyros
TARTESSOS   Nördliches Meer   PHOINIKIEN   PERSIEN   INDIEN
Säulen des Herakles   Kyrene   Susa   Indus
ATLÄNTEN   AUSSEER   Gr.Syrte   Babylon   Persepolis
MAKHLYER   GINDANEN   ASIEN
LOTOPHAGEN   PSYLLER   Ammon   Memphis
GARAMANTEN   NASAMONEN   ARABIEN
LIBYEN   ÄGYPTEN

Theben   Südliches Meer
Elephantine

AITHIOPIEN
Meroe
Nil

O K E A N O S

Entw. Dr. W. Keller

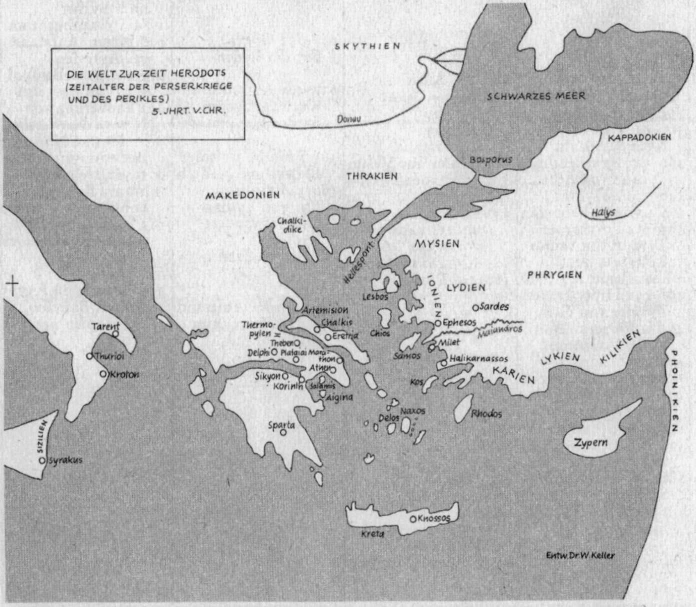

Untere Karte:

SKYTHIEN

SCHWARZES MEER

Donau   KAPPADOKIEN
Bosporus
THRAKIEN   Halys
MAKEDONIEN
MYSIEN
Chalki-dike   PHRYGIEN
Hellespont   LYDIEN
Lesbos   Sardes
Artemision   Chios   Ephesos   Mäandros
Thermo-pylen   Chalkis   Milet
Theben   Eretria   Samos
Tarent   Delphi   Plataiai   Marathon   Halikarnassos   KARIEN   LYKIEN   KILIKIEN
Thurioi   Sikyon   Athen   Kos
Kroton   Korinth   Salamis   Rhodos   PHOINIKIEN
Aigina   Delos   Naxos
METAPONT   Sparta   Zypern
Syrakus

Knossos
Kreta

Entw. Dr. W. Keller

Griechenland		Asien	
politisch	kulturell	Kleinasien	Babylonien Assyrien
	776 1. Olympiade	738–700 Midas, Kg. der Phryger	745–727 Tiglatpilesar III., Kg. von Assyrien 722–705 Sargon II., Kg. von Assyrien
			701 Sanheribs Feldzug nach Syrien-Palästina abgebroch.
		687–652 Gyges, Kg. der Lyder	700 Meder-Aufstand gg. Assyrien
640–561 Solon			669–631 Assurbanipal, Kg. von Assyrien
627–586 Periandros, Tyrann von Korinth	610–546 Anaximandros von Milet	617–563 Alyattes, Kg. von Lydien,	612 Eroberung von Ninive durch Baby-
594 Solons Reformen	600 Sappho	Sardes Hauptstadt	lonier und Meder,
560–ca. 520 Ariston, Kg. von Sparta	Gründung von Massalia	585 Schlacht zwischen	605–562 Nebukad-
560–527 Peisistratos, Tyrann von Athen	585 Thales aus Milet sagt Sonnenfinster-	Lydern und Medern 560–546 Kroisos,	nezar, Kg. von Babylonien
540–500 Amyntas, Kg. von Makedonien	nis voraus 532 Pythagoras	Kg. von Lydien 546 Kyros erobert	587 Nebukadnezar erobert und zerstört
533–522 Polykrates, Tyrann von Samos	wandert nach Kroton aus	Lydien, Fall von Sardes	Jerusalem
508 Reform des Kleisthenes in Athen	525–456 Aischylos 518–446 Pindar		539 Perserkönig Kyros erobert Babylon,
498–491 Hippokrates, Tyrann von Gela		499 Ionischer Aufstand	Babylonien pers. Provinz
492 I. Perserkrieg unter Mardonios		494 Zerstörung von Milet	
492–479 Angriffskriege der Perser			
491–476 Leutychides nach Demaratos Kg. von Sparta			
490 Sieg bei Marathon, 2. Perserkrieg			
480 Thermopylen-Schlacht	447 Herodot in Athen		
Seesieg von Salamis Sieg bei Plataiai	443 Herodots Übersiedlung nach Thurioi		
	425 Herodot gestorben		

	Asien	Ägypten	Italien
Medien	**Persien**		

Medien	Persien	Ägypten	Italien
		2600–2190 Altes Reich	
		2550–2450 4. Dynastie Cheops bis Schepseskaf	
		2040–1710 Mittleres Reich	
		1585–1085 Neues Reich	
		1330–1195 19. Dynastie mti Ramses II. und Mernepath	
		1195–1085 20. Dynastie mit Ramses III.	
			um 750 Gründung von Kyme
			735 Gründung der Stadt Naxos
		ab 712 Spätzeit	734 Gründung von Syrakus
		712–663 25. (äthiopische) Dynastie mit Schabaka und Taharka	720 Gründung von Sybaris
		671 Einfall der Assyrer	710 Gründung von Kroton
			708 Gründung von Tarent
625–585 Kyaxares, Begründer des med. Reiches	640–600 Kyros I.	663–609 Psammetich I. (Gründung von Naukratis)	
595–590 Krieg mit Alyattes von Lydien	600–559 Kambyses I.	609–594 Necho (Umsegelung Afrikas)	
585–550 Astyages		594–589 Psammetich II.	
		588–570 Apries	
	559–529 Kyros II.	570–528 Amasis	

550 Kyros II., »König der Meder und Perser
547 Kampf gg. Kroisos von Lydien — 540 Seeschlacht bei Alalia
546 Einnahme von Sardes
539 Kyros unterwirft Babylon
529 Zug gg. Massageten, Kyros' Tod
529–522 Kambyses II. Kg. der Perser — 526 Psammetich III., Eroberung durch die Perser
526 Zug gg. Ägypten
523/22 Zug gg. Äthiopien
522 Kambyses' II. Tod
522–485 Dareios I. Kg. der Perser
520/19 Abfall von Babylonien
Ende 518 Babylon zurückerobert
512 Zug gg. die Skythen, Unterwerfung von Trakien und Makedonien
um 511 Umsegelung Arabiens
485–465 Xerxes, Kg. der Perser — 445 Gründung von Thurioi
464–424 Artaxerxes, Kg. der Perser

Literatur

Aly, W.: Volksmärchen, Sage, Novelle bei Herodot und seinen Zeitgenossen. Göttingen 1921

Herodot, Historien. Übers. v. A. Horneffer, Stuttgart 1959

Herodot, Historien. Übers. v. Dr. E. Richtsteig. München 1961

Herodot, Historien. Hrgb. Josef Feix. München 1963

Herodot, Kommentare: H. Stein. 9 Bde., versch. Auflagen 1856 bis 1908

Herodotos. Dr. K. Abicht. 5 Bde., Leipzig–Berlin 1903

Herodotos. John L. Myres. Oxford 1953

How and Wells: Commentary on Herodotus. 2 Bde., Oxford 1912

Kargeon, E.: The Wonders of Herodotus. London 1948

Marg, W.: Herodot, Eine Auswahl aus der neuen Forschung. Darmstadt 1962

Pohlenz, M.: Herodot, der erste Geschichtsschreiber des Abendlandes. Leipzig 1937

Powell, J. C. A.: Lexicon to Herodotus. Cambridge 1938

Regenbogen, O.: Herodot und sein Werk. Antike 6, 1930. S. 196 ff.

Sélincourt, A. de: Die Welt des Herodot. Wiesbaden 1967

Spiegelberg, W.: Die Glaubwürdigkeit in Herodots Bericht über Ägypten im Lichte der ägyptischen Denkmäler. Heidelberg 1926

Treitler, H.: Herodots Reisen und Forschungen in Afrika. Leipzig 1926

Wiedemann, A.: Herodots zweites Buch. Leipzig 1890

Den Herodot-Zitaten in diesem Buch liegt – vom Verfasser überarbeitet – die deutsche Übersetzung von Heinrich Stein aus dem Jahre 1875 zugrunde.

Aal 201
Acheron 78 f.
Adrastos 80 f.
Adyrmachiden 211
Ägypten, Ägypter 10, 15 f., 34 f.,
   52, 66 f., 105 ff., 118 ff., 121 ff.,
   124 ff., 128, 151–156, 160 ff., 178,
   190–204
Äthiopien s. Aithiopien
Afrika 170 ff., s. a. Libyen
Agariste 96 f.
Ahuramazda, Gott 73, 112, 225
Aiakiden 234
Aigina, Aigineten 113 f.,133, 142
   144 f.
Aischylos 177
Aithiopien, Aithiopier 121, 126 ff.,
   174, 178, 205 f., 215
Alexandros I. 130, 132, 183
Alkmaion 101
Alkmaioniden 97, 99, 150
Alpis 184 f.
Alyattes 36, 120
Amasis 31 f., 35, 44 ff., 102, 105,
   106 ff., 128 f., 198
Amazonen 37 ff.
Ameisen, goldgrabende 23 f.
Amestris 66 ff.
Ammon, Orakel des 127, 181
Ammonier 126 f.
Amyntas 129 ff.
Anaxagoras 180
Anubis 202
Aphrodite 29, 35
Apriës 105 f.
Araber, Arabien 15 f., 20 ff., 23,
   122, 169, 173, 174
Araxes 237 f.
Arimasper 174, 240
Arion 48
Aristagoras 89 f.
Aristeides 142, 144 f.
Ariston 113 ff.

Armenien 165
Artaxerxes 68, 135
Artemision, Kap 138 ff.
Asien 164, 168 ff., 172, 173 f.
Astyages 56 ff., 70 ff., 88 f.
Asychis 204
Atlas 215
Atlanten 215
Athen 97, 98 ff., 102, 105, 135 f.,
   139, 244
Atys 79 ff., 217
Augila 211 f.
Auseer 214 f.

Babylon 60, 62 ff., 112, 156 ff., 246
Babylonien, Babylonier 29 ff., 59 f.,
   62, 118, 187, 217, 218–221
Bakchiaden 74, 78
Baktrien, Baktrier 23, 68
Baumwolle 26
Behistûn 62, 63, 147
Bibel 16, 22, 30, 106, 120, 158,
   161, 173, 176, 195, 220
Borysthenes (= Dnjepr) 185
Bubastis 197, 201 f., 246
Bug 228, 247

Cheops 30, 151 ff.
– -Pyramide 30, 151 ff.
Chilon 98, 100
Chios, Chier 32

Dareios I. 59 ff., 84, 86, 90, 110 f.,
   117, 129, 132 f., 135 f., 160 ff.,
   168, 172, 228
Delphi 32, 95, 101
Delphin 46, 48
Demaratos 92, 113 ff.
Diodoros 199
Dionysios v. Halikarnassos 248
Dionysos 34, 202
Dnjepr 43, 228, 234
Donau 183 ff., 227

Einbalsamierung 198 ff.
Ekbatana 246
Elephantine 121, 180 f., 202, 205, 209
Elis 27 f.
Ephesos 64, 65
Eridanos 174, 177
Etearchos 181 ff.
Etrusker 176, 218
Eunuchen 65
Eupalinos 161
Euphrat 157, 165, 220 f.
Europa 168 ff., 173 ff., 179
Europe 173 f.
Eurybiades 138 f.

Fischesser = Ichthyophagen 205 ff.
Friedrich II., Kaiser 191

Garamanten 20, 215
Germa 20
Gindanen 212
Griechen, Griechenland 90 f., 96, 102, 118, 127, 135, 138 ff., 142–150, 168, 173, 176, 222
Gyges 93 f., 218

Halikarnassos 244
Hanf 235 f.
Harpagos 71 ff., 88 f.
Hase 16
Hathor 204
Heilkunde, ägypt. 110, 196 f.
–, babyl. 219
–, lib. 210 f.
Hekataios 179
Heliopolis 14
Hellas, Hellenen s. Griechen
Hellespont 136, 146
– -Brücke 166 f.
Hephaistos 52, 119
Heraion 162
Herakles 42 ff.
Hermotimos 64 f.
Hippias 99, 135 f.
Hippokleides 96 f.
Hippokrates 97 f., 196

Histiaios 98 f.
Homer 27, 178, 182
Hund 73, 201 f., 225
Hypanes (= südl. Bug) 185
Hystaspes 84

Ibis 15 f., 201, 202
Ichneumon 201, 202
Ichthyophagen = Fischesser 205 ff.
Inder, Indien 23 ff., 174, 237, 240 ff.
Indus 172, 183
Ischtar 30
Isis 204 f.
Issedonen 237
Istria 183, 184
Istros = Donau s. d.

James IV. 191

Kahlköpfe 238 f.
Kalender, ägypt. 191 f.
Kambyses I. 70
Kambyses II. 35, 62, 107 ff., 122, 124 ff., 205 f., 214
Kamel 9 f., 23 f., 221
Kanäle s. Necho-K.
Kandaules 93 ff.
Karpis 184 f.
Karthager, Karthago 170 f., 176
Kaspatyros (= Kabul) 23, 172
Katze 26 f., 201
Kelten 183
Kleisthenes v. Athen 97
Kleisthenes v. Sikyon 96 f.
Kleomenes 113 f., 117
Königsstraße, persische 65, 165 f.
Kopfjäger 230
Korinth 74 ff., 78
Kroisos 48 ff., 73, 79 ff., 83 f., 101, 102 ff., 118
Krokodil 10, 12, 183, 200 ff.
Krokodilopolis 202, 246
Kuh 204
Kyaxares 120
Kypselos 76 ff.
Kyrene, Kyrener 35, 105
Kyros 49 f., 56 ff., 70 f., 73 f., 83, 88 f., 118, 237

Labda 74 f.
Labyrinth, ägypt. 153 ff.
Lakedaimonier 90 f., 115 f., 141,
149
Leonidas I. 117, 140 f.
Leutychides 114 ff.
Libyen (= Afrika) 17 ff., 168 ff.,
173, 178 ff., 182, 210 ff.
Lotosesser 214
Lyder, Lydien 36, 79, 82, 83 f.,
93 ff., 118, 165, 217 ff.

Machlyer 214
Magier 59, 62 f., 224
Makedonien 129, 131
Mandane 70, 72, 74
Marathon 100, 135 f., 145
Mardonios 148
Masistes 103 ff.
Massageten 84, 86, 237
Meder, Medien 56, 70 f., 73, 88,
120, 124, 169
Megabazos 129
Megakles 97
Melissa 78
Memphis 56, 124, 127, 128, 204
Mermnaden 95, 218
Meroë 121, 127, 181
Milet 89 f.,
Mithras 112
Moiris-See 153 ff., 201
Moskitonetz 200
Mykerinos 31 f., 204
Mysien 65, 79 f.

Nasamonen 181 ff., 212
Naukratis 32
Nebukadnezar II. 113, 158
Necho 161 f., 168, 171
– -Kanal 160 f., 170
Neith 55
Nestor 97
Nil 10, 13, 160 f., 173, 177 ff.,
180 f., 183 f., 201 f.
– -Quellen 180 f., 183
– -Überschwemmungen 177 ff.

Nilpferd 10, 202
Nitokris 112 f.

Oasis 127
Oibares 110 f.
Okeanos 168 f., 178 ff.
Olbia 228
Osiris 34
Otter 16 f., 201, 202

Padaier 240, 243
Pausanias 148 f.
Peloponnes 28, 48, 99, 142
Peisistratos 97 ff.
Periandros 46, 76 ff.
Perikles 97, 244
Perser, Persien 59 ff., 73, 84, 86,
88 f., 110 ff., 118, 122, 124, 128,
129 ff., 135, 136 137, 141, 146 f.,
148 f., 164, 165 f., 169, 217,
221 ff.
Perserkriege 118, 135–150
Phallos 29, 34
Pherekydes 177
Phönizien (Phoinikien), Phönizier
118, 122, 124, 169, 170, 174, 176
Phönix 14 f.
Phryger, Phrygien 80, 81, 165, 190,
191, 218
Plataiai 147, 148, 149 f., 244
Plethron 36
Polykrates 32, 44 ff., 162
Pontos Euxeinos (= Schwarzes
Meer) 183, 226, 228
Psammetich II. 121, 180, 190 f.
Psammetich III. (= Psammenitos)
126
Psyller 212, 214
Ptah 56, 119
Pygmäen 182 f.
Pyramide s. Cheops-P.
Pyrene 183 f.
Pytheas 176

Rhodopis 31 f.
Rhoikos 162

Salamis 139, 244
Salmanassar III. 221
Salzhäuser 216
Samos 44, 161 f.
Sanherib 118 f., 221
Sappho 31 f.
Sardes 36, 64 f., 83 f.
Sataspes 170 f.
Sauromaten 37, 40
Schabaka 119
Schaf 23
Schepseskaf 204
Schlangen 201
–, geflügelte 15 ff.
Schuppenfisch 201, 202
Schwarzes Meer s. Pontos Euxeinos
Schwein 201, 202
Sesostris 41
Sinder 186
Sinope 183
Skylax 168, 172 f.
Skyllias 139 f.
Skythen, Skythien 27 f., 37, 42 f.,
    132 f., 178, 185 ff., 228–236, 238
Solon 49, 79, 83, 102 ff.
Sonnentisch 205, 209
Sophanes 147 f.
Sophokles 244
Sparta 92, 113 ff., 140
Sperber 201
Spezereien 20 ff., 198

Spitzmaus 201
Staudämme 164 f.
Susa 65, 165 f.

Tainaron 47 f.
Tanaïs (= Donez) 40, 186
Telmesseer 83, 84
Thales von Milet 69, 120, 180
Themistokles 138 f., 142, 144, 145 f.
Theodoros 45 f.
Thermodon 37, 40
Thermopylen 140 ff.
Thespier 141
Thesproter 78
Thraker, Thrakien 118, 129, 146
Thurioi 176, 245
Tigris 165 f.
Toth 16
Triton-See 210, 214
Trochilos 12
Tyres (= Dnjestr) 185
Tyrrhenos 217

Ural 239

Xerxes 64 f., 86 f., 90 f., 117, 135,
    136 f., 140 f., 146 f., 166 f., 171,
    226

Zeus 82, 174
Zopyros 59 ff., 171